高职高专"十三五"规划教材·基础课系列

大学生心理健康教育

DAXUESHENG
XINLI JIANKANG JIAOYU

主编 蔡伟华 黄娟

华中科技大学出版社
http://www.hustp.com
中国·武汉

图书在版编目(CIP)数据

大学生心理健康教育/蔡伟华,黄娟主编.—武汉:华中科技大学出版社,2018.8(2021.1重印)
ISBN 978-7-5680-4518-6

Ⅰ.①大… Ⅱ.①蔡… ②黄… Ⅲ.①大学生-心理健康-健康教育 Ⅳ.①G444

中国版本图书馆 CIP 数据核字(2018)第 196688 号

大学生心理健康教育
Daxuesheng Xinli Jiankang Jiaoyu

蔡伟华　黄　娟　主编

策划编辑:江　畅	
责任编辑:段亚萍	
封面设计:孢　子	
责任监印:朱　玢	
出版发行:华中科技大学出版社(中国·武汉)	电话:(027)81321913
武汉市东湖新技术开发区华工科技园	邮编:430223
录　　排:华中科技大学惠友文印中心	
印　　刷:武汉市籍缘印刷厂	
开　　本:787mm×1092mm　1/16	
印　　张:14.5	
字　　数:372千字	
版　　次:2021年1月第1版第4次印刷	
定　　价:38.00元	

本书若有印装质量问题,请向出版社营销中心调换
全国免费服务热线:400-6679-118　竭诚为您服务
版权所有　侵权必究

前言

德国著名作家歌德说，人之幸福，全在于心之幸福；英国教育家洛克强调，没有健康，就没有幸福。虽然健康不等于幸福，但没有健康就一定不会幸福。教育不仅要关注学生的身体健康，更要关注学生的心理健康，这不仅关乎学生的个人幸福，也关乎国家的未来发展。因此，大力加强心理健康教育，已是全世界教育的共识。

从2001年起，教育部多次下发文件，对加强大学生心理健康教育工作提出了要求和具体实施意见。2011年2月和5月，教育部分别下发《普通高等学校学生心理健康教育工作基本建设标准（试行）》和《普通高等学校学生心理健康教育课程教学基本要求》，明确指出要"推进大学生心理健康教育工作科学化建设，进一步发挥课堂教学在大学生心理健康教育工作中的主渠道作用，提高大学生心理健康素质"，这些文件不仅体现了党和政府对大学生心理健康的高度重视，而且对"大学生心理健康教育"课程教学的目标、内容、方法等做了详细说明。本书以上述文件精神为指导，参照广东省教育厅下发的《大学生心理健康教育》教学大纲（2017年试行），结合高校人才培养的目标和特点，针对当代大学生的心理特点和学习习惯，坚持理论联系实际的原则，努力将知识性、启发性、趣味性、可操作性有效结合，以体现课程特色。

本书共分十三章，内容包括概述、自我成长、人格完善、原生家庭、人际交往、大学生恋爱、情绪管理、大学学习与创新、挫折应对、网络心理、择业心理、心理咨询、生命教育，每章分别由故事导入、理论指导、案例分析、自我测试、实践训练、心理影视、阅读思考等部分组成。

本书主要特色如下：

本书含二维码方便师生使用，可扫描右侧二维码学习如何使用。

强调实践性

本书坚持理论联系实际的原则，充分考虑了大学生的文化基础和学习习惯，通过案例、测试、游戏活动、心理影视赏析的方式，帮助学生理解理论知识，再通过阅读思考巩固所学的知识。

突出应用性

本书结合高等教育的目标和特点，打破传统的理论框架体系，降低理论深度，突出实用性，每一章都注重实际问题的分析并给出解决策略，让学生学以致用。

增加趣味性

本书针对大学生的阅读习惯，每章第一板块就采用故事导入吸引学生，游戏活动、扫一扫做测试也是令学生感到有趣的内容。

体现创新性

本书体系结构新颖，没有按小节编排，而是以板块模式编写，形式上的创新，避免了教材编排的刻板、单一，增强了教材的可读性。各心理测试全部可以通过扫描二维码进行，做完即有结果显示。此外，线上线下学习同步进行，将课堂学习与课外延伸学习有效结合。（为了让读者取得更好的学习效果，出版社提供了互联网自主学习平台，读者扫描左侧二维码后使用密码可进入该学习平台，一书一密码。

本书是集体合作的成果，主要编写人员为长期在第一线工作的专任教师。本书的编写得到了有关领导和老师的大力支持和指导，陈建华、刘晓顺、饶晓明、李怡和、朱娉婷、冯燕等均为本书的编写献计献策，在此深表感谢！本书在编写的过程中，参阅了国内外同行的相关著作及研究成果，谨向这些文献作者致以最衷心的感谢！

本书作为大学生心理健康教育教材还处在不断的探索和改进之中，由于编者水平有限，加之时间紧迫，疏漏之处在所难免，恳请同行专家和读者不吝赐教。

编者
2018 年 6 月

（二维码答题功能由第三方提供，答案以外的其他信息与出版社无关）

目录
Contents

第一章	美好生活"心"开始——心理健康与新生适应	1
第二章	众里寻我千百度——自我认识与成长	14
第三章	魅力人格我塑造——完善人格	33
第四章	刻进生命的印记——原生家庭与心理健康	50
第五章	天生我材必有用——学习与时间管理	64
第六章	五味生活从容品尝——情绪管理	86
第七章	快乐沟通无极限——人际交往	99
第八章	走进爱情伊甸园——恋爱与性心理	115
第九章	网来网去我有度——网络心理	134
第十章	长风破浪会有时——压力管理与挫折应对	153
第十一章	我的未来不是梦——生涯规划与择业心理	167

第十二章	心锁还需心钥开——心理咨询	188
第十三章	绽放生命的绚烂——生命教育和心理危机干预	208
参考文献		226

第一章

美好人生"心"开始
——心理健康与新生活适应

翻过昨天的一章,打开崭新的一页。不是为了忘记过去,而是为了美好的未来。

故事导入

小燕子的困惑

18岁的小燕子第一次远离父母的怀抱,从云南来到广东上大学。在家里长期被父母视为掌上明珠的小燕子,非常不适应校园生活,说不出原因地烦躁,不想上学,甚至后悔上大学,想退学回家休息。她反感同宿舍的同学,反感班上的同学,很少跟同学交往,从不参加集体活动,经常一吃完饭就呕吐,有时会突然哭泣。这种情况持续了将近3个月。在班主任的建议下,她来到了心理咨询室。咨询师了解到,在这将近3个月的时间里,她去校医院看过内科,也曾转诊去市内的三甲医院看过医生,做过相关的医学检查和化验,但是没有发现任何器质性病变,既没有脑外伤,也没有其他躯体疾病。但她持续地精神不振,经常缺课。母亲也因此请假来学校看望过她两次。母亲在身边时,她情绪比较稳定。母亲一走,很快她就会出现之前那些症状。

理论指导

一、什么是心理健康

(一) 什么是健康

人们常常提出这样的疑问:人的一生中,什么东西最重要?不同人有不同的答案,有人说是健康,有人说是快乐,有人说是金钱,也有人说是家庭。曾经有人用"1000000"来比喻人的一生,这里"1"代表健康,"0"代表生命中的事业、金钱、地位、权力、快乐、家庭、爱情、房子……各种的"0"充斥着人们的生活,引诱着人们的欲望,而简单淳朴的"1"却往往被忽略、遗弃。"0"可以千金散尽还复来,但是"1"却似一江春水向东流;"1"一旦失去,所有的浮华喧嚣都将归于沉寂。所以,没有健康,就等于失去了人生的参赛权。如同高楼需要基础的支撑一样,人们的奋斗需要有力而持久的支撑,没有健康的支撑,一切奋斗便是无源之水,无本之木。健康才是人生最大的财富,拥有健康才拥有希望,才可能拥有一切。

长期以来,人们习惯把健康理解为身体不生病或不衰弱,也就是"无病即健康"。这种传统健康认识虽有一定的道理,但还存在着一定的局限性。1946年,世界卫生组织明确提出:"健康乃是一种在身体上、心理上和社会上的完满状态,而不仅仅是没有疾病和虚弱的状态。"(Health is a state of complete physical, mental and social well-being and not merely the absence of disease or infirmity.)这一定义说明人类对健康的理解已由生理的、个体的层面发展到心理的、社会的层面。1989年,世界卫生组织又进一步深化了健康的概念,认为:"健康应包括躯体健康、心理健康、社会适应良好和道德健康。"这四者缺一不可。

不仅如此,世界卫生组织还制定了衡量健康的10条标准(1989年修订版):

- 精力充沛,能从容不迫地应付日常生活和工作;
- 处事乐观,态度积极,乐于承担任务,不挑剔;
- 善于休息,睡眠良好;
- 适应环境,应变能力强;
- 对一般感冒和传染病有一定抵抗力;
- 体重适当,体态匀称;
- 眼睛明亮,不发炎,反应敏捷;
- 牙齿清洁,无缺损,无疼痛,牙龈颜色正常,无出血;
- 头发有光泽,无头屑;
- 骨骼健康,肌肉、皮肤有弹性,走路轻松。

健康的人有许多外在表现,世界卫生组织又提出了用具体的"五快三良"来衡量一个人的身心健康状况。

"五快"是指:①食得快——进餐时,有良好的食欲,不挑剔食物,并很快吃完一顿饭;②便得快——一旦有便意,能很快排泄完大小便,而且感觉良好;③睡得快——有睡意,上床后能很快入睡,且睡得好,醒后头脑清醒,精神饱满;④说得快——思维敏捷,口齿伶俐;⑤走得快——行走自如,步履轻盈。

"三良"是指:①良好的个性——情绪稳定,性格温和,意志坚强,感情丰富,胸怀坦荡,豁达乐观;②良好的处世能力——观察问题客观现实,具有较好的自控能力,能适应复杂的社会环境;③良好的人际关系——助人为乐,与人为善,对人际关系充满热情。

人不仅仅是一个生物体,而且是有着复杂的心理活动、生活在一定的社会环境中的完整的人。人是生理、心理与社会层面的统一。因此人的健康体现为在生理、心理与社会这三个方面都保持良好的状态。

(二) 什么是心理健康

人的生理活动与心理活动是互相联系、互相影响、互相制约的,心理健康是健康的重要组成部分,也是生理健康的条件和保证。那么什么是心理健康呢?迄今为止,心理健康还没有一个统一的定义。

1946年,第三届国际心理卫生大会将心理健康定义为:"所谓心理健康是指在身体、智能及情感上与他人的心理健康不相矛盾的范围内,将个人心境发展成最佳状态。"现代心理学认为,心理健康是一种内外协调的良好心理功能状态,有广义和狭义之分。从广义上讲,心理健康是指一种高效而满意的、持续的心理状态。从狭义上讲,心理健康是指人的基本心理活动的过程内容完整、协调一致,即认识、情感、意志、行为、人格完整和协调,能适应社会,与社会保持同步。

人的生理健康是有标准的,一个人的心理健康也是有标准的。但是,心理健康标准的制定具有相对性和复杂性。关于心理健康的标准,不同学者有不同的看法。美国著名心理学家马斯洛(H. A. Maslow)和米特尔曼(Mittelman)提出的心理健康的十条标准被公认为是"最经典

的标准":

(1) 充分的安全感;
(2) 充分了解自己,并对自己的能力做适当的估价;
(3) 生活的目标切合实际;
(4) 与现实的环境保持接触;
(5) 能保持人格的完整与和谐;
(6) 具有从经验中学习的能力;
(7) 能保持良好的人际关系;
(8) 适度的情绪表达与控制;
(9) 在不违背社会规范的条件下,对个人的基本需要做恰当的满足;
(10) 在集体要求的前提下,较好地发挥自己的个性。

(三) 大学生心理健康的标准

大学生的心理既有青年初期的一般特征,又具有大学生这一特殊群体自身的特点,国内学者通过对大学生心理健康状况的研究,总结出了我国大学生心理健康的八大标准:

1. 智力正常

智力正常是大学生学习、生活与工作的基本心理条件,也是适应周围环境变化所必需的心理保证,因此衡量时,关键在于是否正常地、充分地发挥了效能,即是否有强烈的求知欲、乐于学习、能够积极参与学习活动。

2. 情绪健康

情绪健康的标志是情绪稳定和心情愉快,包括的内容有:愉快情绪多于负面情绪,乐观开朗,富有朝气,对生活充满希望;情绪较稳定,善于控制与调节自己的情绪,既能克制又能合理宣泄;情绪反应与环境相适应。

3. 意志健全

意志是人在完成一种有目的的活动时所进行的选择、决定与执行的心理过程。意志健全者在行动的自觉性、果断性、顽强性和自制力等方面都表现出较高的水平。意志健全的大学生在各种活动中都有自觉的目的性,能适时地做出决定并运用切实有准备的方式解决所遇到的问题,在困难和挫折面前,能采取合理的反应方式,能在行动中控制情绪和言行,而不是盲目行动、畏惧困难、顽固执拗。

4. 人格完整

人格指的是个体比较稳定的心理特征的总和。人格完善就是指有健全统一的人格,即个人的所想、所说、所做都是协调一致的。人格完整的主要标志是:人格结构的各要素完整统一,具有正确的自我意识,不产生自我同一性混乱,以积极进取的人生观作为人格的核心,并以此为中心,把自己的需要、目标和行动统一起来。

5. 自我评价正确

正确的自我评价乃是大学生心理健康的重要条件,大学生通过自我观察、自我认定、自我判断和自我评价,做到自知,恰如其分地认识自己,摆正自己的位置,既不以自己在某些方面高于别人而自傲,也不以某些方面低于别人而自惭,能够自我悦纳,喜欢自己,接受自己,自尊、自强、自制、自爱适度,正视现实,积极进取。

6. 人际关系和谐

良好而深厚的人际关系,是事业成功与生活幸福的前提。其表现为:乐于与人交往,既有广泛而深厚的人际关系,又有知心朋友;在交往中保持独立而完整的人格,有自知之明,不卑不亢;能客观评价别人和自己,善取人之长补己之短,宽以待人,乐于助人,积极的交往态度多于消极态度,交往动机端正。

7. 社会适应正常

个体与客观现实环境保持良好秩序。通过客观观察,以取得正确认识,以有效的办法应对环境中的各种困难,不退缩,还要根据环境的特点和自我意识的情况努力进行协调,改变环境适应个体需要或改造自我适应环境。

8. 心理行为符合年龄特征

在人的生命发展的不同年龄阶段,都有相对应的心理行为表现,从而形成不同的年龄阶段独特的心理行为模式。大学生应具有与年龄和角色相适应的心理行为特征,即大学生的举止言行符合其年龄特征是心理健康的表现。

(四)对心理健康标准的理解

1. 心理健康是一个动态的概念

心理健康在不同的历史时期具有不同的要求。这是因为,随着社会的变迁,不同的社会对人有不同的要求,如安贫乐道在封建社会可能是一种理想的保持心理平衡的观念,但在现代社会,则会使人不思进取,容易在激烈的社会竞争中遭到淘汰。制定心理健康的标准时要立足于现代社会对人的素质的要求,要体现时代性,当然也要弘扬传统文化的精华。

2. 心理健康是一种积极的社会适应

许多学者在论述心理健康的标准时都将社会适应作为重要的指标。适应有两种:一种是消极的适应,指个体被动地适应环境;一种是积极的适应,指个体一边调整自我的需求,一边试图改变环境的条件,改造环境。心理健康不只是个体的问题,也是群体与社会的问题,我们不能认为适应于病态、不健康社会的人的心理是健康的。

人不是一个被动的客体,而是一个富有创造性的、具有自主发展的主体,人不但要积极适应环境,还要勇于改造环境。有人强调心理健康的标准应该是生存标准和发展标准兼顾。生存标准是个人生命存在,更强调适应环境,顺应社会主流文化;而发展标准则着眼于个人与社会的发展,追求最有价值地创造生活,强调能动地适应和改造环境,通过挖掘个人最大身心潜力,求得身心满足,成为崇高、尊严、自尊的人。

3. 心理健康是健全的人格发展过程

心理健康是人的知、情、行统整的过程。目前,心理辅导比较注重人的情绪层面和行为层面的问题,更重视人的价值观、人生观、道德认识观等的形成和发展。心理健康标准若不把道德标准纳入进去,实际上是一个有缺陷的、不健全的心理健康标准。

4. 心理健康具有相对性

人的一生的发展经历了不同的阶段,各个阶段的心理特征是不尽相同的,社会化的要求也是不一样的。对于不同年龄阶段的人来说,心理健康标准可能不会完全划一,而是各有侧重。

其次,由于文化差异,不能完全照搬西方的心理健康标准,需要结合我国实际。

二、大学生常见的心理问题

对于刚步入大学的新生来说,大学是一个完全不同于高中的新环境,要面对的新变化和新问题有很多:生活环境的变化带来衣食住行方面的问题,学习环境的变化带来学习目的、学习内容、学习方式方面的问题,人际交往环境的变化带来交往需求、交往范围、交往方式方面的问题。大学生在面对这些新的变化和新的问题时,常常因为生活经验不足、心理准备不足而出现各种心理适应的问题,常见的不适应问题有理想与现实的冲突、角色错位的困扰、适应不良的焦虑、人际交往的心理孤独、生活应对的烦恼等。

(一)不适应新的生活环境

对于一个大学新生来说,离开家乡到异地求学就意味着踏入一个不同的自然和社会环境,如果是来自路途遥远的外省,那么自然气候、风土人情、文化背景都有所不同。北方的同学到南方,他们不适应南方闷热多雨的天气。地域文化的差异导致语言、饮食习惯、生活习惯等存在很大不同。语言听不懂,在一定程度上影响了同学之间的交流,也因此产生孤独感。生活上,有的饮食以辛辣为主,有的以清淡为主,许多异地大学生初入大学时很不适应,个别严重的甚至因为吃不惯学校食堂的饭菜而退学。

从生活方式来看,中学阶段学生普遍是就近入学,吃住在家,拥有自己独立的空间。即使是寄宿制中学,学生离家也不太远,一般一周可以回家一次。而大学生活完全是集体生活,衣、食、住、行、学等日常问题都要自己安排。一些适应能力差的新生遇到这些问题时,常常束手无策,郁郁寡欢,不愿与别人沟通交流,害怕别人笑话,从而导致了烦躁、郁闷、紧张、不安等焦虑情绪。

(二)不适应新的学习方式

高中毕业的学生只知道要考大学,但对各个高校的办学性质和人才培养方面有什么区别,他们并不知道。例如,一些学生在不了解职业教育性质的情况下来到高职院校,不可避免地会产生不适应的心理问题。普通高校是以培养理论型、研究型人才为主要任务,对学生的要求是理论知识基础要扎实,研究能力要强;高职院校是以培养实用型、操作型人才为主要任务,对学生的要求是实验和实训要加强,动手能力要强。因此,许多高职学生不习惯由高中阶段的以传授知识为主的纯理论型学习,转为以实际操作技能为主的理论加实践型学习,许多学生会因此认为职业教育层次低、水平低、社会地位低,将来没有好的工作和发展前途,于是对学习缺乏兴趣,丧失了前进的动力和目标。

此外,高中阶段的学习方式和大学的学习方式有明显的不同。高中是教师手把手地领着学,是依赖型的学习;大学是教师指导学生学习,是自主型的学习。刚刚进入高校的大学生因为没有及时地了解这种变化,所以很多人感觉学习很吃力,不会自己独立地学习,而且除了按课程表上课外,也不知道该怎么安排自己的自学和实践活动的时间。

高中阶段,评价好学生的标准是比较片面单一的,就是以学习成绩的优劣作为唯一的标准,而高校评价好学生的标准并不是只看学习成绩一项,不同专业方向的学生都必须按照培养目标和要求,在理论考试、实际操作、综合素质等方面达到全面发展的要求,所以,有些学生只习惯理论考试而不习惯动手操作,只重视书本知识的学习而不重视社会实践能力的培养,不知道该怎样做一个合格的大学生,缺乏个人发展的具体目标和计划。

(三)不适应新的人际关系

和高中时期的人际关系比较,大学中的人际关系要复杂一些。首先是宿舍人际关系。因为学生的来源更广泛,所以饮食习惯、作息时间和个性特点的不同,使得宿舍关系较高中时期更难处理。其次是班级同学关系。由于大学阶段的学习任务相对高中阶段有所减轻,生活的问题增多,再加上大学生的思想更加成熟,择友的标准也呈现多样化,所以,想要和班里的每一位同学都处理好关系是不容易的。再次是师生关系。高中时期的教师是比较固定的,而且几乎每天都能见到,随时都可以请教师解答问题,师生关系比较密切;但大学中的师生关系会显得疏远一些,因为大学生的课程多,任课教师也多,上课教室的变化也多,通常下课后就很难见到教师,想要单独请教师解答问题、和教师保持比较密切的关系变得较困难。除此之外,还有同乡及外班、外系认识的一些朋友关系需要妥善处理。因此,学会处理大学新环境中的人际关系,对许多大学新生来说是一种心理负担。

三、大学生适应不良的心理调适

大学生的入学心理适应问题是普遍存在的,而且对他们今后的大学生活中的学习、情感、自我意识、人际交往、人格塑造等方面的心理健康状况有直接的影响。对于新生来说,在一年级就很好地适应环境,获得健康的心理状态,将会对其后几年的大学生活产生良好的影响,也会为其成长、成才打下良好的基础,甚至对其整个人生的健康发展起到积极的促进作用。

(一)尽快提高生活自理能力

高中时期的衣食住行都得自于父母周到的安排。进入大学后,一切要靠自己从头开始。自理能力是社会衡量一个人成熟程度的标准。大学生生活自理能力包括个人生活料理能力、个人财物的使用能力、个人时间精力的支配能力。大学生要学会自己料理床铺、收拾房间,学会自己洗衣服、缝补衣服,学会自己照料自己……在学习的过程中,向自理能力强的同学积极请教,同学间的互相影响和互相学习能够在一定程度上促进生活自理能力的提高;同时也可以打电话向父母请教。但最关键的是自己要行动起来,很多能力都是在做的过程中提高的。另外,要做到合理消费,节约开支,不要月初当"富翁",月底做"负翁"。大学生要学会记账和编制预算,根据家庭的经济情况和来源的可能性安排开支。明确每月开支哪些是基本的、必需的,哪些是可有可无的。钱要花在刀刃上,避免不必要的消费。如:吃不要大鱼大肉,营养均衡就可;穿不要追求时尚名牌,耐穿耐看就行;不要盲目攀比,应适度消费。

(二)掌握沟通技巧,主动交往

新生对环境的适应主要是对人际关系的适应,良好的人际关系首先来自于交往双方的真诚、相互尊重、相互理解、相互信任。此外还要把握交往的时机,学会沟通技巧,主动交往。首先,要处理好与室友之间的关系。经常参加集体活动,尤其是选择一些个性开朗、乐观的人做朋友。面对来自各地、性格习惯各异的同学,应本着"求大同,存小异"的原则,善于发现别人的优点,包容别人的缺点,设身处地地为他人着想,多理解别人。其次,要主动与教师交往。大学的教师被形容为"来也匆匆,去也匆匆",一些不善于与老师交往的同学,由于不主动与教师联系,感到大学教师缺乏亲切感,在学习上有问题也不敢向教师请教。由于大学教育的特殊性,任课教师除了上课外,很少有机会和同学一起交流,同学们应主动与教师交往,一方面请教学习中的问题,另一方面可以解决生活中的困惑。最后,要学会与学校内各部门工作人员交往。大学是浓缩的社会,在这个社会中有各种机构,有各种不同身份的工作人员,对大学生而言他们都是应被尊重的人。在人际交往中,最重要的是对人的尊重,只要做到对人的尊重,自然也会被他人尊重和信任。

(三)确立新的价值目标

目标是人们活动所追求的预期结果,如果一个人没有价值目标,他就会感到无所作为,感到人生淡而无味。有了正确的人生价值目标,就会具有活力和动力,内心充实而有信念,就会自觉地为价值目标去追求和奋斗。价值目标的实现无不伴随着艰苦和某种牺牲,但只有朝人生价值目标不断地艰难跋涉,去创造,为别人、为社会、为自己,才能体会到生活的真谛,体味到自己的创造所带来的幸福。因此,尽快确立新的价值目标也是大学生走向新生活、适应环境的一项重要任务。

(四)摸索适应大学的学习方法

一是向有经验的高年级的同学请教,接受任课教师的指导与辅导员的帮助;二是自己要根据大学的学习特点,从个人实际出发,逐步摸索与自己水平基本相适应的学习方法;三是注重自学能力的培养;四是学会科学管理、支配时间。

(五)重新确立正确的自我形象

正确认识自己,树立自信心;重新估价自己,客观分析自己的优势和劣势,扬长避短;主动接纳自己,使自己逐步提高。提倡纵向比较,"同自己比,同自己竞争"。有意识地进行自我心理调整,培养良好的个性,在生活中保持自信、乐观、坦诚、豁达、坚持不懈的心理品格,面对纷繁复杂的社会,学会心理自助。

案例分析

"富二代"患上心理障碍

案例一

李治(化名)家庭条件很好,算是个"富二代"。从小到大父母都给他提供了很好的物质条件,生活上也是无微不至,基本上是衣来伸手饭来张口,吃的、用的都是最好的,这也就导致了李治的生活自理能力很差,同时还有一种自我优越感。

考上大学之后,住进集体宿舍,李治完全适应不了,嫌宿舍人多,没有空调,条件差,不愿意吃食堂的饭菜,不会洗衣服,与舍友的关系也处得很僵,天天因为琐事与同学吵架。没到一周,李治就在宿舍待不下去了,跟父母吵着要搬到校外住。无奈之下,父母给李治在校外租了房子,并且还专门请了保姆照顾李治的饮食起居。然而,李治的情况并未因此好转,恶劣的人际关系让李治在同学中没有朋友,强烈的孤独感让他感觉到自己似乎与大学环境格格不入,精神状态萎靡,失眠,早上经常迟到,学习成绩也直线下降。

分析:现代家庭舒适的生活条件、独生子女的特殊身份和父母的过分关爱,使多数学生缺乏独立生活的能力。进入大学后，这些原本"衣食无忧"的学生由于缺乏生活自理的能力，在生活上表现出极大的不适应。刚入学的大学生要顺利度过生活环境的转变期，应从小事做起、从眼前做起，利用每一件小事和每一个机会锻炼自己独立生活、独立工作的能力。

为什么总是留恋中学时代？

案例二

高某，男，18岁，大学一年级新生。入学不久，来到咨询室向咨询老师诉说自己的苦恼："老师，我是刚入大学不久的一年级新生。进大学前，幻想着大学生活浪漫、幸福，可是来到大学后却觉得人地两生。特别是到了周末、假日，看到当地同学陆续回家或与老同学团聚，我的思乡之情油然而生。我非常留恋过去的中学时代，过去的同学、朋友，过去熟悉的生活环境，甚至后悔不该报考外地的大学，其实我们那里也有不少大学，我们班好几个与我要好的同学都在家乡的大学上学。我觉得大学还不如过去的中学时代好，人长大了上了大学，但生活却没什么意思，还不如少年时代好玩。老师，您说我这种心理是不是不正常？有没有办法改变呢？"

分析：高某出现的这种心理，是大学新生中常遇到的，心理学上称之为"回归心理"。具体表现是迷恋过去，有一种希望回到过去的心态。它主要是由于对大学生活不适应，对新环境的陌生而造成的。"回归心理"应当说是一种正常的心理状态，但是如果长期处于一种怀旧、留恋过去的心理状态中，会造成学习上的不安心，甚至夜不成眠，形成阻碍学习的心理压力。所以应尽快地熟悉新环境，克服"回归心理"，如去找老乡谈心，多与同学接触交流，培养业余爱好，通过书信或电话与老同学、老朋友或家乡的亲人交流信息、沟通情感，介绍新环境中的人和事，以减轻思乡、怀旧的情绪。

对大学不满，产生抵触情绪

案例三

小勇，男，18岁，某高职院校大一新生，自述对自己高考只考了一所高职院校一直耿耿于怀，内心很不愿接纳这一事实，但又感觉很无奈，只得硬着头皮来到这儿读书。可是来了之后，更加失望。学校很小，环境一般，觉得与自己想象中的大学相差太远。军训过后，觉得生活很迷茫、很空虚，无所事事，每天上完课以后不知道该干些什么，于是以闲逛、打牌、看小说、去网吧上网等方式来打发时间。

分析：小勇由于对高考结果不满，对目前就读的大学存在抵触心理，不能很好地去接纳学校以及他那已经开始了的大学生活，心理上产生失望感、无奈感、无聊感等。这一案例在大专学生中比较普遍，一方面他们心里对大学存在美丽幻想和过高的期望，另一方面他们感到自己现实的处境并不如意，甚至自认为非常糟糕，所以心理上的"落差"很大，难以接受、难以主动积极地试着去适应，有的甚至干脆"破罐子破摔"，以消极的方式应对大学生活。

自我测试（扫一扫做测试）

大学生心理健康测试题

以下40道题，如果感到"经常是"，画"√"；"偶尔是"，画"△"；"完全没有"，画"×"。

1. 平时不知为什么总觉得心慌意乱，坐立不安。（   ）
2. 上床后，怎么也睡不着，即使睡着也容易惊醒。（   ）
3. 经常做噩梦，惊恐不安，早晨醒来就感到倦怠无力、焦虑烦躁。（   ）
4. 经常醒1～2小时，醒后很难再入睡。（   ）
5. 学习常使自己感到非常烦躁，讨厌学习。（   ）
6. 读书看报甚至在课堂上也不能专心致志，往往自己也搞不清在想什么。（   ）
7. 遇到不称心的事情便较长时间地沉默少言。（   ）
8. 感到很多事情不称心，无端发火。（   ）
9. 哪怕是一件小事情，也总是很放不开，整日思索。（   ）
10. 感到现实生活中没有什么事情能引起自己的乐趣，郁郁寡欢。（   ）
11. 教师讲课，常常听不懂，有时懂得快忘得也快。（   ）
12. 遇到问题常常举棋不定，迟疑再三。（   ）
13. 经常与人争吵发火，过后又后悔不已。（   ）
14. 经常追悔自己做过的事，有负疚感。（   ）
15. 一遇到考试，即使有准备也紧张焦虑。（   ）
16. 一遇到挫折，便心灰意冷，丧失信心。（   ）
17. 非常害怕失败，行动前总是提心吊胆，畏首畏尾。（   ）
18. 感情脆弱，稍不顺心，就暗自流泪。（   ）
19. 自己瞧不起自己，觉得别人总在嘲笑自己。（   ）
20. 喜欢和比自己年幼或能力不如自己的人一起玩或比赛。（   ）
21. 感到没有人理解自己，烦闷时别人很难使自己高兴。（   ）
22. 发现别人在窃窃私语，便怀疑是在背后议论自己。（   ）
23. 对别人取得的成绩和荣誉常常表示怀疑，甚至嫉妒。（   ）
24. 缺乏安全感，总觉得别人要加害自己。（   ）
25. 参加春游等集体活动时，总有孤独感。（   ）
26. 害怕见陌生人，人多时说话就脸红。（   ）
27. 在黑夜行走或独自在家有恐惧感。（   ）
28. 一旦离开父母，心里就不踏实。（   ）
29. 经常怀疑自己接触的东西不干净，反复洗手或换衣服，对清洁极端注意。（   ）
30. 担心是否锁门和有东西忘记拿，反复检查，经常躺在床上又起来确认，或刚一出门又返回检查。（   ）

31. 站在沟边、楼顶、阳台上,有摇摇晃晃要掉下去的感觉。( )
32. 对他人的疾病非常敏感,经常打听,生怕自己也身患相同的病。( )
33. 对特定的事物、交通工具(如公共汽车)、尖状物及白色墙壁等稍微奇怪的东西有恐惧倾向。( )
34. 经常怀疑自己发育不良。( )
35. 一与异性交往就脸红心慌或想入非非。( )
36. 对某个异性伙伴的每一个细微行为都很注意。( )
37. 怀疑自己患了严重不治之症,反复看医生或去医院检查。( )
38. 有依赖止痛药或镇静药的习惯。( )
39. 经常有离家出走或脱离集体的想法。( )
40. 感到内心痛苦无法解脱,只能自伤或自杀。( )

说明:"√"得 2 分,"△"得 1 分,"×"得 0 分。
评价参考:
0～8 分:心理非常健康,请你放心。
9～16 分:大致还属于健康的范围,但应有所注意,可以找老师或同学聊聊,心情应保持愉快、乐观。
17～30 分:你在心理方面有了一些障碍,应采取适当的方法进行调适,或找心理辅导老师帮助你。
31～40 分:黄牌警告,有可能患了某些心理疾病,应找心理医生进行检查治疗。
41 分以上:有较严重的心理障碍,应及时找心理医生治疗。

实践训练

爱的家园

【活动目的】:感受家的温暖和团队的归属感,同时达到分组的目的。
【活动时间】:30 分钟。
【活动道具】:4 张分别写有 4 个词的纸,将其按照参加活动的学生人数剪成相应的不规则的小块;4 张大图画纸。
【活动场地】:以室外为宜。
【活动内容】:
将写有"健康""快乐""和谐""幸福"4 个词的 4 张纸随意地分成若干份,每份都剪成不规则图形,每份上都有 4 个词中的一小部分,让大家随意抽取其中 1 份,然后再将若干份小纸片复原。
【活动分享】:各自谈谈找家的感受……
备注:"健康""快乐""和谐""幸福"4 个词可以根据需要换成其他词。

心理影视

1.《心理访谈》

《心理访谈》是CCTV12的一栏电视节目,也是提供心理学帮助的一个活动平台,每期节目都有具体的当事人到场,他们把生活中经常遇到的一些难题,如夫妻关系、亲子教育、人际交往等向主持人倾诉,专家则从心理学、社会学等各学科的不同角度,帮助人们认知、梳理、管理自己的情绪、心理和行为,并给出有大众借鉴意义的建议,以帮助公众提高生活质量,促进家庭和谐。

2.《阳光的味道》

导演:张中一。

演员:马洲、石佩灵、彭地、赵东阳、李宗霖、石美娟、王艳、徐坤。

类型:都市/言情/偶像。

年代:2010。

地区:内地剧,共25集。

简介:该剧讲述了90后大学生的校园生活励志故事。一个炎热的夏天,华南演艺职业学院又迎来开学的日子,刘扬、麦丽丽等女生住进了女生碧湖阁509房,宋子豪、夏凡等住进了男生玉湖阁210房,一群朝气蓬勃但又涉世不深的阳光男孩和阳光女孩在他们新的人生阶段开始了全新的生活:富家子弟宋子豪在学校十分抢眼,自我意识强,随心所欲,却也因此受到很多挫折;特困生马柱子有演唱天赋却险些被人陷害;辛美婷因傍大款违反了学校纪律而受到处分;富家女麦丽丽和学校的小保安贺军从误会、争执到产生感情,演绎了一段精彩的爱情故事,麦丽丽后来才知道贺军竟是一位将军的儿子。要毕业了,汇报剧的表演让家长们泪流满面。夏凡决定去农村支教,马柱子被部队选中参军,刘扬与宋子豪正式开始了北漂。

阅读思考

心轻上天堂

埃及国家博物馆,有一件奇怪的展品。一只用精美白玉雕刻的匣子,大小和常用的抽屉差不多,匣内被十字形玉栅栏隔成四个小格子,洁净通透。玉匣是在法老的木乃伊旁发现的,当时匣内空无一物。从所放位置看,匣子必是十分重要,可它是盛放什么东西用的?为什么要放在那里?寓意何在?谁都猜不出。这个谜,在很长一段时间内,让考古学家们百思不得其解。后来,在埃及中部卢克索的帝王谷,在卡尔维斯女王的墓室中,发现了一幅壁画,才破解了玉匣的秘密。

壁画上有一位威严的男子,正在操纵一架巨大的天平。天平的一端是砝码,另一端是一颗完整的心。这颗心是从一旁的玉匣子中取出的。埃及古老的文化传说中,有一位至高无上的美丽女性,名叫快乐女神。快乐女神的丈夫,是明察秋毫的法官。每个人死后,心脏都要被快乐女神的丈夫拿去称量。如果一个人是欢快的,心的分量就很轻。女神的丈夫就引导那有着羽毛般轻盈的心的灵魂飞往天堂。如果那颗心很重,被诸多罪恶和烦恼填满皱褶,快乐女神的丈夫就判他下地狱,永远不得见天日。

原来,白玉匣子是用来盛放人的心灵的。原来,心轻者可以上天堂。

自从知道了这个传说,我常常想,自己的心是轻还是重,恐怕等不及快乐女神的丈夫用一架天平来称量,那实在太晚了。呼吸已经停止,一生盖棺定论,任何修改都已没有空白处。我喜欢未雨绸缪,在我还能微笑和努力的时候,就把心上的赘累一一摘掉。我不希图来世的天堂,只期待今生今世此时此刻,朝着愉悦和幸福的方向前进。天堂不是目的地,只是一个让我们感到快乐自信的地方。

心灵如果披挂着旧日尘埃,好像浸满了深秋夜雨的蓑衣,湿冷沉暗。如何把水珠抖落,在朗空清风中晾干哀伤的往事?如何修复心理的划痕,让它重新熠熠闪亮,一如海豚的皮肤在前进中使阻力减到最小?如何在阳光下让心灵变得剔透晶莹,仿佛古时贤臣比干的七巧玲珑心,忠诚正直,诚恳聪慧,却不会招致悲剧的命运?

我们不是从一张白纸开始自己的心灵健康之旅,而是背负着个人的历史和集体的无意识,在文化的熏染中长大,它们对我们的影响复杂而深远,微妙而神秘。

(来自毕淑敏《心灵七游戏》)

【思考题】

1. 你感觉自己心理健康吗?你评价自己的依据是什么呢?
2. 在生活中,你有什么促进自己心理健康的独特而有效的方法?

第二章

众里寻我千百度
——自我认识与成长

知人者智，自知者明。人不能拒绝的是自我的成长，打开认识自我之窗，走进我的心灵和世界。

故事导入

动 物 学 校

　　动物王国新办了一所动物学校,动物爸爸、动物妈妈纷纷把自己的孩子送到这所学校去学习。

　　学校开了四门课程:跑步课、爬行课、游泳课和飞行课。在这个学校学习的每一个小动物,都必须参加这四门功课的考试。兔子在上跑步课时,表现特别突出,成绩总是遥遥领先。可是,兔子在爬行课上却表现平平,考试成绩也是勉强及格而已。最糟糕的是游泳课和飞行课。兔子第一次下水,差点没有被水呛死。现在它只要一见到水,全身就直打哆嗦。把它害得最惨的是飞行课。飞行课要求所有的动物都要在天上飞,兔子没有翅膀,怎么能飞呢?它只好跑到一座房子的顶上,往下一跳,希望能找到"飞"的感觉。这回"飞"的感觉它倒是找到了,不过仅仅是一瞬间,它就落在地上,摔断了两根腿骨。现在,兔子连跑步课都上不了,只好休学在家。

　　鸭子是游泳课上的佼佼者,它在水里的功夫甚至比老师还出色。但在飞行方面,它虽然长着一对翅膀,却并不能飞,只能扑闪几下翅膀而已。鸭子跑步的成绩更是惨不忍睹。因为它跑得太慢,每天放学后,鸭子都要被老师留下来练习跑步。它那有蹼的脚被路上有棱角的石头戳破了,还遭到路上一些动物的嘲笑。因为它走路的样子实在太难看了,肥屁股一扭一扭的。鸭子自卑极了,它恨自己不能像兔子跑得那样快,恨自己不能像鹰飞得那样高,恨自己不能像蛇爬得那样快,恨自己长得太难看。

　　蛇的爬行成绩在班上名列前茅,游泳成绩也不错。因为它没有脚,也没有翅膀,它跑步成绩和飞行成绩可想而知。偏偏蛇喜欢争强好胜,处处都要抢风头。它的跑步成绩和飞行成绩令它很没有面子,它每天都不开心。没过多久,蛇就患了忧郁症。另外一条没有上过动物学校的蛇来安慰它,这条蛇说:"你本来就是一条很棒的蛇,你为什么要去学跑步和飞行?如果蛇可以跑步,可以飞行,难道不是一件挺可笑的事吗?"但是,上动物学校的蛇执迷不悟,它说如果它的跑步成绩和飞行成绩还不及格的话,它就从动物学校毕不了业。两条蛇说来说去说不到一块,这条郁郁寡欢的蛇钻到地底下去,从此,没有谁再见到过它。

　　鹰是动物学校最另类的学生。它只上飞行课,拒绝上跑步课、爬行课和游泳课。它对动物学校的校长说:"我是一只鹰,我为什么要上跑步课、爬行课和游泳课?"校长说:"这是我们学校规定的章程,作为动物学校的学生,你必须要上这些课。"鹰说:"我只想上飞行课,我想做一只世界上飞得最高、飞得最快的鹰。"校长说:"你就当了世界飞行冠军,但是你的跑步课、爬行课和游泳课不及格,你在我们动物学校也毕不了业,我们不会发毕业证

> 给你的。"是做一只飞得最高、飞得最快的鹰,还是做一只会跑步、会爬行、会游泳的鹰?这只非常有个性的鹰,非常自信地做了一个决定,一心一意地练习飞行,后来,它果然实现了自己的理想和抱负,当上了世界飞行冠军。
>
> 像鹰一样坚持做自己的原则,才有成功的希望。

理论指导

进入大学的学生,都会思考"我是谁?""我有什么目标?""我为什么上大学?"等问题。如果再问一个简单的问题:请你向别人描述你自己时,你首先想到的特征是什么?是你的性格特征,如外向、内向,还是外表特征,如高、矮、胖、瘦?还是社会类别,如男、女?事实上,你可能更倾向于用概括性的语言对自己做一个总体评价。如"我是一个追求优秀的大学生""我是一个有理想、有抱负但有些懒惰且自制力较弱的人"等。所有这一切,都是大学生自我意识的真实体现。

自我意识的确立是青年心理发展的重要标志之一,对青年人格的形成、心理的发展起着重要的作用。大学阶段的自我意识是大学以前的自我意识的继续与深化,同时又有其质的变化。这一时期,大学生自我意识从分化到矛盾,走向统一,对人的一生都有特别重要的意义。

一、自我意识的概念

自我意识是个体对自己的身心状况,以及自己与别人和周围世界关系的认识,它是人格结构的核心部分。自我意识是一个具有多维度、多层次的复杂心理系统。

(一)从形式上看

从形式上看,自我意识表现为认知的、情感的、意志的三种形式,分别称为自我认识、自我体验和自我调控。自我认识是自我意识的认知成分,包括自我感觉、自我观察、自我观念、自我分析和自我评价等层次。其中,自我评价是自我认识中最主要的方面,集中反映了个体自我认识乃至自我意识的发展水平,也是自我体验和自我调控的前提。自我体验是自我意识的情感成分,在自我认识的基础上产生,反映个体对自己所持的态度。它包括自我感受、自尊、自信、自卑、自我效能感等层次。其中,自尊是自我体验中最主要的方面。自我调控是自我意识的意志成分,指个体对自己行为与心理活动的自我作用过程。它包括自我监督、自我控制、自我教育、自我追求、自我完善等层次。其中,自我控制是自我调控中最主要的方面。

(二)从内容上看

从内容上看,自我意识可分为生理自我、社会自我和心理自我三个层面。生理自我是指个人对自己的生理属性的意识,包括个体对自己的身体、外貌、体能等方面的意识;社会自我是指个人对自己的社会属性的意识,包括对自己在各种社会关系中的角色、地位、权力、人际距离等方面的意识;心理自我是个人对自己心理属性的意识,包括个人对自己的人格特征、心理状态、心理过程及其行为表现等方面的意识。

（三）从自我观念来看

从自我观念来看，自我意识又可分为现实自我、投射自我和理想自我三个维度。现实自我是个体从自己的立场出发对现实的我的看法，也即对现实的我的认识，它是个体对自己现实的观感。投射自我是个体想象中他人对自己的看法，也即对他人眼中的我的想象，如想象自己在他人心目中的形象，想象他人对自己的评价，以及由此而产生的自我感。投射自我和现实自我之间往往有距离，当距离加大时，个体便会感到自己不为别人所了解。理想自我是个体从自己的立场出发对将来的我的希望，也即对想象中的我的认识。理想自我是个体想要的完善的形象，是个人追求的目标。理想自我与现实自我不一定是一致的。理想自我虽非现实自我，但它对个人的认识、情绪和行为的影响很大，是个人行为的动力和参考系数。

古希腊传说中有一个人面兽身的怪兽名叫斯芬克斯，她整天蹲伏于路边的悬石上，向来往行人询问智慧女神所授的隐谜，如果行人猜不出谜底，她就将其撕成碎片。她的隐谜是：什么东西早晨用四条腿走路，中午用两条腿走路，晚上用三条腿走路？她提示说，在一切生物中只有此物是用不同数目的腿走路，而且腿最多时，正是速度力量最小时。"斯芬克斯之谜"正是人生之谜，也是自我之谜。它伴随着每个人的人生旅途，提醒人们时刻不要忘记正确地审视自我。它告诉人们，唯有正确认识自我、把握自我，才是自己得以生存的最大保障。因此在公元前5世纪，古希腊人就在他们的神庙上刻下了这样的话："人，认识你自己！"

从根本上说，"认识你自己"之所以特别重要，是由于它是人存在的独特标志。动物绝不可能有"认识自己"的要求和意识，它除了本能外，完全不存在自己有意识的生存问题，而人生的一切问题都是由人的自我意识引起的，包括成功的喜悦和失败的懊恼。因此认识自我是我们每一个人面临的重要课题，只有对自我有清醒的认识，我们才能在现实中找准自己的位置和方向，才能清除无谓的自卑对心灵的损害，才能避免盲目的自满对生命的束缚，才能不断地完善自我、提升自我。

二、自我意识的发生与发展

自我意识不是先天具有的，而是个体在生活环境中通过个体与客体的相互作用逐渐形成与发展，并随着语言和思维的发展而发展的。人认识自己需要一个比认识外界事物更为复杂、更为长久的过程。

人在刚出生时并没有自我意识，出生两个月内的婴儿分不清自己的手指和母亲的乳头。幼儿在一岁半开始有了自我意识的最初表现，能够将自己的动作和动作的对象区分开来。两岁至三岁时能够用第一人称代词"我"来表达自己的意思。掌握"我"字是自我意识萌生的主要标志，儿童从知道自己的名字发展到知道"我"，意味着从行动中实际地成为主体，意识到自己是各种行动的主体。

从三岁至青春期，是个体接受社会文化、学习角色的主要时期。儿童在家庭、幼儿园和学校中，通过学习、游戏、劳动等活动，逐渐掌握各种角色观念，如性别角色、家庭角色、伙伴角色和学校中的角色等，逐渐形成社会自我。

在青春期内，个体的生理、心理诸方面都有急剧的变化，如性的成熟、逻辑思维的发展等，促使自我意识进一步发展，使自我意识有了质的变化，青春期是自我意识迅速发展并趋向成熟的关键期。

三、大学生自我意识的发展模式

人的自我意识的发展呈现一种螺旋式上升的趋势,其发展模式为:分化、矛盾、统一。个体经由每一次的自我分化、矛盾和在一定条件下的统一,自我意识便向前发展了一步。

(一)自我意识的分化

大学生自我意识的发展是从明显的自我分化开始的,具体表现为儿时那种笼统的"我"被打破了,明显地出现两个"我"——主我与客我,一个是处于观察地位的我,一个是处于被观察地位的我。自我的分化,是自我意识开始走向成熟的标志,也是自我意识发展的重要过程。正是这种分化过程,促使个体主动地关注到自己的内心世界和行为,开始意识到自己那些尚未被完全注意到的"我"的各个方面,于是自我内心活动变得复杂,自我观察、自我沉思明显地多了,写日记或向朋友倾诉也多了,从而促进了个体自我意识的发展。

(二)自我意识的矛盾

在自我意识的发展过程中,随着自我的分化,主我在认识和评价客我时,发觉主观自我与客观自我之间、现实自我与理想自我之间往往有较大的差距,于是出现内心冲突,甚至不安和痛苦。这种自我矛盾是自我意识发展过程中不可避免的,是一种正常现象。大学生自我意识中常见的矛盾主要有以下几种:

1. 主观自我与客观自我的矛盾

主观自我是一个人对自己的认识和评价,客观自我是别人对自己的认识和评价,这二者之间往往存在着较大的矛盾和差距。大学生常常在客观自我方面受挫,如自我感觉能力挺强,积极报名竞选各类社团组织的干部,但结果完全不是自己的预期,一些同学因此情绪一落千丈,感觉没人欣赏自己,内心痛苦。

2. 理想自我与现实自我的矛盾

理想自我是在自己头脑中塑造的、自己所期望的未来自我的形象,现实自我则是通过个人的实践而反映到头脑中的真实的自我形象。理想自我是自己希望将来成为什么样的人,现实自我则是自己今天是什么样的人。

理想自我与现实自我的矛盾是大学生自我意识矛盾中最突出、最集中的表现,这主要源于理想与现实的差距。大学生富于幻想,总希望自己将来成为某种理想的人,因而在头脑中塑造了一个未来的理想自我的形象,然而学历偏低、竞争压力大常使他们缺乏自信,倍感失落,因此,当他们将这种理想自我的形象与现实自我的形象加以对照比较时,便会发出"理想很丰满,现实很骨感"的感叹,产生现实自我与理想自我的矛盾。当然这种差距在给大学生带来苦恼和不满的同时,也会激发他们奋发进取的积极性。如果这种矛盾与冲突过于强烈,不能及时加以调适,则会导致自我意识的分裂,从而带来一系列心理问题。

3. 独立意向与依附心理的矛盾

新生入学后,自我意识的发展产生了一次飞跃。他们希望能在生活、经济、思想等方面独立,摆脱成人的管束,自主地处理所遇到的一些问题,但是他们社会经验缺乏,独立处理问题的能力有限,特别是面临复杂世态时,常感到心中无数。面临有关人生和前途的重大问题时,往往对自己的抉择缺乏信心,而依赖于父母的意志,就学期间经济上一般仍需家庭供给,这一切使他们无法真正做到人格上的独立,这种独立意向与依附心理的矛盾也一直困扰着他们。

4. 交往需要与自我闭锁的矛盾

大学生迫切需要友谊,渴望理解,他们有强烈的交往需要,希望能向知心朋友倾吐对人生的看法,盼望能有人分担痛苦、分享欢乐。但同时他们又存在着自我闭锁的倾向,许多人往往不愿主动敞开自己的心扉,在公开场合很少发表个人的真实意见。他们在与他人交往时存有较强的戒备心理,总是有意无意地保持一定距离,正是这种交往需要与自我闭锁的矛盾冲突,使得不少大学生倍受"孤独"的煎熬。

5. 自信心与自卑感的矛盾

大学生刚刚考上大学时受到老师、家长、亲朋好友的赞誉,同辈人的羡慕,故而优越感和自尊心都很强,对自己的能力、才华和未来都充满了自信。然而进入大学后,许多大学生发现"山外有山",尤其是当学习、文体、社交等方面显露出某些不足时,有些大学生就会陷入怀疑自己、否定自己的不良情绪中,产生自卑心理。在这些大学生的内心深处,自信心和自卑感常常处于冲突状态。有关调查显示,有25%~30%的大学生存在不同程度的自卑心理。

6. 激情与理智的矛盾

自我控制是指个体摆脱监督和支配的一种自我意识倾向。大学生情绪的一个显著特点是容易两极分化,或高或低,波动性大,易冲动,不易控制。少数学生的违纪反映在考试作弊、损坏公物和思想道德素质不高等方面。事前不去考虑后果,为朋友两肋插刀,当替考或传卷被抓获,受处分拿不到学位证后,又后悔不迭,马上就变得一蹶不振,使自己陷于懊悔、惆怅之中。但随着身心的发展,认知水平的提高,大学生渐渐成熟,在遇到客观问题时,既想满足自己情绪与情感的要求,又想服从于社会及他人的需求。特别是当遇到失恋等人生打击时,尽管理智上能够理解,却在感情上难以接受。

7. 追求上进与自我消沉的矛盾

许多大学生都有较强的上进心,他们希望通过努力来实现自身的价值。但在追求上进时,困难、挫折在所难免,有些学生意志力薄弱,控制不住自己的懒惰和贪玩,不少大学生常常出现情绪波动。在困难面前望而生畏,消极退缩,但又不甘放弃,依然想追求,内心极为矛盾,困惑、烦躁、不安也由此而生。

(三)自我意识的统一

自我矛盾的产生虽然给个体带来不安和痛苦,但正是这种矛盾和冲突激发了个体奋发进取的积极性,促使个体去正确地认识自己,实事求是地修正理想自我中某些不切实际的过高标准,并且努力奋斗,有效地控制自我,改善现实自我,使理想自我与现实自我互相趋近,求得自我的统一。这是一种积极健康的统一,是自我认识、自我体验和自我调控的统一,是主体与客体现实的统一。

大学生自我意识的统一有以下几种类型:

1. 自我矛盾型

这类大学生的特点是"理想自我"和"现实自我"难以统一,难以转化成一个新的自我。他们的内心冲突强度大,延续时间长,新的自我久久不能确立,积极的自我难以产生,表现为自我认识、自我体验、自我控制等方面的不确定性。

2. 自我扩张型

这类大学生的特点是对"现实自我"的认识和评价过高,以至形成虚假的"理想自我"。"理想自我"与"现实自我"虚假统一,一般都过分"悦纳"自己。扩张的表现有三种形式。①情绪冲动不能自抑。在通往理想的道路上,偶有一见一得,便自以为了不起,忘掉了现实中的自我,忘掉了客观社会要求对自己的制约,开始进行种种美妙的设计。②"理想自我"实为幻想我、傻想我、空想我,并取代"现实自我"。这种人的自我带有扮演性和白日梦的特点,盲目自尊,自吹自擂。③在特殊情况下,可能向更消极的方向转化,表现为违反社会道德、社会义务,乃至将逆社会历史潮流的所谓"理想自我"作为自己的期望、抱负和憧憬目标。如果"现实自我"与"理想自我"不一致,就会在错误的方向上改变"现实自我",使之向"理想自我"靠拢,以取得消极的统一、转化。

3. 自我否定型

这类大学生的主要特征是对"现实自我"的认识和评价过低,所确定的"理想自我"与"现实自我"之间的距离太远,或差距太大,主观上又缺乏自我控制能力,心理上常处在一种自我的防御状态,其"理想自我"与"现实自我"的统一常是消极的。希望通过捷径,不需要很多努力即可实现"理想自我"。小小的失败都可能积累起来形成挫折感,挫折感积累又转化为自卑、自涩,对自己缺乏信心。他们不想通过积极地改变"现实自我"去实现"理想自我",而是在一定程度上放弃"理想自我",保持现状,或进而否定"现实自我",加之心理上的自我暗示,结果越发自卑,有时不得已又为自己寻找"合理的理由"进行自我说服,以求得心理上的暂时平衡。成功了,认定是命运的恩赐;失败了,找一个借口一推,得过且过。

4. 自我肯定型

这类大学生的特点是正确的"理想自我"占优势,"理想自我"与"现实自我"能通过努力奋斗达到积极的统一。他们对"现实自我"的认识比较清晰、客观、全面、深刻,"理想自我"的确定比较现实、积极、符合社会要求。在通往理想的道路上善于总结经验教训,积极地对待成功和失败,不断地创造条件,实现"理想自我",达到积极的自我统一。

5. 自我萎缩型

这类大学生表现为"理想自我"极度缺乏和丧失,对"现实自我"又极度不满。这种类型有两种向消极方面发展的可能性:一是自卑心理强度有所减弱,从而消极放任;二是自卑心理继续加强,导致自我拒绝的心理。自我拒绝心理使大学生的"理想自我"与"现实自我"不仅难以统一,而且发展为对抗状态。"理想自我"与"现实自我"差距过于悬殊,导致缺乏主动灵活的调节,以为"理想自我"是难以实现的,"现实自我"是无法改变的,甚至是无法容忍的。从对自己的不满发展到自轻、自贱、自恨、自怨、自嘲,越来越消沉,对自己丧失信心,孤独沮丧,以致出现病态的心理和行为。

四、大学生自我意识发展缺陷及其调整

(一)过度的自我接受与过度的自我拒绝

自我接受是指自己认可自己,肯定自己的价值,对自己的才能和局限、长处和短处都能客观评价、坦然接受,不会过多地抱怨和谴责自己。对自我的接受是心理健康的表现。过度自我接受的人是有点自我扩张的人,他们高估自我,对自己的肯定评价往往有过之而无不及,拿放大镜来看自己的长处,甚至把缺点视为自己的长处。人际交往模式是我好,你不好,我行,你不行。过度自我接受的人容易产生盲目乐观的情绪,自以为是,不易处理好人际关系;而且过高

评价滋生骄傲,对自己易提出过高的要求,承担无法完成的任务、义务而导致失败。

自我拒绝是指不喜欢自己,不能容忍自己的缺点和弱点,否定、抱怨、指责自己。过度的自我拒绝是更严重的、更经常的自我否定。事实上,许多大学生都有不同程度的自我拒绝,这可以促使他们不断修正自己。但过度自我拒绝则是由严重低估自我引起的,他们的人际交往模式一般是我不好,你好,我不行,你行,或者我不好,你也不好,我不行,你也不行。过度自我拒绝的人看不到自己的价值,只看到或夸大自己的不足,感到自己什么都不如他人,处处低人一等,丧失信心,严重的还可能由自我否定发展为自我厌恶甚至走向自我毁灭。过度自我拒绝压抑人的积极性,限制对生活的憧憬和追求,易引起严重的情感损伤和内心冲突,同时不能很好地发挥个人潜能和社会作用,给社会带来损失。

如何调整过度的自我接受和过度的自我拒绝呢?

首先要树立正确的认知观念。人不可能十全十美,每个人都有优缺点。人既不会事事行,也不会事事不行;一事行,也不能说事事行,一事不行也不能说事事不行;优点和缺点不能随意增加或丢掉,成功失败也不是自说自定。一个人应该接纳自己的一切条件,并肯定它的价值,不自以为是也不妄自菲薄。

第二,确立合理的评价参照体系和立足点。人的价值本来是相对的,只有在相互比照之下,才能定出高低优劣。

第三,培养独立和健康的人格品质,如自信不狂妄、谦虚不自卑。

(二)过强的自尊心与过强的自卑感

自尊心和自信心、好胜心、独立感等诸多形式都是大学生自我意识发展的主要表现。它是要求尊重自己的言行和人格,维护一定荣誉和社会地位的一种自我意识倾向性。每个大学生都有强烈的自尊心,好强、好胜、不甘落后。自尊心强的大学生对自己有信心,相信自己能克服缺点,取得进步,它不是自大。但过强的自尊心却和骄傲、自大等联系在一起。他们缺乏自我批评,而且不允许别人批评,以自我为中心,唯我独尊。这样的人回避或否认自己的缺点,缺乏自知能力,不能与人和谐相处,容易失败,也容易受伤害。

自卑感是对自己不满、否定的情感,往往是自尊心屡屡受挫的结果。事实上,过强的自尊心和过强的自卑感是密切联系、互为一体的,那些自尊心表现得越外显、强烈的人往往是极度自卑的人。自尊心、自卑感过强都会影响大学生的心理发展和人格成熟。

如何调整过强的自尊心与过强的自卑感呢?

第一,要对其危害有清醒的认识,有勇气和决心改变它;

第二,要客观认识自己,无条件接纳自己;

第三,正确表现自己,对自己的经验持开放态度;

第四,根据经验,调整对自己的期望,确立合适的抱负水平,区分长期目标和近期目标,区分潜能和现在表现;

第五,对外界影响相对独立,正确对待得失,勇于坚持正确的、改正错误的,同时保持一定程度的容忍。

(三)自我中心和从众心理

大学阶段是自我意识发展最强烈的阶段。大学生强烈关注自我,往往愿从自我的角度、标准去认识、评价和行动,容易出现自我中心倾向。自我中心的人凡事从自我出发,不能设身处地地进行客观思考。他们往往以同学的导师或领袖身份出现，喜欢指使，盛气凌人，出事总是认为自己对别人错，好把自己意志强加于人。因而他们不易赢得他人的好感和信任，人际关系多不和谐，行为做事难以得到他人帮助，易遭挫折。

首先，要克服自我中心，先摆正自己的位置，既重视自己也不贬抑别人，自觉把自己和他人、集体结合起来，走出自我的小天地；其次，要实事求是，恰如其分地评估自己，既不高抬自大，也不低踩菲薄；最后，学会移情，多设身处地地从他人的角度思考问题，尊重他人感受、关心他人。

与自我中心相反的是从众。从众心理人人都有，但过强的从众心理实际上是依赖反应。有过强的从众心理的学生，缺乏主见和独立意向，自己不思考或懒思考，常人云亦云或遇到问题束手无策，结果导致自主性被阻碍，创造力受抑制。事实上，世界上任何人都不可能在任何事上都独立，为所欲为，但个人能主宰自己的思想和观念。对于大学生而言，在求学、就业、交友、婚姻等方面虽不能随心所欲、支配一切来满足自己，但他却有充分的自由去思考、分析、研究自己在困境中可以通行的道路，至少他应该独立思考。而勇于独立思考，敢于思考，坚持自己所认为的正确观念，不受他人影响，保持自己的独立性和个性功能，是克服从众心理的最基本的、最重要的途径。

（四）过分的独立意向与过分的逆反心理

大学生自我意识发展最显著的标志之一是独立意向。但是独立意识过头，便会矫枉过正。很多大学生把独立理解成"万事不求人"，不需要别人帮助。其结果是生活中遇到困难挫折，只能自吞苦果，活得沉重。其实，独立并不意味着独来独往、我行我素和不顾社会规范，而是指在感情上、行为上个体能对自己负全部的责任。一个真正成熟的个体是独立的，他对自己负责任，但不排除接受他人的帮助。逆反心理是大学生自我意识发展过程中的一种产物，其实质是为了寻求独立、寻求自我肯定，为了保护新发现的、正在逐渐形成的但还比较脆弱的自我，为了抵抗和排除在他们看来压抑自己的那种力量，这是青年阶段心理发展的必然要求。因为这个原因，青年期被称为第二反抗期。就逆反心理本身而言，它一方面表明青年人的反抗精神、独立意识，另一方面指不少人不能正确把握反抗，表现出过分的逆反心理。逆反心理过分的大学生采取非理智的反应方式：在内容上不区分正确与错误、精华与糟粕，一概排斥；手段上只是简单的拒绝和对抗，情绪成分大；目的上只是为了反抗而反抗，逆反的对象多是家长、老师及社会宣传的观念和典型人物等外界权威，结果是阻碍了学习新的或正确的经验，不利于健康成长。

要发挥独立性本身的积极作用，清除过分逆反心理所带来的消极影响。首先要正确理解独立的真正含义；其次掌握自我的独立性与外界权威规范的关系，使自我既能适应外界的要求，又保持独立性。

所有的这些是心理还不成熟的表现，并不是某个人的缺点，而是所有的大学生或多或少都要亲自经历的，是整个年龄阶段的特征，因而是普遍的、正常的，但是也是必须调整的。只有认识到这一点，才能达到自我真正的统一、强大和健康。

五、健全自我意识的标准

衡量一个人的自我意识是否健全很难，但可以通过以下五点进行参照：

（1）一个有健全自我意识的人应该是一个自我肯定的、自我统合的人；

（2）一个有健全自我意识的人应该是自我认识、自我体验、自我监控协调一致的人；

（3）一个有健全自我意识的人应该是独立的，同时又与外界保持协调；

（4）一个有健全自我意识的人应该是一个自我发展的人，其自我具有灵活性；

（5）一个有健全自我意识的人是一个心理健康的人，不仅自己能健康发展，而且能促进社会文明进步。

六、大学生自我意识的培养与完善

（一）正确认识自我

正确认识自我是建立健全自我意识的基础。只有认识自己、了解自己，才能改变自己、完善自己。与此同时，大学生还应该开放自我，摆脱囿于个人心理和自我封闭的习惯，积极参加社会实践活动，把自己摆在正确的位置上。正如著名的成功学大师拿破仑·希尔所言："一切的成就，一切的财富，都是始于自我认识。"

正确认识自我，不仅要认识自己的生理特点，而且要认识自己的心理特点；不仅要认识自己的优势，而且要认识自己的劣势。其主要的途径如下：

（1）建立正确的比较观，运用两种不同的比较方法，客观而全面地认识自己。

①纵向比较法，即自己与自己比较，这是正确认识自我的一种最基本的方法。

首先，进行自我画像，对自己进行一番深刻的自我解剖，试着为自己画一幅尽可能全面的自画像，从中认识和判断自己的知识、能力、情感、意志、气质、性格等方面的特征。

其次，总结经验教训，对自己的往事和经历进行认真分析，对自己的想法、期望、品德、行为进行理性思考，从成功中发现自己的能力，增强信心，从挫折和失败中发现自己的不足，把自己从抑郁消沉中解脱出来。

再次，进行自测评价，借助各种自测表，通过回答一些具体问题，个体便能在短期内获得对自己较为准确的有关个性等方面的描述和评价。

②横向比较法，即自己与他人比较。要正确认识自我，还需要与他人、与社会进行横向比较，这样才能构成一个完整的、全面的坐标系。

首先，通过与周围人的比较认识和发现自己的优势和劣势。对于一个大学生来说，只有通过对知识掌握程度、技能、能力，以及自己的个性特征的比较，才能对自己做出正确判断。

其次，根据他人对自己的态度来评价自己。个体对自己的评价往往是以他人的评价为参照系的。俗话说："当局者迷，旁观者清。"他人的评价往往比自我评价更具有真实性和客观性。因此，要正确认识自我，还要问问家长、老师、同学、朋友对自己的评价和态度，听听他们对自己的长处和不足的分析和评判，接受他们对自己的教导和帮助。当然，就像镜子有优劣一样，别人的反馈有时也难免会有歪曲。对方的偏爱、成见、缺乏了解等，都可能使赞美与批评失真。不过，失真的镜子终究是少数，只要多用几面镜子就能看清自己了。

（2）学会调整认知结构。

很难想象，一个不能认识自己也不能认识他人的人怎么能把主观愿望和客观条件有机地结合起来，从而实现自己的目标。大学生要做到认识自己和认识他人的统一，防止出现自我认知偏差，就必须有一个正视自己、正视别人、正视社会的认知结构。

①处理好自知与知人的关系。

常言道:"知人为聪,知己为明;知人不易,知己更难。""自知"是完善自我的前提,离开这个前提,也就谈不上完善自我。所以,要正确认识自己,必须知己所长、知己所短,切忌"把自己看成一朵花,把别人看成豆腐渣"。如果大学生能够处理好自知与知人的关系,不仅有利于形成和谐团结、互相促进的群体环境,而且也有利于自身的健康成长,避免步入认知误区。

②处理好自尊与尊人的关系。

自尊就是尊重自己,这是不甘落后的一种情绪体验,是推动人们积极向上的一种动力。但是过分自尊,认为自己一切比别人强,这就是自负。因此,自尊也要尊重别人。不理解这一点就会陷入妄自尊大的泥潭。一个真正成熟的大学生,应善于处理好自尊与尊人的关系,自觉培养尊重他人的心理素质,以尊重、信任、谦让、诚挚的积极态度与别人交往,形成一种友爱和谐的人际关系,创造一种心情舒畅的良好环境。只有在这样的环境下,才能进一步认识自我,提高自我,完善自我。

③积极参加实践活动,借活动成果认识和评价自我。

大学生应打破孤芳自赏的心理封闭,通过多实践增加生活阅历,在实践与交往中使自己的天赋与才能得以发挥,并通过实践的结果来认识和评价自我。

(二)积极悦纳自我

欣然接受自我,就是对自己本来面目的认可、肯定和喜悦的态度。欣然接受自我,有助于维护和增进心理健康,将一个真实的我、本来的我展示于人们面前,可以让别人了解自己,有助于密切人际关系,有助于正确认识自我和评价自我。此外,唯有欣然接受自我,才能自重自爱,珍惜自己的人格和声誉,努力进行自我修养,谋求自身的发展。相反,不肯接受自我的大学生必然自惭形秽,自轻自贱,甚至自暴自弃,这对自我的成长是极为不利的。

1. 要全面、正确地评价自己

一个人固然有短处,但更多的是长处,即便短处也总有一定的限度,因此一个人不能只看短处,否定自己,更不能夸大而认为自己一无是处,而是要对自己进行恰如其分的评价。

2. 要正确对待短处

短处有两种,一种是能够改进的,如不良的习惯等;另一种是无法补救的,如先天的身材矮小等。对前一种短处要闻过则改,不可文过饰非;而对后一种短处则要勇敢地面对它、承认它、接受它,同时着力塑造自己内在的心灵美。

3. 要正确地对待失败

一个人的成长过程中有成功也必然会有失败,有的人面对失败一味地自责贬低自己,使自己丧失信心。我们要清醒地认识到眼前的失败并不代表永恒的失败。古人云:"失之东隅,收之桑榆"。也有人说:一次成功是以九十九次失败为基础的。大学生应树立正确的成功观,不怕失败,做生活的强者。

(三)自觉调控自我

1. 要确立明确的行动目标

人的行为是有目的的行为,个体的行为有无目的性,结果是不一样的。一般来说,有目标指向的行为较无目标指向的行为成就大得多。因为正确的目标能够诱发人的动机,强化人的行为,并促使其指向预定的方向。例如有的同学能够抵御种种诱惑,刻苦攻读,学业优秀,是因为他把学习成绩与自己未来的发展联系起来了。

确立正确的自我目标,关键是要按照社会的需要和个人的特点来进行设计,做一个"自如的我、独特的我、最好的我、社会欢迎的我"。所谓"做一个自如的我",是指不要给自己提出力所不能及的过高要求,使自己总是陷入自责、自怨、自恨的境地,而是给自己设计只要付出相当的努力就能达到的目标,从而能够在坦然面对自己的客观存在中不失积极地生活。所谓"做一个独特的我",指不要一味地追求时尚,在刻意模仿中失去自我,而是在接受自我的过程中扬长避短,得以自在地生活。所谓"做一个最好的我",是指立足于现实,选择适合自己的人生道路,尽最大努力,达到最佳水平,充分实现自己的人生价值,能够满意地生活。所谓"做一个社会欢迎的我",是指要有正确的价值取向,把自我实现的蓝图与祖国的富强、人类的文明结合起来,努力为社会做出自己最大的贡献,真正充实地生活。

2. 要培养坚强的自控毅力

在实现人生目标的旅途上,既有各种本能欲望的干扰,又有各种外部诱惑的侵袭。本能的欲望常令人背弃理智,如贪图安逸、追求物欲、趋利避害等。名利和物质的诱惑,容易使人偏离正确的前进轨道,松懈奋进的斗志,放弃对远大目标的追求,甚至把青年学生引向堕落。一个人要想成就一番事业,就必须能够抵制诱惑,主宰自己的行动,这就需要有坚强的自我控制毅力,以保证理智地约束自己的情感,把握自己的行为。自我控制的动力来源,在于从根本利益和长远利益上去看问题。有些诱惑之所以对个体很有吸引力,就是因为它充分地显示了表面的、暂时的利益。比如,在学习紧张的时候,看一场精彩的球赛可能比枯燥的学习更有吸引力,因为它能使人度过一个更愉快的夜晚。类似的种种诱惑,每天都可能存在,如果不能抵御,作为学生,最终可能在考场上难以过关,在就业竞争中处于不利地位。如果能想到自己的根本利益和长远目标,就会有控制自己的动力,得以战胜表面的、暂时的利益之诱惑。

个体在决定做某一件事的时候,常会产生各种对立动机的内部斗争,主要是高尚的动机(义务感、责任感、道德感等)跟低级的动机(满足个人的某种欲望)之间的斗争。这种斗争的结局,可以看出他自制力的高低。要检验一个人的自制力强弱,可以看他的行为主要是臣服于本能的欲望或偶然的冲动、情感的驱使,选择"我要做"的事情,还是受理智的制约,大多选择"应该做"的事情。在自我意识未能达到高度统一时,个体觉得"应该做"的事情与感到"我要做"的事情往往是不一致或者是有差别的。如果要有较强的自制力,那么就要注意"应该做"的事情,善于强迫自己去做应该做的事情,克服妨碍"这样做"的愿望和动机(如恐惧、懒惰、过分的自爱、不良的习癖等),从而自主地塑造自己。

(四)不断超越自我

所谓"超越自我",就是要跳出自我的小天地,从"小我"走向"大我"。这是一种较高的精神境界,它既注重自我价值的实现,但又不局限于追求个体自我价值的实现,而是把自我价值实现与社会价值实现统一起来,在为他人和为社会的服务中实现自我价值。这是大学生自我意识得到深化和升华的重要标志,体现了超越自我与发展自我的辩证统一。

经验告诉我们,自我认识不容易,自我控制很难,超越自我是难上加难。这是自己终生的目标,因此加强自我修养是大学生的重要课题。大学生都有很高的抱负和远大的理想,必须从点滴小事开始,从行动开始。要想运动健身,就天天练自己喜欢的体育活动;要想开阔思路,就多读书,多听讲座。在行动时,无论对人还是对事,要全力以赴,使自己的能力品质得到最大限度的发挥。行动之后再反省得失原因,汲取经验教训再度投入行动,一旦有成果,再反思总结,如此反复。完善自我、超越自我有一个新我的形成过程。我们可以用 4A 表述心路历程：① acceptance，接纳，接纳自我与自我所在的现实环境；② action，行动，对自己决定的事，付诸行动，并全力以赴；③ affection，情感，工作时投入情感，也可以得到情感收获，即工作活动中所得到的乐趣和兴趣，乐在其中；④ achievement，成就，是以上三者完成后的自然结果，是努力奋斗的结果。如果一个大学生经历了 4A 的过程，他可以说是领到了健全自我意识的合格证。

总之，大学生要完善自我意识，必须要有积极的目标作为努力的方向，要有坚强的意志作为有效的保证，要有健康的情感作为激励的动力，这样才能做到自爱、自重、自信、自尊和自强，寻求自我与社会的和谐统一。

案例分析

一个大学生的自述

案例一

我是一个矛盾体，是真正意义上的矛盾体。我经常感到有两个"我"在斗争：一个"我"健康活泼、积极向上、懂事孝顺、控制力强、做事有计划、效率高；另一个"我"强迫性暴饮暴食、消极悲观、怨天尤人、毫无自制力，在自我折磨中浪费时间、挥霍金钱。一个"我"喊："停！你不能再堕落了！"另一个"我"说："咳，反正都已经这样了，何必和自己过不去呢？"于是我就处在痛苦的挣扎中，大多数情况下，我还是被那个放任的"我"俘虏，堕落得一塌糊涂。有时候，这个魔鬼般的"我"会暂时离开，于是理智的"我"开始回想曾经做过的一切，会有一种毛骨悚然的感觉。"这还是我吗？我怎么会变成这样？"这是我经常问自己的问题。"这是最后一次了。从明天开始，我一定要远离这个毛病。"这是我经常给自己做出的保证。可是，我一次又一次地让自己失望了，我在自己心中的形象也随着一次次的失望跌到了谷底。

分析：这是一个典型的理想自我与现实自我冲突的案例，当两个"我"面对斗争时，自我控制能力较弱的人，他的魔鬼般的"我"会占上风，即使理智的"我"可以认识到问题的严重性，但落实到行动上，结果常常令自己失望，久而久之，就会产生自卑和抑郁等消极心理，严重的有可能导致精神分裂。

样样不如别人，感到很自卑

案例二

我是一名女生，今年 18 岁，来自边远山区，家境贫寒，大学以前的时光都在小山沟里度过，性格内向，平时说话不多。来到这里上大学，我感觉自己样样不如别人，自己没见过世面，知识面很窄，在同学面前什么都不懂，个头矮小，长的又不好看，家里不如别人有钱，甚至连我以前引以为傲的学习成绩在大学里也没有了任何优势。我总觉得自己低人一等，怕身边的同学瞧不起自己，内心特别痛苦和无奈。

分析：该生主要由于觉得自己各方面都不如别人，体验到深深的自卑感，进而产生失望、痛苦、无奈等消极情绪体验。自卑源于比较而不是源于真实,她的痛苦正是由于拿自己的短处去比别人的长处,这样,越比越灰心,越比越失去信心,从而认定自己"样样不如人",觉得自己低人一等。俗话说:"骏马能历险,力田不如牛,坚车能载重,渡河不如舟。"每个人有每个人的优势所在,关键是如何去发现自己的优势和长处,学会接纳自我,尤其是要接纳自己存在的缺点。

优秀但不快乐的女生

案例三:

小范是会计专业的一名女生,长相出众,学习成绩好,还担任了班级的组织委员,在同学们眼里,她很优秀,但奇怪的是,她经常很不开心。

有一次,小范组织了一次班级活动,大家一起玩游戏、交流体会、畅想未来,同学们都玩得很开心,觉得很有收获,对组织活动的小范赞赏有加。然而,当大家离开后,小范独自一人来到湖边静静地坐着,她很不开心,因为有一个小环节,小赵没有完全按她的要求做。"难道她对我有意见,我什么时候得罪她了?"小范心里有点乱,她想不起自己什么时候得罪了小赵,还有活动中几个男生总是那么吵,不听指挥,他们是不是对活动安排有想法?唉,其实这次活动太多缺点,为什么不考虑周到些,完全应该更完美些……

会计学考试成绩下来了,小范得了87分,她伤心得直掉眼泪,原来她粗心算错了一道题,不然可以得92分。

同宿舍的小春曾经是小范的好朋友,但是她们现在的关系不冷不热的,原因是有一次小春买了零食没有请小范吃,而小范每次有零食都请小春一块吃,这让小范很不开心,觉得小春对自己不够好,从此离小春越来越远。

分析:小范的不快乐来自完美主义情结。进入大学后,许多同学都会对自己、对他人、对周围环境有一个美好的构想,追求完美本身没有错,能促使人不断提升自己。但是如果像小范那样,事事必须完美,就变成了苛求,很容易让人陷入自我认识的误区。完美是相对的,世上并不存在百分百完美,因此,追求这种不存在的东西,导致的结果是既不满意自己,也不满意他人,快乐也就离她越来越远。

自我测试(扫一扫做测试)

自信心测试

请你选择答案。
1. 一旦你下了决心,即使没有人赞同,你仍然会坚持做到底吗? 是 否
2. 参加晚宴时,即使很想上洗手间,你也会忍着直到宴会结束吗? 是 否
3. 如果想买性感内衣,你会尽量邮购,而不亲自到店里去吗? 是 否
4. 你认为你是个绝佳的情人吗? 是 否
5. 如果店员的服务态度不好,你会告诉他们经理吗? 是 否
6. 你不常欣赏自己的照片吗? 是 否

7. 别人批评你,你会觉得难过吗?	是	否
8. 你很少对人说出你真正的意见吗?	是	否
9. 对别人的赞美,你持怀疑的态度吗?	是	否
10. 你总是觉得自己比别人差吗?	是	否
11. 你对自己的外表满意吗?	是	否
12. 你认为自己的能力比别人强吗?	是	否
13. 在聚会上,只有你一个人穿得不正式,你会感到不自然吗?	是	否
14. 你是个受欢迎的人吗?	是	否
15. 你认为自己很有魅力吗?	是	否
16. 你有幽默感吗?	是	否
17. 目前的工作是你的专长吗?	是	否
18. 你懂得搭配衣服吗?	是	否
19. 危急时,你很冷静吗?	是	否
20. 你与别人合作无间吗?	是	否
21. 你认为自己只是个寻常人吗?	是	否
22. 你经常希望自己长得像某某人吗?	是	否
23. 你经常羡慕别人的成就吗?	是	否
24. 你为了不使他难过,而放弃自己喜欢做的事吗?	是	否
25. 你会为了讨好别人而打扮吗?	是	否
26. 你会勉强自己做许多不愿意做的事吗?	是	否
27. 你会任由他人来支配你的生活吗?	是	否
28. 你认为你的优点比缺点多吗?	是	否
29. 你经常跟人说抱歉吗?即使在不是你错的情况下。	是	否
30. 如果在非故意的情况下伤了别人的心,你会难过吗?	是	否
31. 你希望自己具备更多的才能和天赋吗?	是	否
32. 你经常听取别人的意见吗?	是	否
33. 在聚会上,你经常等别人先跟你打招呼吗?	是	否
34. 你每天照镜子超过三次吗?	是	否
35. 你的个性很强吗?	是	否
36. 你是个优秀的领导者吗?	是	否
37. 你的记性很好吗?	是	否
38. 你对异性有吸引力吗?	是	否
39. 你懂得理财吗?	是	否
40. 买衣服前,你通常先听取别人的意见吗?	是	否

说明:"是"1分,"否"0分。

分数为25~40:说明你对自己信心十足,明白自己的优点,同时也清楚自己的缺点。不过,在此警告你一声:如果你的得分接近40的话,别人可能会认为你很自大狂傲,甚至气焰太盛。

你不妨在别人面前谦虚一点,这样人缘才会好。

分数为12～24:说明你对自己颇有自信,但是你仍或多或少缺乏安全感,对自己产生怀疑。你不妨提醒自己,在优点和长处各方面并不输人,特别强调自己的才能和成就。

分数为11分以下:说明你对自己不太有信心。你过于谦虚和自我压抑,因此经常受人支配。从现在起,尽量不要去想自己的弱点,多往好的一面去衡量;先学会看重自己,别人才会真正看重你。

实践训练

我是谁——独特的我

【活动目的】 认识独特的我。

【活动内容】 (1)七个"假如"。

(2)独特的我。

(3)分享时刻。

【理论分析】 青春期是自我形象形成的重要时期,也是青少年自我意识形成并完善的重要时期。这个时期,学生自我意识不稳定,对别人和对自己的评价常常带有主观片面性,自我评价能力往往落后于评价别人的能力。由于自我评价不稳定,当自我肯定过高时,会自我陶醉,以致狂妄,忽视自己的缺陷,对挫折缺少足够的心理准备,其结果往往是遇到失败而失望,又转为自卑;当自我评价过低时,即过多地看到自己的失败,很少肯定或不敢承认自己的成功时,则会引起自卑,以致缺乏自我完善的勇气。

【活动方式】 心理自述法。

【活动过程】

(1) 七个"假如":填写下列的句子。

①假如我是一种花,我希望是_____,因为_____

②假如我是一种动物,我希望是_____,因为_____

③假如我是一种乐器,我希望是_____,因为_____

④假如我是一种水果,我希望是_____,因为_____

⑤假如我是一种颜色,我希望是_____,因为_____

⑥假如我是一种交通工具,我希望是_____,因为_____

⑦假如我是一种树,我希望是_____,因为_____

(2) 独特的我:了解自己的独特和知己。

①纵向了解:分别请同学起来念出七个"假如",了解与他相同的人有几个。(七个、六个、五个、四个相同的几乎没有,但是三个、两个和一个相同的就有了。)

②横向了解:分别请同学起来一样一样地念出四个"假如",了解与他相同的人有几个。(几乎每一个都有人与之相同)

(3) 分享时刻。

①全班分享：能否找到与自己完全一样的同学。

②辅导教师总结：世界上没有完全一样的人，每个同学都有自己的独特性，了解自己，做独特的我。

(4) 思考题：你对独特的你满意吗？哪些方面还需要改变？

心理影视

1. 《叫我第一名》

导演：彼得·沃纳。

编剧：Thomas Rickman、Brad Cohen。

主演：吉米·沃尔克、多米尼克·斯科特·凯伊、特里特·威廉斯、莎拉·德鲁。

上映日期：2008-12-07。

剧情简介：布拉德·科恩患有先天性妥瑞氏症，这是一种非常严重的痉挛疾病，这种严重的痉挛疾病，导致他无法控制地扭动脖子和发出奇怪的声音。这种怪异的行为让他从小不被周围的人理解。

一次全校大会上，校长巧妙地让大家了解了布拉德·科恩的真实情况，让他有了成为一名教师的坚定梦想，即使这个病症让布拉德·科恩在寻求教师梦想的道路上遭到众人怀疑，屡屡受挫，但他始终坚持着自己的这份梦想，为了找到一个愿意接受自己的学校，不抛弃梦想，不放弃信念，默默努力，最终成为一位出色的教师，同时也找到了属于自己的爱情。

即使身处困境，你最需要的其实就是"自我悦纳"。自我悦纳一小步，走向自信一大步，而一个自信地向着特定目标前进的人，全世界都会帮他。

2. 《霸王别姬》

导演：陈凯歌。

编剧：芦苇、李碧华。

主演：张国荣、张丰毅、巩俐、葛优、英达……

上映日期：1993-01-01(香港)。

剧情简介：段小楼(张丰毅饰)与程蝶衣(张国荣饰)是一对打小一起长大的师兄弟，两人一个演生，一个饰旦，一向配合得天衣无缝，尤其一出《霸王别姬》，更是誉满京城，为此，两人约定合演一辈子《霸王别姬》。但两人对戏剧与人生关系的理解有本质不同，段小楼深知戏非人生，程蝶衣则是人戏不分。

段小楼在认为该成家立业之时迎娶了名妓菊仙(巩俐饰)，致使程蝶衣认定菊仙是可耻的第三者，使段小楼做了叛徒，自此，三人围绕一出《霸王别姬》生出的爱恨情仇战开始随着时代风云的变迁不断升级，终酿成悲剧。

阅读思考

看一看镜子中的人

查理的工厂宣告破产了,他失去了所有的财富,成了一个名副其实的穷光蛋,只好四处流浪,像乞丐一样生活着。他无法面对残酷的现实,心里沮丧透了,几乎想自杀。

有一天,他想到要去见牧师。在牧师面前他流着泪,将自己如何破产、如何流浪生活给牧师细细说了一遍,诚恳地请求牧师给予指点,帮助他东山再起!牧师望着他,沉默了一会儿说:"我对你的遭遇深表同情,也希望我能对你有所帮助,但事实上,我也没有能力帮助你。"

查理的希望像泡沫一样一下子全部破碎了,他脸色苍白,喃喃自语道:"难道我真的没有出路了吗?"牧师考虑了一下说:"虽然我没办法帮助你,但我可以介绍你去见一个人,他可以协助你东山再起。"

"这个人会是谁呢?他真的有神奇的力量让我重振雄风吗?"查理满腹狐疑。

牧师带领查理来到一面大镜子前,然后用手指着镜子中的查理说:"我介绍的就是这个人。在这个世界上,只有这个人能够使你东山再起,你必须首先认识这个人,然后才能下决心如何做。在你对这个人做充分的剖析之前,你不过是一个没有任何价值的废物。"查理向前走了几步,怔怔地望着镜子里的自己,用手摸着长满胡须的脸孔,看着自己颓废的神色和迷离无助的双眸,他不由自主地抽噎起来。

第二天,查理又来见牧师,他从头到脚几乎是换了一个人,步伐轻快有力,双目坚定有神,他说:"我终于知道我应该怎么做了,是你让我重新认识了自己,把真正的我指点给我了,我已经找了一份不错的工作,我相信,这是我成功的起点。"

同样一斤米

一青年向一禅师求教。

"大师,有人赞我是天才,将来必有一番作为;也有人骂我是笨蛋,一辈子不会有多大出息。依您看呢?"

"你是如何看待自己的?"禅师反问。

青年摇摇头,一脸茫然。

"譬如同样一斤米,用不同眼光去看,它的价值也就迥然不同。在炊妇眼中,它不过做两三碗大米饭而已;在农民看来,它最多值1元钱罢了;在卖粽子人的眼里,包扎成粽子后,它可卖出3元钱;在制饼者看来,它能被加工成饼,卖5元钱;在味精厂家眼中,它可提炼出味精,卖8元钱;在制酒商看来,它能酿成酒,勾兑后,卖40元钱。不过,米还是那斤米。"

禅师顿了顿,接着说:"同样一个人,有人将你抬得很高,有人把你贬得很低,其实,你就是你。你究竟有多大出息,取决于你到底怎样看待自己。"

青年豁然开朗。

老虎之死

有两只老虎,一只在笼子里,一只在野地里。在笼子里的老虎三餐无忧,在野外的老虎自由自在。两只老虎经常进行亲切的交谈。笼子里的老虎总是羡慕外面老虎的自由,在野外的老虎却羡慕笼子里老虎的安逸。

一天,一只老虎对另一只老虎说:"咱们换一换。"另一只老虎同意了。

于是,笼子里的老虎走进了大自然,野地里的老虎走进了笼子里。从笼子里走出的老虎,高高兴兴,在旷野里拼命地奔跑;走进笼子里的老虎也十分快乐,他再不用为食物而发愁。

但不久,两只老虎都死了。

一只老虎饥饿而死,一只则是忧郁而亡。从笼子里走出的老虎获得了自由,却没有同时获得捕食的本领;走进笼子里的老虎获得了安逸,却没有获得在狭小空间生活的心境。

……

生活中最难的事,不是别人不了解你,而是你不了解自己。一个人,追求自身的简单和丰富,才不会被尘世的一切所蛊惑。自己的伤痛自己清楚,自己的哀怨自己明白,自己的快乐自己感受。也许自己眼中的地狱,却是别人眼中的天堂,也许自己眼中的天堂,却是别人眼中的地狱。生活就是这般滑稽。

人人有本难念的经。做人关键在于调整好自己的心态,把握好自己现在的一切,经营好自己的当下。终身去寻找别人认可的东西,会永远痛失自己的快乐和幸福。

【思考题】

1. 你觉得自己在自我意识方面还有什么不足?你打算如何改变你自己?
2. 经过本章的学习,你对自己有什么新的认识?

第三章

魅力人格我塑造
——完善人格

愿你能修炼成一个有智慧的人,一个有才情的人,一个有博大胸怀的人,一个有着大爱至善的人,一个清晨和傍晚都优雅从容的人。

故事导入

看 戏

在国外一座戏院,刚巧在开场的一刻,来了四位先生。第一位急匆匆走到门口,就要入内,看门人拦住他说:"已经开演了,根据剧场规定,为了不妨碍其他观众,迟到的观众只能在幕间入内。"这位先生一听,立刻火冒三丈,与看门人争吵起来……正当他们吵得不可开交的时候,走来了第二位先生,看见看门人吵得门也顾不上看,灵机一动,立刻侧身溜了进去。第三位先生走到门口,见状,不慌不忙,转回门外的报摊上,买了份晚报,坐在台阶上读起报来,他心中自有算盘:"反正第一场也不是最精彩,何必为难看门人。一边看报一边等吧。"倒也自得其乐。等到第四位先生走到门口时,见看戏无望,深深叹了一口气,掉转头去,自言自语道:"嗨!我这人真倒霉,连看场戏都看不成……"一边叹息一边离去。

理论指导

人格是伴随着人的一生不断成长的心理品质。人格的成熟意味着个体心理的成熟,人格的魅力展示着个体心灵的完善。人格是一个丰富而复杂的心理成分,它凝聚着文化、社会、家庭、教育与先天遗传的个体风貌。"人有千面,各有不同"。人格有着鲜明的个性特征,人格的差异铸就了个体千差万别、千姿百态的心理面貌。

一、什么是人格

人格,英文 personality,这个词源于拉丁语 persona,是指演员在舞台上戴的面具,好比我们今天戏剧舞台上不同角色的脸谱。心理学借用了这个词,使之成为一个专门的术语,用来说明每个人在人生舞台上各自扮演的角色及其不同于他人的精神面貌。

心理学上的人格内涵极其丰富,但基本包含两方面的意义:一是个体在人生舞台上所表现出的种种言行,人格所遵从的社会准则,这就是我们可以观察到的外显的行为和人格品质;另一方面是内隐的人格成分,即面具后面的真实自我,是人格的内在特征。

二、人格的特征

(一)独特性

个体的人格是在遗传、成熟、环境、教育等先、后天环境交互作用下形成的。不同的遗传、生存及教育环境,形成了各自独特的心理特点,我们经常所说的"人心不同,各如其面"就是指的这个意思。如有的人开放自然,有的人顽固自守,有的人沉默寡言,有的人豪爽,有的人谨慎等。环境会使某一人格品质在不同的人身上表现出不同的含义。

(二)稳定性

人格的稳定性是指那些经常表现出来的特点,是一贯的行为方式的总和。正如我们所说:"江山易改,本性难移"。一个人的某种人格特质一旦稳定下来,要改变是较为困难的事,这种稳定性还表现在人格特征在不同时空下的一致性。例如一个性格外向的大学生,他不仅仅在家庭中非常活跃,而且在班级活动中也表现出积极主动的一面,在老师面前同样也能自然地表现自己,不仅大学四年如此,即使毕业若干年再相逢,这个特质依旧不变。

(三)整体性

人是极其复杂的,人的行为表现出多元性、多层次的特点。人格的组合千变万化,并非死水一潭。各种人格结构的组合千变万化,因而使人格表现得色彩纷呈。在每个人的人格世界里,各种特征并非简单的堆积,而是如同宇宙世界一样,依据一定的内容、秩序与规则有机组合起来的动力系统。人格的有机结构具有内在一致性,受自我意识的调控。当一个人的人格结构的各方面彼此和谐一致时,人们就会呈现出健康的人格特征,否则就会出现各种心理冲突,导致"人格分裂"。

(四)功能性

人格是一个人生活成败、喜怒哀乐的根源。正如人们常说的"性格决定命运",人格决定了一个人的生活方式,甚至有时会决定一个人的命运。人们常常使用人格特征解释某人的言行及事件的原因。面对挫折与失败,有志者认真总结经验教训,在失败的废墟上重建人生的辉煌;而怯懦的人一蹶不振,失去了奋斗的目标。当人格功能发挥正常时,表现为健康而有力,支配着人的生活与成败;当人格功能失调时,就会表现出懦弱、无力、失控甚至变态。

三、艾里克森人生八阶段学说

艾里克森提出"人生历程八阶段"理论,并详细论述了每个阶段特定的心理、社会发展课题,称之为"心理社会危机"。艾里克森认为,每个阶段心理、社会发展课题的完成,危机的解决,就会产生积极的品质,反之,就会产生消极的品质。

(1)婴儿时期:信任—不信任(0~1岁)。这是获得信任感而克服不信任感阶段。所谓信任,是婴儿的需要与外界对他需要的满足保持一致。这阶段的婴儿对母亲或其他养育者表示信任,婴儿感到所处的环境是个安全的地方,周围的人们是可以信任的,由此就会扩展为对一般人的信任。婴儿如果得不到周围人们的关心与照顾,他就会对外界,特别是对周围的人产生害怕与怀疑的心理,以致会影响到下一阶段的顺利发展。

(2)婴儿后期:自主—羞怯、怀疑(2~3岁)。这是获得自主感而避免怀疑感与羞耻感阶段。个体在第一阶段处于依赖性较强的状态下,什么都由成人照顾。到了第二阶段,婴儿开始有了独立自主的要求,如想要自己穿衣、吃饭、走路、拿玩具等,他们开始去探索周围的世界。这时候,如果父母及其他照顾他们的成人,允许他们独立地去干一些力所能及的事情,并且表扬他们完成的工作,就能培养他们的意志力,使他们获得一种自主感,能够自己控制自己。相反,如果成人过分爱护他们,处处包办代替,什么也不需要他们动手,或过分严厉,这也不准那也不许,稍有差错就粗暴地斥责,甚至采用体罚,就会使孩子产生自我怀疑与羞耻之感。

(3) 幼儿期：主动—内疚(4~5岁)。这是获得主动感而克服内疚感阶段。个体在这阶段的肌肉运动与言语能力发展很快，能参加跑、跳、骑小车等运动，能说一些连贯的话，还能把自己的活动扩展到超出家庭的范围。除了模仿行为外，个体对周围的环境充满了好奇心，知道自己的性别，也知道动物是公是母，常常问问这、动动那。这时候，如果成人对孩子的好奇心以及探索行为不横加阻挠，让他们有更多机会去自由参加各种活动，耐心地解答他们提出的各种问题，而不是指责，那么孩子的主动性就会得到进一步的发展，表现出很大的积极性与进取心。反之，如果父母对儿童采取否定与压制的态度，就会使他们认为自己的游戏是不好的，自己提出的问题是笨拙的，自己在父母面前是讨厌的，致使孩子产生内疚感与失败感，这种内疚感与失败感还会影响下一阶段的发展。

(4) 儿童期：勤奋—自卑(6~11岁)。这是获得勤奋感、避免自卑感阶段。儿童的智力不断地得到发展，特别是逻辑思维能力发展迅速，他们提出的问题很广泛，而且有一定的深度，他们的能力也日益发展，参加的活动已经扩展到学校以外的社会。这时候，对他们影响最大的已经不是父母，而是同伴或邻居，尤其是学校中的教师。他们很关心物品的构造、用途与性质，对工具技术也很感兴趣。这些方面如果能得到成人的支持、帮助与赞扬，则能进一步加强他们的勤奋感，使之进一步对这些方面产生兴趣。

(5) 青年期：自我同一性—角色混乱(12~18岁)。这一阶段的核心问题是自我意识的确立和自我角色的形成。青少年对周围世界有了新的观察与新的思考方法，他们经常考虑自己到底是怎样一个人，他们从别人对他的态度中，从自己扮演的各种社会角色中，逐渐认清了自己。此时，他们逐渐疏远了自己的父母，从对父母的依赖关系中解脱出来，而与同伴们建立了亲密的友谊，从而进一步认识自己，对自己的过去、现在、将来产生一种内在的连续之感，也认识自己与他人在外表上与性格上的相同与差别，认识自己的现在与未来在社会生活中的关系，这就是心理社会同一感。

(6) 成人前期：亲密—孤独(19~25岁)。这是建立家庭生活的阶段，是获得亲密感、避免孤独感阶段。亲密感是人与人之间的亲密关系，包括友谊与爱情。亲密的社会意义，是个人能与他人同甘共苦、相互关怀。亲密感在危急情况下往往会发展为一种互相承担义务的感情，它是在共同完成任务的过程中建立起来的。如果一个人不能与他人分享快乐与痛苦，不能与他人进行思想情感的交流，不相互关心与帮助，就会陷入孤独寂寞的苦恼情境之中。

(7) 成人中期：创造—停滞(26~60岁)。这是获得创造力感、避免自我专注阶段。这一阶段有两种发展的可能性，一种可能是向积极方面发展，个人除关怀家庭成员外，还会扩展到关心社会上其他人，关心下一代以至子孙万代的幸福。他们在工作上勇于创造，追求事业的成功，而不仅是满足个人需要。另一种可能性是向消极方面发展，即所谓自我专注，就是只顾自己以及自己家庭的幸福，而不顾他人的困难与痛苦，即使有创造，也完全是为了自己的利益。

(8) 成人后期：自我完善—悲观失望(61岁以上)。这是获得完美感、避免失望感阶段。如果前面七个阶段积极的成分多于消极的成分，就会在老年期汇集成完美感，回顾一生觉得这一辈子过得很有价值，生活得很有意义。相反，如果消极成分多于积极成分，就会产生失望感，感到自己的一生失去了许多机会，走错了方向，想要重新开始又感到为时已晚，痛不胜痛，于是产生了一种绝望的感觉，精神萎靡不振，马马虎虎混日子。

四、人格的结构

人格是由不同成分构成的一个结构系统,不同成分从不同侧面反映个体的差异。人格结构系统包括认知、动机、气质、性格、自我调控等成分。气质与性格是人格的重要方面。

(一)气质

气质是指个体表现在心理活动的强度、速度、灵活性与指向性的一种稳定的心理特征。这种特征既决定了个体心理活动的动力特征,又给每个人的心理活动蒙上了一层独特的色彩。最著名的气质学说是希波克拉底提出的体液说。

希波克拉底(公元前460—前370)是古希腊著名的医生,他最早提出气质的概念。他在长期的医学实践中观察到人有不同的气质。他认为气质的不同是由人体内不同的液体决定的。他设想人体内有血液、黏液、黄胆汁、黑胆汁四种液体,并根据这些液体混合比例哪一种占优势,把人分为不同的气质类型:体内血液占优势的属于多血质,黄胆汁占优势的属于胆汁质,黏液占优势的属于黏液质,黑胆汁占优势的属于抑郁质。可见,他把人的气质分为多血质、胆汁质、黏液质、抑郁质四种类型。后人把他对气质的观点概括为体液说。用体液来解释气质,虽然缺乏科学根据,但希波克拉底对气质类型的划分,与日常观察中概括出来的四种气质类型比较符合,所以关于气质的这种分类一直沿用至今。

胆汁质——夏天里的一团火。这类人精力旺盛,直率、热情,行动敏捷,情绪易于激动,心境变换剧烈。这类大学生有理想,有抱负,有独立见解,反应迅速,行为果断,表里如一;不愿受人指挥,而喜欢指挥别人;一旦认准目标,就希望尽快实现,遇到困难也不折不挠,但往往比较粗心,学习和工作带有明显的周期性特点,能以极大的热情和旺盛的精力投入学习和工作中,一旦精力消耗殆尽,便会失去信心,情绪顿时转为沮丧而心灰意冷。

多血质——喜形于色,喜怒都在展现中,可塑性强。多血质的人具有活泼好动、反应迅速、情绪发生快而多变、兴趣容易转移等特征。这类大学生易于适应环境的变化,性情活泼、热情,善于交际,在群体中精神愉快,相处自然,常能机智地摆脱困境;他们在学习和工作上肯动脑、主意多,不安于机械、刻板、循规蹈矩,常表现出较强的工作能力和办事效率;对外界事物兴趣广泛,但容易失于浮躁,见异思迁。

黏液质——冰冷耐寒。黏液质的人安静、稳重,反应缓慢,沉默寡言,情绪不易外露,注意力稳定难于转移,善于忍耐。这类大学生反应较为迟缓,但无论环境如何变化,都能基本保持心理平衡;凡事深思熟虑,力求稳妥,一般不做无把握的事情,在各种情况下都表现出较强的自我克制能力;他们外柔内刚,沉静多思,不愿流露内心的真情实感;与人交往时,态度适当,不卑不亢,不爱抛头露面和做空泛的清谈;学习、工作有板有眼,踏实肯干,严格恪守既定的生活秩序和制度。但他们过于拘谨,不善于随机应变,固定性有余而灵活性不足,有墨守成规、因循守旧的表现。

抑郁质——秋风落叶。抑郁质的人孤僻,行动迟缓,情感体验深刻,善于觉察别人不易觉察到的细小事物。这类大学生在生理上难以忍受或大或小的神经紧张,厌恶那些强烈的刺激;他们的感情细腻而脆弱,常为区区小事引起情绪波动;自己心里有话,宁愿自己品味,不愿向别人倾诉;喜欢独处,与人交往时显得腼腆、扭怩,善于领会别人的意图,在团结友爱的集体中,很可能是一个容易相处的人;遇事三思而行,求稳不求快,对力所能及的工作能认真负责地完成;

在学习、工作一段时间后，常比别人更感疲倦；在困难面前常怯懦、自卑和优柔寡断。

气质本身无优劣之分，任何一种气质都有其积极和消极的方面，气质也不能决定一个人活动的社会价值和成就的高低。因此，大学生要正确对待自己的气质类型，经常有意识地控制自己气质的消极品质，发扬积极品质，以有利于形成良好的个性。而且值得重视的是与生俱来的气质特征，更多的人是多种气质的混合体，看哪种气质占主导性地位。

（二）性格

性格是一种与社会关系最密切的人格特征，它是一个人对现实稳定的态度和与之相适应的习惯化了的行为方式的总和。性格表现了人们对现实与周围世界的态度，对自己、对别人、对事物的态度。

从不同角度和侧面可以对性格类型进行不同的划分，如按照知、情、意在性格中的表现程度，可分为理智型、情绪型和意志型三种。理智型的人以理智支配自己的行动；情绪型的人情绪体验深刻，举止容易受情绪左右；意志型的人具有较明确的目标，行为主动。

按照个体的心理倾向，可分为外倾型和内倾型。外倾型的人心理活动倾向于外部，活泼开朗，善于交际，感情易于外露，处事不拘小节，独立性较强，但有时粗心、轻率；内倾型的人心理活动倾向于内部，一般表现为感情含蓄、处事谨慎、自制力强、交往面窄、适应环境比较困难。

按照个体独立性程度，可分为独立型和顺从型。独立型的人不易受外来事物的干扰，他们具有坚定的信念，能独立地判断事物，发现问题、解决问题，在紧急和困难的情况下不慌张，易于发挥自己的力量，但有时会把自己的意志强加于人，固执己见，不易合群；顺从型的人随和、谦虚，易与人合作，但独立性较差，易受暗示，容易接受别人的意见，在紧急情况下易惊惶失措。

性格与气质都是构成人格的重要因素，二者相互渗透、相互影响、彼此制约。二者所不同的是，性格是人格中涉及社会评价的内容，更多受到环境的影响，具有较大的可塑性，而且具有社会评价的意义，反映了社会文化的内涵，有好坏之分；而气质更多地受生理上和心理上的特点制约，虽然在后天的环境影响下也有所改变，但与性格相比，它更具有稳定性，变化比较缓慢。

五、人格障碍的主要类型

人格障碍（personality disorders）是指人格特征显著偏离正常，使患者形成了特有的行为模式，对环境适应不良，常影响其社会功能，甚至与社会发生冲突，给自己或社会造成恶果。人格障碍常开始于幼年，青年期定型，持续至成年期或者终生。人格障碍的常见类型有反社会型人格障碍、偏执型人格障碍、分裂样型人格障碍、强迫型人格障碍、癔症型人格障碍等。

（一）偏执型人格障碍

偏执型人格障碍以猜疑和偏执为主要特点，表现出普遍性猜疑，不信任或者怀疑他人忠诚，过分警惕与防卫；强烈地意识到自己的重要性，有将周围发生的事件解释为"阴谋"、不符合现实的先占观念；过分自负，认为自己正确，将挫折和失败归咎于他人；容易产生病理性嫉妒；对挫折和拒绝特别敏感，不能谅解别人，长期耿耿于怀，常与人发生争执或沉湎于诉讼，人际关系不良。

（二）分裂样型人格障碍

分裂样型人格障碍以观念、外貌和行为奇特，人际关系有明显缺陷和情感冷淡为主要特点，对喜事缺乏愉快感，对人冷淡，对生活缺乏热情和兴趣，孤独怪僻，缺少知音，我行我素，很少与人来往,因此也较少与人发生冲突。

(三)冲动型人格障碍

冲动型人格障碍又称爆发型或攻击型人格障碍,以行为和情绪具有明显的冲动性为主要特点,发作没有先兆,不考虑后果,不能自控,易与他人发生冲突,发作之后能认识到不对,间歇期一般表现正常。

(四)强迫型人格障碍

强迫型人格障碍以要求严格和完美为主要特点,希望遵循一种他所熟悉的常规,认为万无一失,无法适应新的变更;缺乏想象,不会利用时机,做事过分谨慎与刻板,事先反复计划,事后反复检查,不厌其烦。犹豫不决、优柔寡断也是其特点之一。

(五)表演型人格障碍

表演型人格障碍以高度的自我中心、过分情感化和用夸张的言语和行为吸引注意为主要特点,情感肤浅,易受暗示。

(六)反社会型人格障碍

反社会型人格障碍以行为不符合社会规范为主要特点。这种人感情冷淡,对人缺乏同情,漠不关心,缺乏正常的人间友爱;易激惹,常发生冲动性行为;即使给别人造成痛苦,也很少感到内疚,缺乏罪恶感,因此常发生不负责任的行为,甚至是违法乱纪的行为,虽屡受惩罚,也不易接受教训,屡教不改。临床表现的核心是缺乏自我控制能力。

(七)自恋型人格障碍

这种人自以为了不起,平时好出风头,喜欢别人的注意和称赞。好"拔尖",只注意自己的权利而不愿尽自己的义务。他们从不考虑别人的利益,要求旁人都得按照他们的意志去做,不择手段地占人家的便宜,而不考虑对自己的名声有何影响。这种人缺乏同情心,理解不了别人的感情。

(八)焦虑型人格障碍

这类人的主要特点是一贯感到紧张、提心吊胆、不安全和自卑,总是需要被人喜欢和接纳,对拒绝和批评过分敏感,因习惯性地夸大日常处境中的潜在危险,所以有回避某些活动的倾向。

(九)依赖型人格障碍

依赖型人格障碍以过分依赖为特征,表现为缺乏独立性,感到自己无助、无能和缺乏精力,生怕为人遗弃。将自己的需求依附于别人,过分顺从于别人的意志,要求和容忍他人安排自己的生活,当亲密关系终结时则有被毁灭和无助的体验,有一种将责任推给他人来对付逆境的倾向。

(十)被动攻击型人格障碍

这种人惯于隐藏内心的愤懑和仇恨。对分配给他们的事情,当面答应,唯唯诺诺,心里却在想方设法拖拉敷衍,常常找借口故意把事情搞糟。

六、大学生常见的人格偏差

大学时代既是学习掌握知识的黄金时代,也是人格发展的重要阶段。在大学生人格发展中普遍存在的人格发展不足主要有以下八个方面：

（一）无聊

无聊心理的主要特点是空虚、幻想、被动，感觉不到自我存在的意义与人生的价值，其核心在于没有确立合适的人生目标。空虚是因为没有目标或目标太低，人一旦失去目标的牵引，生活就没有动力；缺乏对生命意义的深刻认识，就会出现茫茫然混日子的现象，对生命意义的否定发展到极端是对生命的否定。幻想是由于目标定位不准确或者目标太多而导致的心理负担，实质是对责任的恐惧。被动是由于目标不是自己内心的渴望，未获得内心的自觉与认同，只是为学习而学习，为考试而考试，疲于应付，学习生活中缺乏主动性和创造性。克服无聊心理的根本方法是确立恰当的人生目标，并由人生目标牵引着实现自己的人生价值。

（二）不良意志品质

不良意志品质是指意志发展的不良倾向，主要表现为生活缺乏目标，随波逐流，无所事事，懒散倦怠，浑浑噩噩，醉生梦死；还有的意志发展不成熟，曲解意志品质，把刚愎自用、轻率当作果断，把犹豫、彷徨当作沉着、冷静，把固执己见、执着一念当作顽强，等等。不良意志品质一经形成，会带来很多性格缺陷，最后发展为人格缺陷。克服不良意志品质的办法是矫正自我认知中的非理性观念，正确理解意志品质的内涵，发展自觉性、果断性、坚韧性和自制力。远大的理想、坚定的信念和正确的世界观，是人奋斗的动力之源，确立适当的行动目标并付诸实践。

（三）懒散

懒散是指一种慵懒、闲散、拖拉、疲沓、松垮的生存状态，主要表现在：活力不足，什么也不想做，没有计划，随波逐流；无法将精力集中在学业中，无法从事自己喜欢的事，百无聊赖，心情不爽，情绪不佳，犹豫不决，顾此失彼，做事磨蹭。在大学生活中常常是踏着铃声进教室，常为自己的懒散寻求合适的解释，做事一误再误，无休止地拖下去，虽下决心改正，但不能自拔，不接受教训，对任何事没有信心、没有欲望。克服懒散的办法是从小事做起，自我监控，学习运筹和管理时间。正如学者所言：你是容量极大的水库，里面蓄积了从未使用过却随时随地可以供你使用的你的天赋与才干，但如果拖拉和胆怯使你永远无法打开那智慧的闸门，那水库也就如同空的一样。

（四）退缩

退缩是指在困难面前表现出怯懦与畏难的心理恐惧，选择逃避与后退，主要表现是：在困难面前缺乏勇气和信心，不表明自己的态度，不敢承担责任，不敢冒险，不敢与坏人坏事做斗争，回避困难，逃避责任，等等。这样的人常常抱怨自身的不幸，却宁愿忍受痛苦而不主动追求。克服退缩的办法是：鼓励自己积极应对生活中的挫折，发现自己的优点，变被动为主动。克服退缩需要勇气与毅力。

（五）偏狭

偏狭是人们常常说的"小心眼"，主要表现为心胸狭窄、耿耿于怀、挑剔、嫉妒。偏狭是一种有百害而无一利的人格特征。偏狭人格多出现于性格内向者，尤其是女性。偏狭不是与生俱来的，而是后天习得的。因而，克服偏狭人格首先要学会宽容，能够容人容事，正确看待生活中出现的矛盾冲突，对事不对人；其次要开阔心胸，拓展视野。人一旦心胸狭窄，就容易进入管状思维，只见树木，不见森林。

（六）虚荣

虚荣是指过分看重荣誉、他人的赞美，自以为是。虚荣心往往与自尊心、自卑感紧紧相连。没有自尊心，就没有虚荣心，也就没有自卑感。虚荣心是自尊心与自卑感的混合产物。虚荣心强的人一般性格内向，情感脆弱，自尊敏感，既有些自卑，又担心别人伤害自己的尊严，过分介意别人的评论与批评，与人交往时防御性强，喜欢抬高自己的形象，他们捍卫的是虚假的、脆弱的自我。克服过强的虚荣心，首先要对虚荣心的危害性有明确的认识；其次要正确看待名利，正视自己的优势与不足，扬长避短；再次是树立健康与积极的荣誉心，正确表现自己，不卑不亢，正确对待个人得失与他人评价。

（七）自我中心

自我中心是指考虑问题、处理事情都以自我为中心，将自我作为思考问题的出发点与归宿，表现为一切以自己为出发点，目中无人，甚至自私自利，遇到冲突时，认为对的是自己而错的是他人。特别是那些自尊心强、优越感强、自信心强、独立的大学生，比较容易陷入自我中心之中，当这种倾向与一些不健康的思想意识（如个人主义、自私自利）和心理特征（如过强的自尊心、唯我独尊）相结合，自我中心与自我膨胀便呈现出来。改变自我中心的途径主要有：一是正确估价自己，认识到自己的社会责任，既不妄自菲薄也不夜郎自大，既不自我贬损也不自恋；二是树立正确的人生观与价值观，将自己与他人、自我与社会、个人利益与集体利益统筹考虑，从狭猎的小天地走出来；三是学会尊重自己与尊重他人，懂得设身处地、换位思考、真诚待人。

（八）环境适应不良

环境适应不良主要是指大学生在大学学习、人际关系、异性交往等方面表现出的不适应，表现为强烈的失落感、孤独感，不能适应环境的改变。事实上，在构成环境的诸多要素中，人是最重要的要素，个体既受环境的影响与制约，又影响与改变着环境。因此大学生要多了解自己所处的环境，培养自我调节的能力，在不同的环境下，能够主动适应环境并成为环境的改造者。

七、健康人格的基本特点

健全人格是指一种各方面都处于优化状态下的理想化的人格，是各种良好人格特征在个体身上的集中体现。人格的发展以遗传为基础，后天的环境因素却是影响人格健康发展的关键。学校教育作为影响人格发展的四大因素之一，在促进学生自我价值观、自我控制、自信心、时间管理倾向及创造性人格特点等方面的形成与发展起着非常重要的作用。

（一）和谐的人际关系

人际关系是人类社会成员间最普遍、最直接的关系。良好的人际关系可以调节身心状态，增强人的责任感。人际关系最能体现一个人人格健康的程度。人格健康的人乐于与他人交往，与人相处时，尊敬、信任等积极态度多于嫉妒、怀疑等消极态度；健康的人常常以诚恳、公平、谦虚、宽容的态度尊重他人，同时也受到他人的尊重和接纳。和谐的人际关系既是人格健康水平的反映，同时又影响和制约着健康人格的形成与发展。

（二）良好的社会适应能力

社会适应能力反映了人与社会的协调程度。人的社会适应能力是在社会化过程中不断发展的。人格健康的人能和社会保持良好的、密切的接触，以一种开放的态度，主动关心、了解社会,观察所接触到的各种事物和现象,看到社会发展的积极面和主流,在认识社会的同时,使自己的思想、行为跟上时代的发展,与社会的要求相符合,表现出能很快适应新环境的能力。不是让社会去适应自己,而是让自己去适应社会。

(三)乐观向上的生活态度

乐观的人常常能看到生活的光明面,对前途充满希望和信心,对自己所从事的工作或学习抱着浓厚的兴趣,并在工作和学习中发挥自身的智慧和能力,最终获得成功,即使生活中遇到困难和挫折,也能耐心地去应付,不畏艰险、勇于拼搏。相反,悲观的人常常看到生活的阴暗面,对任何事情都没兴趣,遇到一点挫折就情绪低落、怨天尤人,甚至自暴自弃。人格健康的学生对学习或自己的爱好怀有浓厚的兴趣,表现为想象丰富、充满信心、勇于克服困难。

(四)正确的自我意识

自我意识是个体对自己及自己与他人、与周围世界关系的认识。自我意识是一个完整的心理结构,表现于认知过程就是正确地认识自己、客观地评价自己;表现于情感过程就是自尊、自信,有自豪感、责任感,悦纳自己;表现于意志过程就是能够自我监督、自我调节,努力发展身心潜能。具有健康人格的大学生对自己有恰如其分的评价,充满自信、扬长避短,在日常生活中能有效地调节自己,与环境保持平衡。缺乏正确自我意识的人常常表现出自我冲突、自我矛盾;或者自视清高、妄自尊大,做力所不及的工作;或者自轻自贱、妄自菲薄,甘愿放弃一切可以努力的机遇。

(五)良好的情绪调控能力

情绪对人的活动、人的健康有重要影响。积极的情绪体验能使人振奋精神、增强自信,提高活动效率;消极的情绪体验会降低人的活动效率,甚至使人致病。情绪标志着人格的成熟程度。人格成熟的人情绪反应适度,具有调节和控制情绪的能力,经常保持愉快、满意、开朗的心境,并富有幽默感。当消极情绪出现时,能合情合理地宣泄、排解、转移、升华。

健康人格的各个标准都是相关的,"具有体验丰富的情绪并控制情绪表现能力的人,通常是有能力满足自身基本需要的人,是能紧紧地把握现实的人,是获得了健康的自我结构的人,是拥有稳定可靠的人际关系的人。"

总之,人格健康的人,其人格的各个方面是统一的、平衡的。上述标准不仅是衡量一个人人格健康的尺度,同时也为大学生改善自己的人格提出了具体的努力目标。

八、如何塑造健全人格

每一位大学生都应该积极关注自己的人格健康,通过正确的实践途径,完善自身的人格修养。

(一)准确认识自我,合理整合人格,克服人格弱点

知道自己的长处与不足,进而有目的、有意识地去扬长避短,不断完善自己的性格和气质。做自己气质、性格的主人。从自知之明到自我完善的过程,也是气质和性格的自我悦纳过程。一个人的缺点仿佛是他优点的继续。优点的继续超过了度,表现得不是时候、不是地方,就会成为缺点。

(二)主动调控情绪,保持愉悦开朗的心境

情绪标志着人格的成熟程度。人格健康的人情绪反应适度,具有调节和控制情绪的能力,

经常保持愉快、满意、开朗的心境,并富有幽默感,当消极情绪出现时能合情合理地宣泄、排解、转移和升华。

(三)积极参加集体活动,提高交际技能

在多元化的今天求同存异,培养自己开放的人格、博大的胸襟。

目前大学生中的独生子女已占有相当大的比例,家庭的教育和社会所形成的矛盾也比较复杂。面对多元化的环境因素和各式各样的心理压力源,大学生应努力培养自己求同存异、有容乃大的博大胸襟,一个人如能做到这样,必然能形成和谐的人际氛围,并产生健康的人格动力。

(四)加强意志力磨炼,培养良好的情操

自觉、主动地控制自己的行为,培养经受挫折的耐受力,不盲目冲动,不消极低沉。意志的培养是一个艰苦、长期坚持不懈的过程。"有志者事竟成",任何人都没有理由看轻自己而悲观,怀疑自己以至于自暴自弃。当代的大学生更应顺应时代的进步,"读万卷书,行万里路",始终保持乐观的生活态度。

大学生正处于学习的黄金年龄,除了学好基础课、专业课外,还应该培养自己的爱好,加强素质方面的学习和提高,从而达到陶冶情操、优化人格的效果。例如:练习书法可以净化心灵,稳定情绪,克服急躁心理;练习下棋可以开拓智力,活跃思维;运动可以磨炼意志等。

总而言之,当代青年追求卓越的人生,必须具备健康的人格,因此了解人格形成与发展的规律,掌握塑造健康人格的途径和方法,才能使人格素质趋于完美,创造更加辉煌的人生。

案例分析

落选的班长

案例一

大学新生小田,因为高中当过班长,刚入校期间表现不错,由老师指定他暂任班长。因为他习惯用中学时严苛的管理方式去对待别的同学,引起部分同学的反感,后来在班干部改选中落选。于是,小田就疑心是某些"小人"嫉妒他的才干,在老师那里搞鬼,认为自己受到了排挤和压制,认为同学与老师对他不公平,故意迫害他。因此,他就指责他们,埋怨他们,后常与同学、老师发生冲突,有时还把状告到校长和家长那里,要求恢复他的班长之职,否则扬言要上告、伺机报复。大家都耐心地劝他,他总是不等别人把话说完,就急于申辩,始终把大家对他的好言相劝理解为恶意。他这样无理取闹,与同学、老师的关系日益恶化。

分析:落选并不是落难。人际交往中的多疑往往是由思考问题时的思维偏差引起的,一个人一旦心生猜疑,就会将所有的分析判断建立在只证明自己的猜忌的基础上而陷入盲目的怀疑之中,小田应认识到自己的心理偏差,进行自我调整,否则继续发展下去就可能导致偏执型人格障碍。

我能改变吗？

案例二

李某，女，20岁，大二学生。李某性格较外向，争强好胜，脾气急，总是看不惯别人，干事情喜欢大包大揽、指手画脚。刚上大一时与同宿舍同学关系不错，但由于自己在家时习惯了早睡早起，与同宿舍同学作息时间不一致，因此不到一个月就与同宿舍同学因为熄灯时间问题而发生冲突。之后我行我素，不考虑别人的感受和意见，只要自己睡觉就强制关掉宿舍的灯，逐渐觉得有时宿舍同学在熄灯后故意大声说话、吵闹，影响自己的睡眠，觉得她们一起合伙针对自己，故而与同宿舍同学摩擦不断。现在自己与她们说话也没人理，关系越来越疏远。看到她们几个一起上课、吃饭、逛街，自己却独来独往，虽然自己告诉自己这样也没什么，但一想到回宿舍就觉得压抑。李某也尝试改变，但一看到她们态度不好就没办法克制自己的冲动而发脾气，为此矛盾不已，想改变自己，改善宿舍的人际关系，又无能为力。

分析：李某的表现是典型的以自我为中心的人格特点，自以为是，不考虑他人的感受和意见，反映了自我发展的不成熟，如此与人相处，必定引起别人的反感和孤立，李某必须学会尊重他人的意见，凡事顾及他人的感受，只有这样才能改善与舍友的关系。

表演型人格

案例三

小艾，女，20岁，大二学生。从小娇生惯养，动不动就使小性子，自幼喜欢在热闹场合抛头露面，耍小聪明，以此来博得大人的夸奖，别人夸她，她越来劲。上大学后，学习成绩不错，但是好吹捧自己的毛病仍旧未改，总是有意无意标榜自己。在爱情方面，吹嘘帅哥们是如何欣赏她、追求她，而她又是如何刁难他们，大放厥词。为了招人注意，甚至不顾个人尊严。性格喜怒无常，高兴时嘻嘻哈哈，劲头十足，稍不顺心，大吵大闹，弄得人际关系十分紧张。近日，正当她瞎吹时，有人用话语刺激了她一下，她顿时觉得自己并非魅力超群，立刻萎靡不振，非常难过。然而难过归难过，以后她依然我行我素。

分析：这是典型的表演型人格障碍。小艾喜欢表演性、戏剧性、夸张性地表达情感，总想引起别人的注意，为了引起注意，不顾个人尊严，哗众取宠，说话夸大其词，掺杂幻想情节，喜怒无常。

如何克服好发脾气的性格缺点？

案例四

王某，女，大一学生，觉得自己性格不好，脾气暴躁，动不动爱发脾气。也不知道为什么，一遇到让自己生气的事，就很容易爆发出来，不管不顾地出一通气。这样往往伤了和气，导致跟周围同学的关系搞得很僵。其实事后想想也为自己的行为感到后悔，但就是控制不住自己的脾气。为此觉得很烦恼，大伤脑筋，不知道该怎么办。

分析：心理学研究表明，人爱发脾气，有先天和后天两个方面的原因。就先天而言，人体内微量化学物质去甲肾上腺素含量较高的人，脾气大多急躁，易发火；而血清素含量较高的人，脾气比较随和、温顺。就后天原因而言，如果父母的脾气十分急躁，并经常打骂斥责孩子,孩子的脾气也容易变得暴躁。要克服爱发脾气的毛病,首先要开阔胸怀,"大事清楚、小事糊涂",不应气量狭小、过于计较小事;其次要认清危害,要知道人与人之间是平等的,区区小事就大发雷霆,不尊重别人,也必然得不到别人的尊重,而且发脾气不仅不能解决问题,多半还会适得其反;再次要学会容人,做人要有一定"雅量","待人宽,责己严",不要动不动就指责和怪罪别人;最后,要学会自制,比如一旦感到自己要发脾气时,就反复默念"不要发火,不要发火……"再如,当感到自己要发脾气时,可迅速离开现场,或去干别的事情,或去找别人谈谈,或干脆去散步宽宽心,"气"头过去后,再回来从容而理智地对待和处理问题。

自我测试(扫一扫做测试)

气 质 量 表

阅读下列句子,与自己的状况进行对比,若与自己的情况"很符合",在括号内填"A","较符合"填"B","介于符合与不符合之间"填"C","较不符合"填"D","很不符合"填"E"。

1. 做事力求稳妥,一般不做无把握的事。(　　)
2. 遇到可气的事情就怒不可遏,想把心里的话全说出来才痛快。(　　)
3. 宁可一个人干事,不愿很多人在一起。(　　)
4. 到一个新环境很快就能适应。(　　)
5. 厌恶那些强烈的刺激,如尖叫、噪声、危险镜头等。(　　)
6. 和人争吵时,总是先发制人,喜欢挑衅。(　　)
7. 喜欢安静的环境。(　　)
8. 善于和人交往。(　　)
9. 羡慕那种善于克制自己情感的人。(　　)
10. 生活有规律,很少违反作息制度。(　　)
11. 在多数情况下情绪是乐观的。(　　)
12. 碰到陌生人觉得很拘束。(　　)
13. 遇到令人气愤的事情,能很好地自我克制。(　　)
14. 做事总是有旺盛的精力。(　　)
15. 遇到问题总是举棋不定,优柔寡断。(　　)
16. 在人群中不觉得过分拘束。(　　)
17. 情绪高昂时,觉得干什么都有趣;情绪低落时,又觉得干什么都没有意思。(　　)
18. 当注意力集中到某一事物时,别的事很难使我分心。(　　)
19. 理解问题总比别人快。(　　)
20. 碰到危险情境,常有一种极度恐怖感。(　　)
21. 对学习、工作、事业怀有很高的热情。(　　)

22. 能够长时间做枯燥、单调的工作。（　　）
23. 符合兴趣的事情,干起来兴头十足,否则就不想干。（　　）
24. 一点小事就能引起情绪波动。（　　）
25. 讨厌做那种需要耐心、细致的工作。（　　）
26. 与人交往不卑不亢。（　　）
27. 喜欢参加热烈的活动。（　　）
28. 爱看情感细腻、描写人物内心活动的文学作品。（　　）
29. 工作、学习时间长了,常感到厌倦。（　　）
30. 不喜欢长时间谈论一个问题,愿意实际动手干。（　　）
31. 宁愿侃侃而谈,不愿窃窃私语。（　　）
32. 别人总是说我闷闷不乐。（　　）
33. 理解问题常比别人慢些。（　　）
34. 疲倦时只要短暂休息就能精神抖擞,重新投入工作。（　　）
35. 心里有话宁可自己想,不愿说出来。（　　）
36. 认准一个目标就希望尽快实现,不达目的,誓不罢休。（　　）
37. 学习、工作同样一段时间后,常比别人更疲倦。（　　）
38. 做事有些莽撞,常常不考虑后果。（　　）
39. 老师讲授新知识时,总希望他讲得慢些,多重复几遍。（　　）
40. 能够很快地忘记那些不愉快的事情。（　　）
41. 做作业或完成一件工作总比别人花的时间多。（　　）
42. 喜欢运动量大的剧烈体育运动或参加各种文艺活动。（　　）
43. 不能很快地把注意力从一件事转移到另一件事上去。（　　）
44. 接受一个任务后,就希望能把它迅速解决。（　　）
45. 认为墨守成规比冒风险强些。（　　）
46. 能够同时注意几件事物。（　　）
47. 当我烦闷的时候,别人很难使我高兴起来。（　　）
48. 爱看情节起伏跌宕、激动人心的小说。（　　）
49. 对工作抱认真严谨、始终一贯的态度。（　　）
50. 和周围的人关系总是相处不好。（　　）
51. 喜欢复习学过的知识,重复做熟练的工作。（　　）
52. 希望变化大、花样多的工作。（　　）
53. 小时候会背的诗歌,我似乎比别人记得清楚。（　　）
54. 别人说我"出语伤人",可我并不觉得。（　　）
55. 在体育活动中,常因反应慢而落后。（　　）
56. 反应敏捷,头脑机智。（　　）
57. 喜欢有条理而不甚麻烦的工作。（　　）
58. 兴奋的事常使我失眠。（　　）
59. 老师讲新概念,常常听不懂,但是弄懂了以后很难忘记。（　　）
60. 假如工作枯燥无味,马上就会情绪低落。（　　）

评分标准：

(1) 若与自己的情况很符合计 2 分,较符合计 1 分,介于符合与不符合之间计 0 分,较不符合计－1 分,很不符合计－2 分。

(2) 将各题得分按下面的题号分类计分,并汇总各类得分。

胆汁质题号：2、6、9、14、17、21、27、31、36、38、42、48、50、54、58。

多血质题号：4、8、11、16、19、23、25、29、34、40、44、46、52、56、60。

黏液质题号：1、7、10、13、18、22、26、30、33、39、43、45、49、55、57。

抑郁质题号：3、5、12、15、20、24、28、32、35、37、41、47、51、53、59。

评价参考：

(1) 如果某气质类型得分明显高出其他三种,且均高出 4 分以上,则可定为该类气质。如果得分超过 20 分,则为该气质的典型型;如果得分在 10～20 分,则为一般型。

(2) 如果两种气质类型得分接近,其差异低于 3 分,而且又高于其他两种 4 分以上,则可定为两种气质的混合型。

(3) 三种气质得分均高于第四种,而且接近,则为三种气质的混合型,如多血质-胆汁质-黏液质混合型或多血质-黏液质-抑郁质混合型。

(4) 如果四种气质类型得分皆不高且差距在 3 分以内,则可能是你没有如实作答,也可能是你是四种气质类型的混合型,但这种情况很少见。

实践训练

角色翻转训练

【活动目的】 这种活动使当事人与潜意识中被埋没和拒绝的另一面进行接触,从而实现人格的整合。

【活动时间】 40～50 分钟。

【活动内容】

(1) 四人一组,以自己平时很少或从不表现出来的另一面为主题(如温柔的另一面是凶恶,自卑的另一面是自大等),大家合作编写一个有故事情节的剧本。

(2) 每个成员按照剧本,通过语言和非语言的形式,表演他们平时很少或从不表现出来的这个角色。

【活动分享】

在表演平时自己很少或从不表现出来的角色时,感受如何？

心理影视

1. 《爱德华大夫》

导演：阿尔弗雷德·希区柯克。

编剧：本·赫克特。

主演：英格丽·褒曼、格利高里·派克、朗达·弗莱明、迈克尔·契诃夫、简·阿克。

上映日期：1945年10月31日。

剧情简介：精神病院的默奇逊院长即将退休，接手的是年轻有为的爱德华大夫。医院里年轻漂亮的女医生彼特森和爱德华相爱，然而彼特森竟发现眼前的爱人不是爱德华大夫，而真实的爱德华大夫的秘书，还前来指出这个冒牌人士是杀害爱德华的凶手。

面对恋人扑朔迷离的身份，彼特森始终不相信他是杀人凶手，然而默奇逊院长却用精神分析法印证了"事实"。更为棘手的是，这个假爱德华也相信自己有罪，他甚至连自己是谁、经历过的事情也不知道。

彼特森对自己的判断非常坚持，她决定要帮他找出事件真相。在警察的追捕下，她带他逃到了心理分析教授的家中，展开了一连串精彩的心理分析过程，他童年的阴影和爱德华大夫被杀的真相渐渐浮出水面。

2. 《致命ID》

导演：詹姆斯·曼高德。

编剧：Michael Cooney。

主演：约翰·库萨克、雷·利奥塔、阿曼达·皮特。

上映日期：2003年4月25日（美国）。

剧情简介：一个汽车旅馆里，住进了十个人，他们中间有司机、妓女、过气女星、夫妇、警探和他的犯人，还有神秘的旅馆经理。这天风雨大作，通信中断，十个人被困在了旅馆里，惊悚的故事开始了。他们一个接一个地死去，并且按照顺序留下牌号。十个人中存活下来的渐渐变少，他们开始恐慌、互相猜忌，却无意间发现了彼此间的联系。但是，大家怀疑的嫌疑人却纷纷死去，谜团笼罩在旅馆狭小的空间里，这样的凶杀案件却有着人们猜不到的真相……

阅读思考

麦克阿瑟的故事

在西点军校考试的前夜，麦克阿瑟感到非常焦虑，这时他母亲走过来对他说："我的儿子，你必须相信你自己，否则没有人相信你。只要你抛弃了内心的怯懦，你一定能赢。尽管你没有把握成为第一，但你必须做最好的自己。"当西点军校的考试成绩公布时，麦克阿瑟名列第一，后来,凭着自信,他成为美国著名的将军。

人生的较量

  一老教授昔日培养的三个得意门生都事业有成,一个在官场上春风得意,一个在商场上捷报频传,一个埋头做学问,如今也苦尽甘来,成了学术明星。于是有人问老教授:你认为三人中哪个会更有出息?老教授说:现在还看不出来。人生的较量有三个层次:最低层次是技巧的较量,其次是智慧的较量,他们现在正处在这一层次,而最高层次的较量则是人格的较量。

贵　人

  一个风雨交加的夜晚,一对老夫妇走进一间旅馆的大厅,想要住宿一晚。

  无奈饭店的夜班服务生说:"十分抱歉,今天的房间已经被早上来开会的团体订满了。若是在平常,我会送二位到没有空房的情况下用来支援的旅馆,可是我无法想象你们要再一次置身于风雨中,你们何不待在我的房间呢?它虽然不是豪华的套房,但是还是蛮干净的,因为我要值班,我可以待在办公室休息。"这位年轻人很诚恳地提出这个建议。老夫妇大方地接受了他的建议,并对造成服务生的不便致歉。

  隔天雨过天晴,老先生前去结账时,柜台前仍是昨晚的这位服务生,这位服务生依然亲切地表示:"昨天您住的房间并不是饭店的客房,所以我们不会收您的钱,也希望您与夫人昨晚睡得安稳!"老先生点头称赞:"你是每个旅馆老板梦寐以求的员工,或许改天我可以帮你盖栋旅馆。"

  几年后,他收到一位先生寄来的挂号信,信中说了那个风雨交加的夜晚所发生的事,另外还附一张邀请函和一张纽约的来回机票,邀请他到纽约一游。在抵达曼哈顿几天后,服务生在第5街及34街的路口遇到了这位当年的旅客,这个路口矗立着一栋华丽的新大楼,老先生说:"这是我为你盖的旅馆,希望你来为我经营,记得吗?"这位服务生惊奇莫名,说话突然变得结结巴巴:"你是不是有什么条件?你为什么选择我呢?你到底是谁?""我叫作威廉·阿斯特(William Waldorf Astor),我没有任何条件,我说过,你正是我梦寐以求的员工。"这旅馆就是纽约最知名的华尔道夫饭店,这家饭店在1931年启用,是纽约极致尊荣的地位象征,也是各国的高层政要造访纽约下榻的首选。当时接下这份工作的服务生就是乔治·波特(George Boldt),一位奠定华尔道夫世纪地位的推手。是什么样的态度让这位服务生改变了他生涯的命运?毋庸置疑,是他遇到了"贵人",可是如果当天晚上是另外一位服务生当班,会有一样的结果吗?人间充满着许许多多的因缘,每一个因缘都可能将自己推向另一个高峰,不要疏忽任何一个人,也不要疏忽任何一个可以助人的机会,学习对每一个人都热情相待,学习把每一件事都做到完善,学习对每一个机会都充满感激,我们就是自己最重要的贵人。

【思考题】

1. 分析你自己属于哪种人格类型,如何扬长避短?
2. 结合自己的人格特点,谈谈你是如何优化自己的人格的。

第四章

刻进生命的印记
——原生家庭与心理健康

生命之船从这里出发，一路行驶，我们没有办法控制风向，但是我们可以调整风帆，把正航向，做一名真正的"人生号"船长。

第四章 刻进生命的印记——原生家庭与心理健康

故事导入

愤怒的小鸟

小黄同学经常会因为小事生气，平时也难展笑颜，整个人像是愤怒的小鸟。有一次，她从图书馆看完书买了粥回宿舍，天下着雨，她小心翼翼地拿着粥，不想进入宿舍楼后在楼道被人撞了一下，手上拿的粥撒了，弄了一手粥，这可把她惹火了，她直接就把粥扔了，气得直跺脚，回到自己房间拿起手机打电话给妈妈。本想着，她的妈妈会安慰她，结果两个人在电话里吵起来了。她妈妈说她做事不小心，她听见这个就更生气了。最后，她直接把电话挂了，开始扔衣服踢凳子。事后，她说自己也不想那样，但是每次生气都忍不住，说都怪自己的父母经常吵架，还经常摔东西。她很无奈无法抹去父母在她身心上留下的烙印。

理论指导

一、什么是原生家庭

每个人一生中都有两个家。一个是我们从小长大的家，有爸爸妈妈和兄弟姐妹。另一个是我们长大以后，自己结婚后组建的家。我们把第一个家叫原生家庭，后来组成的家庭称为新生家庭。有的人可能因为从小在不同的家庭被不同的人照料，而拥有不止一个原生家庭。

每个人都有不同的故事和际遇，对于自己成长的家庭，也有不同的回忆。无论是爱或伤痛，"家"都是我们最初出发的地方，是我们一生中关系最密切的地方。一个人从幼年起受到的影响和教育是最深刻的，它甚至决定着我们人格的形成，以及长大后的人际交往模式。许多人童年生活时的阴影甚至能相随一生，无法抹灭。一个理性的、充满爱和温暖的家庭，容易培育出人格健全的孩子；一个缺乏爱和温暖的家庭，则容易让孩子在成长的过程中形成缺陷的人格。

原生家庭对一个人的影响非常大，它塑造我们的个性，影响我们的人格成长、亲密关系、情绪互动，甚至我们在恋爱婚姻中也在不知不觉中受原生家庭的影响。

当我们还是一张白纸的时候，我们就开始受到父母兄弟姐妹的影响，他们的思想观念、行为模式、人格力量甚至情绪波动，都会影响到我们。而且，由于长时间地生长在原生家庭中，所以原生家庭对一个人的影响是潜移默化、不知不觉的。当新生家庭建立之后，原生家庭的影响或者模式就有可能无意识地进入新生家庭，影响到新生家庭的方方面面。

但是原生家庭的影响又常常很不容易被察觉，到底是一个人记得的事情对人生影响比较大呢，还是不记得的事情对人生的影响比较大？这是一个不容易回答的问题。从深度心理学的角度来讲，那些我们已经忘记，特别是在从小成长的过程中发生的事，对我们的影响是更大的。

我们从尖端的脑科学研究中可以发现，一个成人记得的事情，也就是经过语言整理的、进入意识范围的记忆，是储存在大脑里主管记忆的海马回里的。但是人在三岁之前海马回还没有发育好，语言没有发育成熟，很多情绪经验没有办法用语言梳理和储存。那时的记忆多是游离的、散漫的，我们把它叫作内隐性的记忆(implicit memory)。这部分的记忆并不表示不存在，它们依然存在，在以后的人际关系，特别是亲密关系中，会不知不觉地影响我们，但需要等一个人语言发展完善之后，才能把过去的这些散漫、游离的情绪经验加以整理，才会进入意识层面，成为我们随时可以处理的记忆。这就好比大学的图书馆，有的图书经过编目，进入中央图书馆；有的图书因为种种原因散放于各处。图书管理员需要找到这些散放的图书，经过编目，才能将其变成随时可以调用的图书。

比如，有一个人很怕水，不管别人用什么话来安慰他，他心里的恐惧感就是无法除去。直到有一天他的父母告诉他，你一岁的时候，曾经掉进游泳池里，大人马上就把你救起来了。他那时才明白自己对水莫名其妙的恐惧是从哪里来的。一个一岁的孩子还没有发展出语言来梳理自己的情绪经验，所以这个人对水的记忆就属于内隐性的记忆。这些记忆并不是不存在，它们一直游离、散漫地存在于他的大脑中，只是没有进入他大脑里主管记忆的海马回里，未能经过语言的处理而进入意识层面。这些记忆虽然我们意识不到它的存在，但它却常常在不知不觉中影响着我们，尤其是那些伤害性的记忆，依然会影响我们今天的人际互动与日常生活。我们需要经过有意识的察觉和后天的学习，才能够对幼时留下的伤害做出医治和改变。

二、原生家庭的影响因素

（一）家中排行

奥地利心理学家阿德勒(Alfred Adler)最早提出出生次序会影响个体的生活风格。长子和长女在头几年中会享受到家中独生子女的优越身份，等到弟妹出生后，力图保持自己先前的权威和特权；排行第二的老二常常想迎头赶上，反抗和嫉妒其年长的兄姐；而排行最后的孩子始终被当作婴儿看待，总希望得到别人的帮助和关怀。

萨洛韦(F. Sulloway)提出的出生次序说指出，与最后出生的子女相比，长子与长女更有责任心，对新思想更保守，而后面出生的孩子则更有可能成为叛逆者、激进人物，也更有创新意识，因为哥哥姐姐已经占据了家中的地位，他们只有通过创新来证明自己的价值。当然，也有许多研究结果对这一理论提出批评与疑问，尽管如此，同一个家庭中的儿童，由于出生先后顺序不同，从而形成不同的个性特点却是得到大家一致认可的。例如，有些家中最小的孩子由于在家里没有决定权，为了突显自己以引起重视，讲话就得特别大声。一个总是害怕得不到注意而提高声量的孩子，长大后在人际关系上就比较敏感，特别在意别人是否尊重他的意见。一旦觉得被忽视，就容易"情绪过敏"，从而造成不必要的冲突。

（二）心理痛点

心理痛点是指一个人最敏感的、最在乎的、最不愿意让别人提起的话题，一旦被触发，会有过度的情绪反应。有人怕"不公平",有人则怕"被冤枉",所以心理痛点是很个性化的,每个人的心理痛点各不相同。心理痛点的多少影响个体在人际关系中的敏感度,心理创伤或早年信念的强烈程度,影响痛点的灵敏度,即被触动时的痛苦水平与情绪化反应水平。

一个从小看母亲总是用眼泪操纵父亲的小孩,特别是男孩,长大后当他看见妻子掉眼泪时,立刻大发脾气,而不是去安慰她,妻子说:"我在哭,你看不见吗?我难过,你还发脾气。"因为那一刹那间,儿时的影像仿佛又重演,他的潜意识里,认定妻子就像母亲要控制父亲一样要控制他,他并不是认为掉眼泪本身有什么错,其实这个妻子很无辜,她只是不小心触动了丈夫的心理痛点。所以我们在现实生活中,不管是婚姻、工作还是生活,我们有时候让别人一下子跳起来,立马就要检视自己的每一句话,一定是某一句话触动了人家的心理痛点;如果你自己一下子跳了起来,肯定是人家触动了你的心理痛点。同理,生活中有很多情况是因为我们把过去和现在混淆,以为过去的事情又再度发生了,其实,只是碰巧触发了你的心理痛点。

(三)内在誓言

"内在誓言"也可以说是成长经验、经历中的"座右铭",或是一直留在心中的某种理念,它成为我们人生的最高指导原则。人的行事风格会深受"内在誓言"的影响。人的成长背景无形中给我们灌输很多信念,这些信念不但牢不可破,而且不断影响着我们。"内在誓言"有其历史性的功能,曾在过去人生某个阶段保护我们不致受到太大的伤害。内在誓言有很多种,例如:"男人都是不可靠的,所以我要存私房钱";从小经历逃难或贫困生活,看见父母总是很努力工作,于是学会"人生就是要打拼",甚至变成"工作就是人生,人生就是工作"。

童年经历过的一些非常强烈、痛苦的经验感受,往往使当事人在不知不觉中做了影响一生的如何待人接物的重大决定。比如有一个非常漂亮、品学兼优的女孩子,找对象的时候总是找条件比自己差很多的男孩子。相处一段时间,又很难勉强自己,然后分手。原来,在她六岁的时候父母离异,母亲为了养家不得不做几份工作。有一天晚上,母亲还在工作,她一个人回家,看到漆黑的房间,冰箱里什么吃的也没有。这种孤独凄凉的感受如此刻骨铭心。从此她做了一个决定——绝不要被人抛弃。所以她找对象的时候不敢找和自己一样优秀的男孩子。这些潜意识中产生的隐形的"内在誓言",常在当事人生命中最重要的人际关系上造成决定性的影响。

这个影响一生的决定,并不见得一定是坏的。它曾在你人生中某一阶段保护了你,对你有帮助。只是到后来,当你的人生环境改变时,过去这保护你的行为在新的环境里反而变成了阻碍。

(四)父母之间的互动模式

每个家庭都有自己的互动模式,这些互动模式同样对我们产生着深远的影响。有这样一句俗话大家都很熟悉:龙生龙,凤生凤,老鼠的儿子会打洞。谁家孩子像谁,这句话除了说相貌、脾气、秉性像之外,我们会发现说话的语气、处事的方法等都很像。有些成年人也有这样的感受,他很讨厌父亲的某些做法,自己长大后偏偏和父亲一样。在互动模式上,我们不是模仿原生家庭中的行为就是反其道而行之。

比如,父亲脾气暴躁,在家里经常有暴力行为,他有两个儿子,两个儿子的性格不同,会有不同的结果。如果一个孩子性格内向,胆小怕事,他会顺从父亲,因为只有这样才能减少被暴力。这样的孩子感情丰富,比较敏感,他能充分体会家有暴力父亲的那种痛苦感受,从心里可能就会有一个内在誓言：长大了我一定不能这样对待我的孩子。这样的人长大后可能性格比较懦弱，没有主见，胆小怕事，缺少男人的阳刚之气。如果一个孩子性格比较外向，脾气倔，他内心里会认同父亲的行为，青春期和父亲对抗比较厉害，长大后也会用暴力解决事情，因为是父亲教会了他如何解决冲突。

有的家庭里母亲比较强势，母亲当家做主，说了算。一个强势的母亲往往会培养出一个懦弱的儿子和强悍的女儿。男孩是需要放养的，他要顶天立地，他要敢闯敢干，需要承担责任，这些宝贵的品质是需要机会锻炼的，他只有在不断自己做主、自己选择的过程中才能学会。一个强势的母亲，控制过多，照顾过多，剥夺了孩子成长的机会，于是男孩就缺少阳刚之气。因此，如果你想培养一个敢作敢当的男人，做母亲的要学会示弱，要对儿子说：父母老了，这个家就靠你了。要让孩子早参与家庭事务的管理，孩子自己的事情要让他自己决定，不要干涉太多。

一个女孩是需要跟自己的母亲学会做女人的，母亲强悍，女儿长大了也没有女人味，婚姻也会出现问题。因此，要想培养一个淑女，母亲就做给女儿看，什么是善良，什么是温柔，什么是体贴，什么是善解人意。

父母的互动模式也会影响子女的婚恋观。在这方面，异性父母的影响较大，也就是父亲影响女儿，母亲影响儿子。

（五）父母的教养方式

父母的教养方式主要有四种，即专制型、权威民主型、放任自由型、漠不关心型，这四种教养方式遍及全世界的家庭。

专制型的教养方式是父母向孩子提出要求和限制，希望孩子能无条件遵守和服从。这类父母往往只关注要求和限制的执行结果而忽视幼儿心灵上的伤害，他们不愿与孩子协商，而是强迫孩子执行，如果遇到孩子反抗，则会采用惩罚措施，直到孩子服从为止。

权威民主型的教养方式是父母为了孩子的成长发展，向他们提出合理的要求和限制，并要求他们遵守。同时这类父母对孩子表现出热忱和关心，耐心倾听孩子的观点，并鼓励孩子参与家庭中的各项决策。权威民主型的教养方式是合理而民主的，是承认和尊重父母和孩子双方的权利。

放任自由型的教养方式是父母在孩子还没有能力做出决策时就把自主权交与孩子，让孩子随意实施决定。这样的教养方式是将孩子视为花朵，不对孩子提出任何的要求，也不进行适时的管教。教养出来的孩子往往是想干什么就干什么，他们不按时睡觉父母不会阻挠，他们说话伤人、激怒他人父母也不会制止。这类父母在管教孩子时大都会产生一种对孩子管教缺乏信心的无奈感。

漠不关心型的教养方式是父母在满足孩子最低的衣食要求以外不再关注和关心自己的孩子。这类父母也向孩子提出要求，但是他们有时简单回应，有时漠视孩子的要求，孩子在没有关爱和规则意识的氛围下成长。

研究表明，权威民主型父母教出的孩子往往很自信、独立而且积极热情。总体而言，这类儿童比其他三类儿童幸福得多，他们的问题更少，而且更加成功。放任自由型父母或漠不关心型父母教出的孩子通常不够成熟，更容易冲动，依赖性更强，要求也更高。专制型父母教出的孩子通常容易焦虑，而且没有安全感。实际上，在一些案例中，专制型的教养方式可能是导致儿童反社会行为的风险因素。

（六）其他孩童时期的因素

孩童时代的特殊经历，好比长得太高、太矮、太胖或太瘦，经常被嘲笑，也会造成日后容易过度激怒的人格倾向。严重的心理或身体创伤，包括亲人死亡、性虐待、肉体虐待等，易形成心理不健全或忧郁症状。例如某些瘦小的小孩子经常想要证明他纵然瘦小却是强壮的，拿破仑就是个例子。

三、受原生家庭影响的三种表现情况

（一）重复

因为耳濡目染，我们的一言一行、一举一动，很多时候在不知不觉中就受到原生家庭的影响。如果一个人小时候被虐待，后来也在人际关系中受到伤害，他有可能一直习惯受虐待，就是结婚以后也是一直受虐待。如果我们自己没有觉察，那么重复的例子就这样一直影响着我们的生活。而如果一个人从小生活在被鼓励、被肯定的环境里，那么他就会找到和他人格类似的人在一起，所以他生活的地方就会充满自信和快乐。有一位母亲，做鱼的时候总是把鱼头和鱼尾去掉，而只把鱼身子放在盘子里端上桌。有人终于问她为什么要这样做，她想了半天说："不知道呀，以前小时候，妈妈就是这样做的。"于是她到自己母亲那里去考究这个问题。她的妈妈笑了，原来，因为以前钱少，买的盘子也比较小，没有办法放整条的鱼，所以只好每次去掉头尾端上桌。

再如，A君长得帅、条件好，周遭有许多女孩子喜欢他，但他的初恋情人患了抑郁症，自杀未遂刚出院。他的第二个女友，是个"暴食症"或"神经性厌食"者。目前他的第三任女友则是个有夫之妇，得不到丈夫的爱，而在绝望时遇到A君。为什么他不断地被"受苦"的异性所吸引？总是喜欢精神上有问题的人？

追本溯源，他十二岁时，父亲有外遇，母亲顿时精神濒临崩溃，开始进出医院。当时，还是个小男孩的他必须转换角色来扶持母亲，其实他更需要被人照顾、关爱。而他却像小时候帮助母亲般来帮助那些女孩，希望自己的好行为能使她们快乐起来，并且她们能够重新开始来爱他。在心理学上，这称为"强迫性重复"。

（二）内化

我们在原生家庭中耳濡目染，会把其中的人际互动慢慢内化在心里，在现在的亲密关系中不知不觉流露出来，甚至自己都没有意识到。

比如，一位女士有一个非常严厉、爱掌控、爱批评的父亲。她从小就在心里暗暗发誓：我将来当父母的时候，绝对不要像父亲这样！

终于她自己做了母亲。有一天她儿子在弹琴的时候，就弹错了一个音，她突然怒火填膺，马上一只手就狠狠地指了过去。她正要动手打骂，突然愣住了——因为她想起来，她指着自己孩子的这个神情，就是她小时候爸爸指着她的神情。虽然她曾经暗暗发誓，不要像她的父亲，但是在不知不觉中，她已经把爸爸的形象内化了。

好在这位女士是懂得学习的人，她懂得跳出自己看自己，没有顺着自己过去的模式发展下去，而是开始自我省察。

（三）走向反面

还有一个耐人寻味的现象就是我们常常不是模仿我们的原生家庭，而是反其道而行之。

一个从小在暴力家庭长大的孩子,看到爸爸经常骂人、打人,内心充满了痛恨,当他长大有了自己的家以后,往往会反其道而行之,对孩子特别疼爱甚至溺爱,即使孩子行为不当也不会进行合理管教,一味纵容。

四、未来如何给孩子建立一个好的原生家庭

(一)家庭成员彼此尊重

在正常的家庭关系中,家庭成员之间(特别是夫妻之间、父母与孩子之间)是互相尊重、信任的关系。家庭中不是控制与被控制的关系,大家都有发言权,每个人都有权选择自己的生活方式,任何人无权决定别人应该做什么,大家要彼此信任,有问题当面提出,不要互相猜疑。家庭中不刻意树立某个人的权威,每个家庭成员都有尊严,也会自觉维护别人的自尊。

但是在国内,有些父母不仅喜欢控制孩子,还喜欢彼此控制,把家庭当作自己的一亩三分地,想怎么就怎么,这样的行事作风很容易给孩子带来负面影响。例如,大家普遍认为父母管孩子是天经地义的,对孩子教训几句,或是打了几下没什么大不了,误会了孩子也不算什么事,用不着向孩子认错道歉,基于这种观念,孩子做错了,就必须认错道歉,而家长做错了却是不了了之。其实大人错了,他们更应该承担责任,勇于认错道歉。在认错道歉的事情上,父母和孩子是平等的,谁错了谁就道歉,父母不仅不应该有任何特权,而且要更严格地要求自己,给孩子树立一个榜样。

(二)父母以身作则,做孩子的榜样

有什么样的父母就有什么样的孩子,孩子其实就是父母的一面镜子,孩子身上的问题,都能在父母身上找到出处。父母常常对孩子和对自己分别用两把尺子来衡量,自己做不做到无所谓,但是孩子一定要做到;自己可以不讲诚信,但是孩子不能对自己撒谎;自己可以打麻将、打游戏,但是孩子要一心扑在学习上。这么做的后果就是孩子永远不会向你要求的方向发展,而是飞快向你做出的行为靠拢。例如,有一个父母口中的问题孩子,通过交流发现,父母和孩子的相互评价竟然是高度一致的。父母说:"这个孩子不听话,老是谎话连篇,我们不能相信他。"孩子说:"我爸妈从来说话不算数的,经常骗我,所以我从来不把他们的话当回事。"

身教重于言教,有了孩子就意味着对自己的要求提高了,需要修炼的地方增加了,因为多了一双眼睛在观察你、模仿你、学习你。

(三)让家充满爱

世间事物从不同的角度看会得到不同的观念,所以在家里,不管是夫妻之间,还是亲子之间,除非大是大非,否则我们没有必要争出高低对错。家必须是讲爱的地方,不是讲理的地方,如果必须要讲理,也请先讲爱再讲理。

所以最重要的是,表达出我们的爱,对孩子的、对父母的、夫妻之间的爱。中国人往往羞于把"爱"挂在嘴边,而心理学却指出,真诚、适度的赞美与肯定能助人发挥潜能,一种行为得到鼓励就会不断重复,这样的重复会带来增强的效果。如果我们想让家庭成员的关系更加亲密,就一定要学习去表达对另一方的欣赏、肯定与感激,要学会表达"我爱你"!

请未来的家长们记住,你就是你子女的原生家庭!过去我们自己的原生家庭中所发生的一切事情,你不需要负责任。但是,从今天开始,你所做的每一个选择,都不仅对自己,还对自己的孩子有重要的意义。

过去我们的原生家庭做得不对的事情,请改正,不要持续下去;过去我们的原生家庭做得好的,要继承,把它传承下来。

案例分析

小玲的困惑

案例一

小玲,女,酒店管理专业大一学生。

小玲大一下学期来到咨询室,讲了自己的故事。从进入大学后,生活一下子变得自由很多,第一个学期,自己还不太熟悉学校情况,也不熟悉学校所在城市的情况,每天只是上课、下课,周末最多也是和同学们一起到周边景区转转。随着对学校、对这个城市的熟悉度的增加,自己越来越愿意跑出去购物,不只出去购物,也会网上购物,每天的乐趣似乎都是买东西、拆快递,钱也随着自己的购买,花得越来越多。刚开始和家里要生活费,只说这边消费高,但是随着购买力度加大,消费高已经不是一个好的借口了。这个时候,自己有时会和同学借钱,在下一个月家里的生活费寄到时,还完同学,又很紧张,但是又想买,又开始借,总是恶性循环,到现在同学的钱不仅借不出来,也不能及时还上。自己很苦恼。

讲到为什么这么想买东西,小玲说,从小爸爸很忙,陪伴自己的时间很少。每次爸爸和自己在一起,就是带到外面,买很多衣服、玩具,吃东西。小时候只是觉得这样很开心,慢慢长大了,爸爸对自己的陪伴更少,在一年屈指可数的和爸爸在一起的时光中,也就是买东西、吃饭。但是这个时刻,对自己来说也是感觉很美好的。离开家上大学,时间一下子自由了很多,有很多的时间可以自己安排,但是突然不知道可以做什么,第一次买完东西,感觉是开心的,是满足的。然后就越来越多地开始买,直到现在发现,买的东西越多,反而会让自己感觉越空虚,也并没有和爸爸在一起买东西时候的那种感觉。以前和爸爸买完东西回到家里,妈妈也很开心,感觉只要买了东西,大家都很开心。可是现在,无论买多少东西,似乎总找不到那种欢乐了,但是又总是想去买。小玲自己说:现在也不明白到底是想买到欢乐、开心、幸福,还是想买东西?

分析:小玲的家庭,我们看到的只是冰山一角,可能背后还有很多的问题。但是有一点,小玲希望寻找家庭的幸福感,只是这种幸福感,似乎只能从买东西中才可以得来,所以她会不断地买,不断地找寻小时候那种爸爸偶尔陪伴的快乐。而妈妈在这个过程中也并没有很好地和爸爸有一个沟通。小玲现在需要的是找寻自己的欢乐,发展出可以让自己快乐的一些爱好或者兴趣,再深入地和自己的原生家庭做一个对话,来看清自己真实的内心。

案例二

烦躁的小军

小军是某高校大二的学生,家庭条件不错,从小被妈妈姥姥奶奶等一群家中的女性长辈呵护着,大学的专业也是妈妈和爸爸的建议,选择的是财务专业,家里的意见是希望他毕业后可以帮助家里的家族企业。但是因为小军从小喜欢建筑,希望以后可以出国去看看世界各国的知名建筑,也希望未来可以自己设计出出色的建筑作品。入学的第一年,所有情况都还顺利,自己学习不错,也愿意参加学校的各种活动,当选为班长、学校的学生会会员,有希望进入未来学生会主席的竞选。但是随着大二的到来,自己越来越迷茫了。在专业学习上,小军感觉越来越不感兴趣,越来越想学习设计方面的知识,他想过转专业,也问过学校,和家里人也商量过,但是爸爸妈妈都拒绝了。他感觉自己未来很渺茫,对学习也没有兴趣,班里和学校里的活动也不想参与。在和小军的聊天过程中发现,家里父母及其他长辈对他的影响是很大的,从小所有的事情几乎都是长辈做决定。家庭里妈妈和爸爸都是权威型的家长,只要小军按照他们的要求去做,他们就会非常满意,满足小军所有的要求,而小军稍有反抗,父母马上联合其他长辈,以一切为他好为由,把他的想法压回。小军现在的感觉是无力反抗,也看不到自己的未来,想自己就这样混下去吧,可是内心又希望可以做一次自己的主,内心的这种挣扎和冲突让自己非常烦躁。

分析:小军的父母是典型的专制型父母,多年来,小军已经习惯了被父母控制,身上有着无法摆脱的被家庭控制的懦弱,但他毕竟长大了,渴望能像鸟儿一样自由地飞翔,自己掌控自己的生活,这也正是让他烦躁的原因。小军必须勇敢面对现实,努力解决这种冲突矛盾,才能真正得到自我的成长。

实践训练

萨提亚原生家庭画图法

【活动目的】 通过画原生家庭结构图,进一步感受原生家庭的影响力,让学生欣赏并接纳过去,从原生家庭中看见自己丰富的资源,并增强管理现在的能力。

【活动时间】 30分钟。

【活动道具】 A4纸张、笔。

【活动场地】 室内。

【活动内容】

(1)画这个图之前,我们要先了解一些符号。

第四章 刻进生命的印记——原生家庭与心理健康

原生家庭结构图需要用到的几种标记：

▭ 表示家庭中的男性

⬭ 表示家庭中的女性

〰〰〰 表示家庭成员之间是恶劣关系

·········· 表示家庭成员之间是疏远关系

——— 表示家庭成员之间是普通关系

━━━ 表示家庭成员之间是亲密关系

（2）画图的步骤：

①根据个人18岁之前的实际家庭状况，画出共同生活的家庭成员结构，代表自己的那个框用五角星做标记。

②标注出每个人现在的年龄、职业。（去世的就标注去世年龄，并在框上打叉。）

③用4种连线画出你18岁之前，认为的家庭主要成员之间的关系。（完全凭自己的第一印象和感受，而不必考虑对错，在这个地方不会给学生很多考虑的时间，是为了保证画图时的第一印象。）

④用形容词写出18岁之前，你对每个家庭成员（包括自己）的印象和评价，如凶、残暴、勤奋、能干、聪明、自私、仗义等，每个人最少5个形容词。（根据自己的感受，不必考虑对错和伦理因素。）

以下是一张示例图：

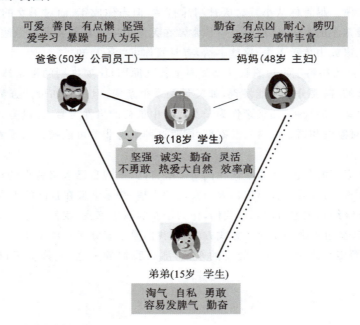

下面对示例进行简要分析：

这些线条和形容词,反映了"我"对家庭各成员之间关系的认识和感受。

①在"我"看来,爸爸跟家庭的每个人的关系都很亲密,显然他对维护家庭和睦有很大贡献,也带给了孩子极大的安全感。

②妈妈跟女儿的关系一般,跟儿子的关系一般甚至有时冷漠,显然妈妈需要反思和调整自己对孩子的教养方式。

③爸爸和妈妈关系亲密,夫妻关系良好,这是一个很好的榜样示范。

④"我"对家人和自己的评价中,大多是正向的形容词,从中看得到"我"对自己和家人的认可和喜爱,"我"和弟弟的个性特点显然与爸爸妈妈相关,总体来说,家庭的影响更多地是倾向积极正面的。

【活动分享】 交流画图的收获……

原生家庭带给我们的是一生的影响。童年时,在那些家庭关系中被忽略的印象和记忆中,就埋藏着我们人格形成的线索。画图可以帮助我们挖掘和梳理这些线索,从而发现自身的性格、处事方式、三观形成背后的基因密码。

解读原生家庭结构图。一般来说有这样的规律:

(1)你更熟悉或与你更亲密的家庭成员,你会有更多的形容词去描述他(她)。有的家庭成员你可能用十几个词描述,而有的你也许六个词都想不出来,这取决于你对这个家庭成员的关注和熟悉程度。

(2)一般来说,跟妈妈关系更亲密的人,情感更丰富细腻,能够写出更多的形容词。

(3)父母关系对子女的感情生活有深刻影响,那些夫妻关系有问题的家庭,孩子的感情生活也常遇到困难。

(4)暴力、打骂等相对强悍的管教方式,常常深埋于子女的意识中并被传承下来。

例如,如果你在家庭中是一个暴躁的人,很容易被家人激怒,那很可能你的原生家庭中就有一位暴躁的长辈。尽管你从小就讨厌被呵斥打骂,但当你成年,面对子女的问题时,第一个想到的就是你最熟悉的方法:呵斥打骂。你常常在无意识中重复着父辈的做法,使得糟糕的教育方式就这样在家族中传承下去,这些事情,有时候你可能不自知。

(5)你的有些人格特征可以直接从父母身上找到原因,比如挑剔的母亲造成女儿自卑;而有些线索是隐藏的,需要分析才能发现,如父母关系很亲密,但是假如母亲强势、父亲忍让,就可能造成子女对父亲的轻视,而父亲作为子女成长中最初的男性符号,并没有以良好的方式呈现,会影响子女对家庭和婚姻的看法及态度,同时这种观念非常可能被带入子女婚后所组成的家庭中。

其实对原生家庭的分析,是为了让我们更了解自己,发现自己人格特点的根源。但原生家庭并不是我们不肯成长和改变的借口,因为我们的幸福、快乐掌握在自己的手中。

同时原生家庭结构图也可以告诉我们,作为子女的原生家庭,我们完全有机会重造一个家庭(家族)文化,改变过去那些不对的方式方法,把我们原生家庭里一些不正确的或者说是糟粕的东西屏蔽掉,而传承那些让我们受益的东西,那么我们的家庭,也许就可以一代比一代更幸福。

心理影视

1.《玻璃城堡》

导演：德斯汀·克里顿。

编剧：德斯汀·克里顿、马蒂·诺克森。

主演：布丽·拉尔森、伍迪·哈里森、娜奥米·沃茨、艾拉·安德森……

上映日期：2017-08-11(美国)。

剧情简介：这是一个真实的故事，却常常离奇得超乎想象，轻松幽默的语言背后有着许多深沉感人的亮点。一个拥有价值百万美金的土地却坚持流浪街头的画家母亲，一个魅力超凡、才华横溢却酗酒嗜赌的天才父亲，四个聪明坚强的孩子，构成了沃尔斯一家。父母的空想主义和特立独行的生活态度既给全家带来了灾祸，也带来了救赎。他们在美国西南部的矿镇度过了纯真快乐、充满冒险而又满怀希望的流浪生活，孩子们学会了如何勇敢地拥抱生活。但是当经济越发拮据、流浪的热情逐渐减退时，孩子们只能互相照顾，并忍受着父母对他们不经意的伤害。他们努力地存钱，相继离家去了纽约，开始了各自想要的生活。

2.《人民的名义》

导演：李路。

编剧：周梅森。

主演：陆毅、柯蓝、张丰毅、吴刚、许亚军……

首播：2017-03-28。

剧情简介：夜幕下的汉东省京州市，看似平静的官场霎时间阴云密布。国家部委项目处处长赵德汉涉嫌受贿，遭到最高人民检察院反贪总局侦查处处长侯亮平的突击调查。与此同时，侯亮平要求在京州市反贪局担任局长的老同学陈海协助调查有行贿嫌疑的京州市副市长丁义珍。陈海疾恶如仇，准备行动，却被检察长季昌明拦下，一同前往省里汇报。此前汉东省由省委副书记兼政法委书记高育良和省委常委、京州市委书记李达康截然分为"汉大帮"和"秘书帮"两派，新来的书记沙瑞金则无疑打破了两派的平衡。狡猾的丁义珍得知消息后潜逃海外，随后大风厂拆迁风波揭开了京州市乃至汉东省的官场黑幕，一场反贪风暴即将掀起……

阅读思考

黄维仁谈原生家庭——受到触动和感召改学心理学

我父亲是孤儿，只有一个哥哥，母亲这边就有很多亲戚。我们家在那个时候还算比较有地位，经济能力比较好的。我记得一些亲戚比较穷的时候，需要从我们这里寻求帮助。母亲很会帮助人，父亲也帮助过一个本来几乎要被开除的部下，我叫他林叔叔。那个部下其实很努力，但是长官看不到。他只是犯了一点小错，长官就要把他开除。我父亲就说："那你到我的单位来好了。"林叔叔后来一辈子都纪念我父亲的好，我父亲还在世的时候，他每年再辛苦，身体再不好，都要来看我父亲，让我相当感动。特别是父亲过世的追思礼拜上，我又看到林叔叔，回想起来非常感动。

我们的家庭成分在中国算是不好的，母亲一家有几个人那时就逃到香港去。她努力地帮助她的大弟弟，也就是我的大舅来台湾。一来台湾，母亲就鼓励舅舅赶快去考台湾大学，因为正好是最后一天。母亲努力帮助他去考，结果他考上了。后来他就读了经济学，读得非常好，没想到就因为这个事件转变了大舅舅一生。他后来也留美，回到香港以后就成为香港中文大学的系主任，所以他一辈子都非常感激我的母亲。

另外，我有一个七阿姨，留在汕头普宁的乡间，她是一个非常单纯的女孩，后来祖父付了相当多的钱，才把她接到香港。因为当时生活条件很差，母亲就想办法把她接到台湾家中来。那时候，她的年纪已经慢慢大了，到了姐姐家寄人篱下，虽然有吃有住，我母亲也会鼓励她去学一些东西，但究竟环境非常不适应，再加上过去没机会受教育而感觉很自卑，觉得自己没有用，她慢慢地失去自我价值感，得了忧郁症。我那时还是个高中生，看到七阿姨很忧郁，就很想帮她，但实在没有办法，也不知道怎么办。

她后来跟我外婆到台北去生活，以后就发生了不幸的事情，七阿姨在医院里上吊自杀了。华人家庭都不愿意谈这样的事情，但我看到外婆的伤痛。外婆是非常传统的中国女性，相夫教子，不幸的是家庭被定为"黑五类"，那时有红卫兵叫她要"游十八层地狱"，我后来才知道包括一些凌辱、打骂，还要跪玻璃等，所以她就受了很多创伤。外公后来千方百计付了很多钱，把外婆弄到香港去，她才能来到台湾跟我母亲会合。我想，那是中国历史上一段很不幸的时代，亲人分离，整个国家民族受到很多心理创伤。

七阿姨自杀这件事情对我后来想学心理学绝对有关系。本来我理工的成绩相当好，但是我更喜欢人，喜欢心理学。我说过，当我要改学心理学的时候，全部亲友都反对。他们认为哪会有健康的男孩这么傻，哪会有华人到我这边来，把家里的秘密都告诉我，之后还付我钱的。但是，我就是喜欢。我那时在东海大学，大学里没有心理系，我就把有关心理学的课程基本上都修了。我看到几位美国的传教士到大学里来教书，看到他们怎样爱华人，看到他们生命的见证，看到他们的榜样。我以前说过我们理学院的欧保罗院长，他的两个儿子那时年纪还很小，在东海大学去爬日本人留下来的碉堡时，从上面摔下来死了。但他还是没有停止爱中国人，后来他就收养了东方的孩子，从理学院改学婚姻家庭方面的专业。他对我的影响，还有对我同学的影响相当大，包括现在大家可能知道的很知名的林国亮博士、简春安教授，在台湾都是非常有名的。我想，这些人都受到欧美师长们的感召，这些都是在生命中对我影响非常深刻、非常重大的事件。

（选自《亲在人生路上》，黄维仁著）

高考状元虐哭你：原生家庭影响力竟如此大！

原生家庭，是一个人真正的起跑线。

前几天，高考成绩出榜，各省高考状元公布，而北京高考状元熊轩昂却靠着采访时的一段话，火遍了网络。

他说:"现在农村地区的孩子越来越难考上好学校,而像我这种,属于中产阶层家庭的孩子,衣食无忧,还生在北京,在教育资源上享受到得天独厚的条件,是很多外地孩子或农村孩子所完全享受不到的。这决定了我在学习的时候,确实能比他们走更多捷径。"

因为这番话,他被网友称作"最耿直的网红状元",而有关"寒门是否难出贵子"的讨论也随之引爆舆论。

对此有人吐槽说:"最让人难以接受的,往往都是现实。"

"你努力的天花板,不过是别人的起点而已。"

"条条大路通罗马,奈何人家住罗马。"

甚至有人说:"你的百般努力,也敌不过人家的原生家庭。"

确实,原生家庭对一个人的影响真的很大。甚至可以说,原生家庭就是一个人真正的起跑线。权钱双拥的家庭,能够为孩子购买更好的教育,而那些底层的家庭,则不得不为生存所困,任孩子自生自灭。但是,仅仅局限在财富和地位上,这绝不是"原生家庭"原本的意义。

比起财富地位,更重要的是家庭精神。同样是高考状元,浙江省高考状元王雷捷为我们展示了一个看起来和熊轩昂截然不同的原生家庭:出生农村,无钱无权,父母靠织布为生,没什么背景,也没什么学历。但他之所以能有今天的成绩,却和熊轩昂一样,离不开原生家庭的影响。王雷捷的家庭虽然不富裕,但是有着极其优秀的家风,媒体评价他的父母"虽然学历不高,但为人处世都是进退有度、大方得体"。尤其是王雷捷的母亲,是一个非常上进的女人。王雷捷说,他的母亲非常爱看书,村里其他人闲了就用麻将打发时间,而她则会安静读书。受母亲的影响,他和他姐姐从小都是书虫,而他的姐姐现在正在浙大读研究生。对孩子来说,有一个爱看书的父母是一件何等幸运的事情!

2014年安徽状元董吉洋也曾在采访中说:"偶尔我也会厌学,不想看书,爸妈注意到了,也不说什么,就坐下来看书。看到他们在看书,我也就不好意思不看书了。"父母是孩子成长过程中最大的参照物,无论是父母主动引导还是无形的言传身教,孩子都会不断地学习父母身上的某些特质。因为孩子永远是渴望与父母连接的,而通过与父母做同样的事情,有同样的特质,他可以强烈地感觉到"我们是一起"的。

所以,通常情况下,一个优秀的孩子背后,一定有一对同样出色的父母。这个出色不一定是学历、地位、金钱,而是他们的价值观,他们的言传身教,他们给孩子的爱。包括熊轩昂同样在视频里提及的:"我父母从小就给我营造一种很好的家庭氛围,包括对我学习习惯、性格上的培养,都是潜移默化的。"这种父母身上体现出的价值观和家庭精神,才是原生家庭真正对一个人的影响。而这,也是我们更多普通人可以为之努力的方向。

无论如何,请记住,原生家庭只能影响你的上半生,你的下半生永远在你自己手里。

【思考题】

分析你的原生家庭,说说原生家庭对自己的积极影响。

第五章

天生我材必有用
——学习与时间管理

一个抛弃时间的人，时间也会抛弃他。一个抛弃了知识的人，知识一定会永远抛弃他。

故事导入

郁闷的小玲

小玲是个非常勤奋的学生,每天按时上课,从不缺课,上课时总是坐在前排,专心听讲,认真做笔记,课余时间也都用在学习上,可是成绩总是不尽如人意,尤其是英语,四级考了两次都没过。同宿舍的小珍每天花在学习上的时间比自己少多了,经常打球、跳健美操,平时还经常和同学出去玩,参加社团活动,可成绩却非常好,英语六级都过了。对此,小玲心里很不平衡,为什么自己比小珍努力那么多,成绩却不如她,老天真不公平,郁闷啊!

理论指导

一、学习的概念

学习一词,我国古代文献中早就有之。孔子说:"学而时习之,不亦说乎?"又说:"学而不思则罔,思而不学则殆。"孔子的这些观点,在一定程度上揭示了学习与练习、学习与情感、学习与思维的关系。但长期以来,人们对学习仍无一个统一的概念。

许多心理学家、教育学家和哲学家从不同的观点角度提出了学习的定义。桑代克(1931)说:"人类的学习就是人类本性和行为的改变,本性的改变只有在行为的变化上表现出来。"加涅(1977)说:"学习是人类倾向或才能的一种变化,这种变化要持续一段时间,而且不能把这种变化简单地归之为成长过程。"希尔加德(1987)说:"学习是指一个主体在某个现实情境中的重复经验引起的,对那个情景的行为或行为潜能变化。不过,这种行为的变化是不能根据主体的先天反应倾向、成熟或暂时状态(如疲劳、醉酒、内驱力)来解释的。"

我国《三字经》有云:"子不学,非所宜。幼不学,老何为。""玉不琢,不成器。人不学,不知义。""蚕吐丝,蜂酿蜜。人不学,不如物。"这些中国历史的文化精髓以最简单的比喻与对比告诉我们一些关于人生、关于学习、关于生活的最浅显也最真实的道理。学习是人类生活永恒的主题,贯穿于人的生命的全部过程,而学习的含义就在于学做一个真真正正的人、堂堂正正的人、真才实学的人、光明磊落的人。

二、大学生的学习特点

在大学期间,大学生不仅掌握知识、技能和发展智力,而且逐渐形成世界观、道德品质和行为习惯。因此，充分了解和掌握大学生在学习过程中的心理特点及其活动规律，对于提高学习效率、学习能力具有重要的作用，对于大学生健康心理的培养也是必不可少的。大学生的学习具有专业性、自主性、多元性和创新性等特点，自主性是大学学习活动的核心。

（一）专业性

大学的学习活动是一种以掌握专业知识和技能为特征的社会活动，围绕着使大学生尽快成为高级专门人才而进行。这是大学生学习与中学生学习明显不同所在。中学是基础教育阶段，不区分专业，主要是按年级划分的，各年级开设的主要课程基本相同，只是程度有差异。而大学则不同，大学是专业教育阶段，学生首先是按专业划分的，大学生在入校前或入校后一段时间内必须根据自己的兴趣、爱好以及特长选择一定的专业。各专业之间在课程设置、教学内容、教学安排以及培养目标上存在较大差异。大学生一旦选定了专业，确定了主攻方向，就必须对该专业知识有较深的了解，能较好地掌握和运用专业知识，以适应学校培养专业人才的目标需要。当然，专业性不等于单一性，不等于大学生的学习必须拘泥于某一学科或专业，那样也是学不好的，因为学科之间是有联系的，是相互交叉渗透的。因此，大学生必须在侧重本专业知识学习的同时，做到广博、广泛涉猎各学科领域，这样才能扩大自己的知识面，才能实现"一专多能"，形成最佳的知识结构，以便更好地适应社会对人才的需求。尤其是当代大学生，身处知识经济时代，他们对知识的需求、吸收更为广泛、多样，同时，科技的进步也为大学生学习新事物、新知识提供了方便。

（二）自主性

大学生的学习虽然按照教师的要求进行，但是不像中学生那样绝大部分时间是被动地完成教师布置的任务，而是有相当大的自主性。教师课堂讲授要求做到少而精，这势必要求大学生课外通过自学掌握的内容多。此外，大学生自我支配的时间较多，而且在教学以外的时间，授课教师和班主任或辅导员一般不对学生学习什么、怎样学习，做出具体规定，学生可以根据自己的需要、兴趣、特点自主安排，可以自由选择教室、阅览室、图书馆或者宿舍进行学习，并且学分制的实行使得大学生可以有广阔的选课空间。离开了教师的检查和督促，这就要求大学生要有高度的学习自觉性和较强的学习计划能力，合理安排好自己的学习时间，否则就会白白浪费大量的时间。

（三）多元性

大学生学习脱离不了课堂学习，课堂教学虽然仍是主要的学习途径，但已不像中学那样几乎是唯一的途径，大学生学习的途径是多种多样的。除课堂教学以外，大学生可以通过各种途径和渠道开展多方面的学习，例如，参加专题讨论、社会调查、参观考察、查阅文献资料等。丰富多彩的教学和教辅活动为拓宽大学生知识面提供了良好的条件。

（四）实践性

实践是大学生学习的一个必不可少的重要环节。通过校内校外的实训和实习，学生把课堂上学到的系统化的理论知识，尝试性地应用于实际工作中，看一看课堂教学与实际工作到底有多大距离，并通过综合分析，找出自己存在的不足，知道自身状况与社会实际需要的差距，并在以后的学习期间及时补充相关知识，为求职与正式工作做好充分的知识、能力准备。

（五）创新性

创新是民族的灵魂，是国家前进的动力，是一项具有开拓性的活动，其意义在于超越前人、超越同辈、超越自我。新世纪大学生，身处21世纪的创新时代，被寄予了"创新一代"的厚望，应具有突破藩篱的创新品质,在培育和塑造创新品质的征途上敢于探索,长途跋涉。在大学这种学术氛围浓厚的环境中,大学生要渐渐地萌发一种重新组合各种知识,从新的角度解释已有现象的创新愿望,从而产生探索和创新的需求。

三、 大学生学习心理的主要问题

1. 学习适应不良

许多大学新生无法适应大学的教学方式,他们习惯于中学灌输、接受式的教学方式,养成被动、机械的学习习惯。而大学阶段由于课程内容多、教学进度快、抽象性较强,更多要求学生学会自主学习。因此许多新生表现出种种不适应。

2. 目标计划不明确

这是一个普遍存在的问题。谈起目标和计划,许多学生可能会说得头头是道,但目标设置不合理、计划不够具体可行则使得制订目标计划成了一种形式。有的学生学习目标定位太低,只求考试过关,如期毕业;有的定位过高,导致个体所追求的"理想"成为"空想"而逐渐丧失斗志。"大学生活自由得让人不知所措",这是许多学生的共识。

3. 学习策略不多

很多大学生习惯于中学阶段的学习策略和方法,对不同学科、不同任务所采用的学习方法趋同,满足于机械识记、题海战术,而很少对学习内容进行高水平的思维操作,将所学知识整合为一个知识体系。系统性是大学专业学习的一个重要方面。

4. 学习热情不足

进入大学后,多数大学生会有一种从过于繁忙劳累的高中学习中获得解脱的感觉,从而产生懈怠、惰性心理。不满意自己所学的专业,对学习无热情、无兴趣,厌倦刻板的教与学的方式方法,许多学生往往产生一种"混"的学习心态,这样难以取得良好的学习效果。

5. 学习动机不强

大学以前习惯了外部压力的存在,使得学习外部动机强烈,却忽视了内部动机的培养。这往往导致学生进入大学后,自身似乎已经"自我实现",难以产生继续学习的需要,因此往往安于现状,不思进取。有的学生在考取普通学校后非常自卑,觉得前途渺茫。

6. 忽略知识应用

大学生毕业即将走上工作岗位,需要将所学知识应用到工作实践中去,但多年应试教育的影响导致从教师、家长到学生都过于重视知识记忆和解题技能的训练,忽视对知识的灵活应用和创造,而只是将所学知识简单用于应付作业和考试而忽略应用能力的培养。

7. 学习考试焦虑

学习对于大学生而言,更多的不是对成功的渴望,而是来自失败的威胁。由于学习压力的逐渐增强,他们会担心不能达到预期的学习目标,导致自信心、自尊心受挫而产生学习焦虑。平时学习焦虑水平较高,考试焦虑的程度也比较高。过度的考试焦虑可能会诱发诸多认知障碍,如注意障碍、回忆障碍和思维障碍等,严重影响考试结果。

8. 缺少学习反思

学习反思有助于对学习合理归因,从而有效调节学习过程,不断提高学习的有效性。学生们从一年级起每周至少需要一次机会来反思自己在这一周的学习情况。但是事实上,大学生的学习反思可能很难达到这个标准。他们通常只对学习结果进行简单反思,难以对学习目标、方法、策略和过程等进行深层反思,难以提出有效的改进措施。

四、大学生学习动机的培养

(一)大学生学习动机不足的原因分析

(1)个人原因:比如高考的挫折引起的沮丧和痛苦、对所学专业不感兴趣、毅力不够、不想努力、身体健康状况不好等都容易使大学生失去学习动机。

(2)家庭原因:家庭环境对大学生的学习动机产生影响,如父母的高期望、管教太严,只会适得其反,使大学生产生逆反心理或为难心理,反而降低学习动机。

(3)学校原因:如大学的名声、校园环境、专业课程的设置、教师的教学水平等都会对大学生的学习动机产生影响。

(4)社会原因:社会价值观念,如当前的"读书无用论",以及社会的就业形势都会对大学生的学习动机产生影响。

(二)学习动机的培养

具体来说,可从以下几个方面着手。

1. 明确学习目标,不断强化自己的学习自觉性

想一想,我们希望经过几年的大学学习后成为什么样的人呢?如果这个还不足以激发我们学习的动机,那么不妨用纸和笔记下来,结合当前社会对人才的要求和自己的专业等实际情况,把大学四年的总目标明确,再一一细化为每一学年、每一学期的学习目标。弗兰西斯·培根说:"跛足而不迷路,能赶过虽健步如飞但误入歧途的人。"只有明确了自己的学习目标,确定了方向,我们才能逐步取得大学里自己所追求的成功。

2. 制订学习计划,不断提高目标的吸引力

明确了学习目标,我们就要把目标付诸行动,一份详细的学习计划将有助于我们的行动。我们或许都听过或发出过这样的抱怨:大学里无论是老师还是学生都在辛勤地忙碌着,我也在忙碌着,但我不知道我最终忙碌出了什么。如果我们有一份详细的学习计划,标明了这个学期、这个月、这个星期甚至是每一天的学习安排,那么我们就可以有条不紊地开展学习,忙碌过后再核对一下自己完成了哪些计划,哪些还没有完成,准备何时以何种方式完成,这样我们就不会感到"瞎忙"了,我们能朝着我们的目标稳步前进。

3. 积极参加校园文化活动,激发自己的求知欲

俗话说得好:"兴趣是最好的老师。"许多同学都有这样的体会,如果自己对某门课程感兴趣,学习起来就非常轻松,能将学习任务变成自觉的需要和愿望,而不会感到是一种沉重的苦役和精神负担。对于自己不感兴趣的课程,试着从不同的角度去了解它,或许能发现对它的兴趣,使你的学习"乐在其中"。

大学校园中的文化活动是丰富多彩的。我们可以根据自己的兴趣,有选择地参加一些自己喜欢的活动,这对激发我们的求知欲、增强学习动机有很大的帮助。例如,大二学生李强原先对理论学习不感兴趣,后来因为参加学校举行的一次建模比赛并获了奖,从此之后,他的学习态度有了明显的转变,开始热爱学习,喜欢探究,并开始喜欢相关的理论课程了。可见兴趣还可以迁移,通过参加自己有兴趣的活动,也可以逐步培养我们其他方面的学习兴趣。

4. 正确对待成功与失败,学会合理归因

学习上的成功与失败会影响学习动机。我们在某门课程上学得很好,得到老师和同学的赞赏时,学习起来特别积极,觉得很轻松。成功的体验可以增加我们的自信,激发我们的学习热情,增强学习的动机。而学习上的失败则让我们感到沮丧,甚至会感到紧张、自卑,严重者连继续学下去的激情都没有了。然而,成功和失败的体验对学习动机的影响并不是绝对的,关键是要学会合理归因。在面临成功和失败时,我们可能会把成功和失败归因于内部因素的作用,如能力或努力等;也可能认为是由于外部因素造成的,如任务难度、别人的作用或运气等。其中,能力、任务难度和别人的作用都是一些稳定的因素,而努力和运气则是一些不稳定的因素。

心理学家卡温特指出,学生的自我归因倾向有积极与消极之分。凡是将成败因素视为自己的责任(如努力)者,在心态上是积极的,被称为求成型学生。凡是将失败归因于自己能力不足或其他外在因素者,在心态上是较为消极的,被称为避败型学生。惯于追求成功的学生,他们相信自己能够应付学业的挑战,即使难免有失败经验,但他们并不把自己的能力视为失败原因,而是把成败的关键系于个人是否付出努力。而惯于逃避失败的学生,他们对应付困难缺乏信心,总把失败归因为能力不足,而把成功归因为运气或工作容易。研究表明,个体对活动成败的归因方式会直接影响其对待类似活动的态度与行为。例如,小张考英语四级失败了,他痛定思痛,深刻反思,认为"这次考试,自己在思想上没有足够的重视,因此没考好",在今后就会更努力,继续积极地投入英语的学习当中。相反,如果他把失败归因为自身的内部原因——"我实在不是学习英语的料,再怎么考都不会过的",就会对以后的英语学习不抱期望,动机不高,以消极的心态应付英语的学习和考试。

避败型学生的归因倾向如果成为应付学业的一种习惯,就可能演变为习得无助感的严重地步。习得无助感是个体面对挑战情境时的一种绝望心态:纵使轻易成功的机会摆在面前,他也鼓不起尝试的勇气。因此,大学生在面临失败的时候,要学会乐观的归因方式,找出导致失败的那些自己可以控制的原因,改进学习方法,增强学习动机。

五、考试焦虑

(一)考试焦虑及其表现

考试是一种复杂的智力劳动,是一种非常状态,要求考生的头脑清醒、情绪稳定。考试焦虑是一种严重影响考试水平发挥的情绪反应。考试是滋生紧张情绪的土壤,有的学生因考试紧张,不能正常发挥自己的水平,主要是由于求胜心切,加重了心理负担,求胜动机在大脑皮层的某一区域形成了占主导地位的兴奋中心,致使其附近区域处于抑制状态,这会破坏知识之间的联系,妨碍了对知识的调动与提取,而记忆的暂时中断往往会加重焦虑情绪,从而加深考生对考试成绩得失的忧虑,于是导致恶性循环,容易造成错答、漏答或不知如何应答,在焦虑的状态下,学生的分析、综合、抽象、概括等具体思维能力无法正常发挥,从而导致考试失败。

考试焦虑的具体表现:一是情绪上表现出担忧、焦虑、烦躁不安,二是认知上表现为注意力不集中、记忆力下降、看书效率低、思维僵化,三是行为上表现为坐立不安、手足无措,四是身体上表现为头痛、食欲下降、恶心、心慌、睡眠不好等。具有高度考试焦虑的学生在考前会出现明显的生理心理反应,如:出现过分担忧、恐惧、失眠、健忘、食欲减退、腹泻等症状;在临考时心慌气短、呼吸急促、手足出汗、发抖、频频上厕所、思维浮浅、判断力下降、大脑一片空白;个别学生

在考场上出现视障碍,如看不清题目、看错题目、漏题丢题、动作僵硬、手不听使唤、出现笔误,等等。

(二)大学生考试焦虑的原因

考试只是检验学习结果的一种手段而非目的,不能全面反映学生的学习能力。由于大学生更看重考试的外在价值,如获得奖学金、当上"三好学生"等,对其内在价值掌握知识重视不够。造成考试焦虑既有客观因素,也有主观因素。

1. 客观因素

造成大学生考试焦虑的客观因素主要有以下几个方面。一是考试本身,如考试的重要性、难易程度、竞争程度等。越是重要的考试,越容易产生考试焦虑;题目越难,越容易产生考试焦虑;竞争程度越激烈,越容易引发考试焦虑。二是学生的学业期望。一般而言,学业期望越高的学生,对学习投入的精力越多,越看重学业成绩,因而对考试失败的恐惧越高,越容易产生考试焦虑;而那些学业期望较低的学生,满足于六十分,一般不会产生考试焦虑,而当学业期望较低的学生面临学业失败时,也可能会激发其考试焦虑。三是知识掌握程度。我们经常说:"难者不会,会者不难。"考试的难易是相对的,现在有一部分学生上课不认真,下课不复习,推崇考前一周效应,平时学习不努力,临阵磨枪,匆忙上阵,面对考题,感到任务太难,便产生考试焦虑。四是考试压力的传递。学生间的相互影响也会造成考试焦虑。

2. 主观因素

造成考试焦虑的主观因素主要有四方面。一是个性气质特点。那些敏感、易焦虑、过于内向、缺乏安全感和自信心、做事追求完美的学生在考试中容易出现考试焦虑。二是考试经验。大学生多数在中学时代都有考试成功的经验,而进入大学后,偶然的考试失败会加剧这部分学生的考试焦虑,将过去考试成功归因于题目容易、运气好,而将大学的考试失败归结为自己不聪明、能力差,就会对自己失去信心,因而面临考试就会紧张焦虑。三是知识掌握与复习准备。如果复习准备不足,对考试没把握,自然会产生考试焦虑。四是对考试外在价值的过分重视。考试成绩与大学生学业荣誉如奖学金、入党等密切相关,因而大学生会看重考试成绩,特别是学业成绩优异的大学生,恐惧考试失败的心理压力更大,更容易出现考试焦虑的症状。

(三)考试焦虑的调节

1. 正确地看待考试

现代的学习是多元的,评价的方式也是多元的,考试的结果并不能全面地反映一个人的学习能力和知识水平,更不能决定一个人的前途和命运。大学里的考试并非一考定成败,它只是帮助检验你这段时间的学习效果,让你发现自己的不足,以明确今后的改善方向。

2. 做好充分的复习准备

80%的人的考试焦虑是由复习准备不充分引起的,因此牢固掌握知识是克服考试焦虑的根本途径。平时刻苦勤奋,考试时就会"艺高胆大",充满信心;考前应全面复习,尽量熟悉考试要求、题型、时间、地点等,做到心中有数,避免"临阵磨枪"。我们在考试前应该对自己的能力和复习予以肯定,坚信自己有能力通过考试。

3. 正确评价自我,确立恰当的学业期望,培养自信心

正确对待考试结果,不以一次成败论英雄。过于担心、焦虑不仅于事无补,而且还会影响水平的正常发挥。要以"平常心"去应对考试,正确认识自己的能力。为自己设置合理的考试目标,既不妄自菲薄,又不好高骛远。对自己的合理期望不会带来焦虑、紧张的情绪。适度的考前紧张是正常的,它有利于我们认真对待考试,发挥正常水平。

4. 妥善处理考试怯场,学会放松

如果考试时由于过分焦虑、紧张而出现怯场的情况,要暂时停止答卷,闭眼、放松,做深呼吸,并反复地自我暗示"我很平静""我很放松",适当地舒展身体,待情绪趋于稳定后,再继续答题。如果情绪过于紧张,使自己想不起答案,这时不要心慌,不妨转移注意力,去做其他题目,可能不久就想起答案来了。

平时也可以做些放松训练,缓解紧张情绪。放松有许多方法,下面介绍两种:

一是呼吸放松法,这是一种普遍适用、快速的放松法,具体的要点如下。

(1) 通过鼻子吸气,让你的肺部鼓起来,这意味着你用全肺呼吸。尽量使上胸部活动减少,保持缓慢吸气。

(2) 屏住呼吸 2～3 秒钟。

(3) 缓慢、均匀地将气从鼻子完全呼出。呼气时,让你的双肩和下颚下垂,使你的双手和双臂感到放松。

二是渐进性肌肉放松。渐进性肌肉放松是通过全身主要肌肉收缩—放松的反复交替训练,使人体验到紧张和放松的不同感觉,从而更好地认识紧张反应,并对此进行放松,最后达到身心放松的目的。这种放松训练最基本的动作是:紧张你的肌肉,注意这种紧张的感觉,保持这种紧张感 3～5 秒钟,然后放松 10～15 秒钟,最后,体验放松时肌肉的感觉。

(1) 足部:把脚趾向后伸,收紧足部的肌肉,然后放松,重复。

(2) 腿部:伸直你的腿,跷起脚趾指向你的脸,然后放松,弯起你的腿,重复。

(3) 腹部:向里向上收紧腹部肌肉(好像你的腹部正要受一拳),然后放松,重复。

(4) 背部:拱起背部,放松,重复。

(5) 肩与脖子:尽可能耸起你的双肩(向上、向内),头部向后压,放松,重复。

(6) 手臂:伸出双臂、双手,绷紧手臂肌肉,放松,弯起手臂,重复。

(7) 脸部:张紧前额和脸颊,皱起前额,皱起眉头,咬紧牙关,放松,重复。

(8) 全身:张紧全身(足、腿、腹部、背部、肩颈部、手臂和脸)肌肉,保持全身紧张几秒钟,然后放松,重复。

做完后,若仍感到紧张,可重复一次。如果仅一部分身体还感到紧张,可重复此部分的练习。当你完成这一练习,且感到放松时,应休息一小会儿,放松你的心理,可想象一些让你最感舒适、宁静的情景。此时要注意呼吸节奏缓慢,从鼻子深深地吸气,慢慢地呼出来。持续 1～2 分钟后,睁开双眼。起身时,动作要缓慢、轻柔。

5. 寻求考前心理辅导

若感到自己难以克服过度的考试焦虑,可以积极地寻求心理咨询的帮助。在咨询员的指导下,通过放松训练、自信训练和系统脱敏法等加以矫治,客观地认识自己,提高心理素质,增强自我心理调整能力,提高考试技巧,有效地化解外来压力,发挥出应有的水平。

六、学会学习

在学习方法方面,前人给我们留下了一笔很珍贵的财富,总结出了很多值得借鉴的方法,如"三到四边"法(心到、眼到、手到,边看、边批、边画、边写)、结构学习法、比较学习法等。学习方法之多,可谓不胜枚举。创造最佳学习方法要注意以下两点。一要以提高学习效率为标准。掌握学习方法的根本目的是提高学习效率,学有所获。在大学里主动学习是最重要的,即不管老师说不说,自己需要学习的东西一定要学到。二要因人而异。有的方法适合别人,并非适合自己,不同年级、不同专业、不同学生之间的学习方法都可能不一样。在大学,俗语说的"师傅领进门,修行在个人"就是最好的体现。所以每一个学生要结合自己的实际情况(学习目标、任务、兴趣、爱好等),在学习过程中善于发现自己的优点,选择适宜自己的学习技巧和方法,适合自己的才是最好的。

(一) 做好笔记,课后复习,查阅参考书籍

俗话说,好记性不如烂笔尖。在听讲的同时,及时记录老师所讲的主要内容,做好笔记,一方面有利于课后复习,另一方面也有利于集中精力。课后及时复习,巩固课堂学习的知识。尤其是在晚上临睡前的"卧谈会"时间,对课堂上老师讲的内容在脑海里"过电影",有效利用学习时间,对已获得的信息进行加工、吸收。此外,还要学会使用图书馆、电子阅览室等,查阅有关资料,阅读各种参考书籍,补充课堂上、书本里的已有知识。

根据心理学的研究,最常用的有效记忆方法有以下几种。

1. 理解记忆法

深刻理解的材料较容易记住,甚至终生不忘。大学生在学习中应力求领会事物的意义和实质,找出其内部联系和规律,与已有的知识经验联系起来,这样就能记得牢,记得全面精确。

2. 有意记忆法

集中注意力设法记住必须记得的材料,这就是有意记忆;而不经过努力,也没有明确的目的,却记住了,则是无意记忆。实验证明,有意记忆效果要好于无意记忆。在学习中,我们要善于给自己提出记忆的目标和任务,加强记忆的目的性和计划性。

3. 边读边背法

把试图回忆与反复阅读结合起来,其记忆效果比单纯反复阅读直到背记好得多。如记忆外语单词、短语,读一两遍之后,就应该试着背记或默写。实验证明,用40%的时间进行阅读,用60%的时间试着背记,效率最高。背记等于自我检查,能检查出哪些地方记住了,哪些地方还没有记住,再读时就在难点上多下功夫。阅读和背记交替进行,有利于保持大脑神经的兴奋,防止大脑疲劳。

4. 归类对比法

归类对比有利于加强记忆、熟练应用和发挥思维的灵活性。对于某些具有相似性但又并不完全相同的知识,可以归到一起对比记忆。

5. 联想记忆法

我们要记住新的东西时,总是想方设法运用强烈的联想与已有的知识联系起来。联想造成的印象愈强烈,则记忆愈深刻难忘。联想有接近联想、类似联想和对比联想等。学习外语,把同义词、近义词、反义词放在一起学,通过类似联想和对比联想,容易把这些词记住。

6. 组织记忆法

有组织的材料易于记住并能较牢固地保持。布鲁纳认为:"人类记忆的首要问题在于组织。"一个人按照自己的兴趣和目的与原有的知识结构组织起来的材料,有助于保持在记忆中。

对材料进行加工整理的前提是分析、综合与加深理解，如编写提纲、绘制图表等都有助于巩固记忆，提高学习质量。

（二）广泛阅读，积极质疑，树立参与意识

大学生需要更多阅读和思考，对各种版本的教材、各种学说进行阅读、分析和思考，求理解，重运用，不去死记硬背。古语说，"操千曲而后晓声，观千剑而后识器"，就是这个道理。鲁迅先生也曾说过，必须如蜜蜂一样，采过许多花，这才能酿出蜜来，倘若叮在一处，所得就非常有限、枯燥了。应主动参与到教学活动中而不是过多地依赖教师的帮助，对教师的讲课内容提出疑问，对各种问题及其答案提出假设。

（三）把握整体，注重联系，归纳事物本质

在大学学习中，必须遵循整体性原则，把各种知识作为相互联系的整体来对待。孤立起来去学知识，是学零件而不是学整机。大学生看问题的方法，应当是"从个别想到一般，从特殊想到抽象"。抽象思维是运用概念、判断、推理反映现实的过程，它撇开事物的具体形象，抽取事物的本质属性。形象思维，也是大学生在学习生活中不可或缺的思维方式，它是以形象做思维运动的形式，以感情做思维运动的动力，并带有想象、联想和幻想的思维活动。概念、定理是严肃、抽象、呆板的，学得活的人，这些定理、概念在他们的心中都是活泼、具体、生动而有感情的。在学习中要努力发掘它们内在的、活生生的东西，要从感情上去理解它们。

（四）劳逸结合，预防疲劳，提高学习效率

古人云：文武之道，一张一弛。只有会休息的人才会工作。有些大学生，他们有良好的学习愿望和刻苦的学习精神，从早到晚不停地看书做作业，但学习效果并不理想，长期这样甚至可能酿成疾病，这就是不注意劳逸结合的结果。要想始终保持良好的学习状态，一是要有充足的睡眠时间；二是要注意锻炼，每天要安排1小时的文体活动，使身心得到调节和放松；三是培养广泛的兴趣和爱好，使生活内容丰富多彩；四是养成良好的生活习惯（如不抽烟，不酗酒，按时作息）等；五是要学会科学用脑，掌握学习效率最高的时间。如有些人感到早上效率最高，有些人感到晚上学习效果最好，在这种情况下多用脑，就会事半功倍。另外，乐观而开朗的性格，适当注意饮食营养，也都是保证身体健康、提高学习效率的重要条件。

（五）调整心态，正确对待，掌握应试技巧

大学生应重视考试，但不过分要求高分。要考得轻松，学得愉快。成绩并不完全、准确、真实地反映一个人的知识水准，特别是对能力的反映更不全面。要注意应试技巧的培养。首先要做好考前准备，即认真复习，有计划、有安排、有轻重缓急。要合理安排时间，不要使大脑过度疲劳，以免影响学习水平。尤其是临考前几天应保持充足的睡眠，保证以清醒的头脑和充沛的精力走进考场。其次，要有应付"怯场"的办法，考试时先做有把握的题，难题放在后面做，这样可以消除考试紧张情绪。假如考试"怯场"，可设法转移注意力，使大脑兴奋起来，诸如想一件令自己高兴的事，或者是做几次深呼吸，使情绪稳定。

（六）总结经验，善于交流，培养学习能力

人不能只学而不回头去总结归纳，俗话说："温故而知新"。这样在以后的学习过程中会获得意想不到的效果。经过一定时间的学习，及时总结、反思自己的学习方法是否得当，效果如何。在总结中，也会产生新的东西，启发人的大脑，从而不断地创新，丰富学习内容。不能封闭

地学习,及时与他人沟通、交流。在相互交流的过程中,彼此间都在为对方提供着一定的信息,相互启发。因此,交流是必不可少的学习环节。它可以使你的认识面更广,知识更丰富,观点更深刻。尤其是课堂的互动与伙伴之间的互动,在轻松的交流中获得意外的收获。

(七) 充分利用一切学习资源

大学里可利用的学习资源主要有以下几个方面。

1. 同学和学长

所谓"三人行必有我师"。从来自不同文化、不同背景的同学身上,你不仅可以了解到同学为人处世的有效方法,也可以通过与同学探讨问题来增加自己对专业问题的理解。学长们的经验和教训对我们的帮助是很大的,尤其是本专业的学长,可以向他们请教课程的重点内容,学习时要注意哪些问题,以后什么知识或能力在工作或研究中有用,这样可以让我们在学习中少走弯路,尽快达到目的。

2. 老师

大学里的老师不仅是把我们带进专业殿堂的领路人,更是能随时解答我们学习专业和人生疑惑的智者。我们可以向老师请教学习方法、研究课题方面的问题,同时也可以与老师探讨成长中所遇到的困惑。

3. 图书馆

图书馆是精神食粮的仓库。几乎每个大学的图书馆都为本校的各个专业提供了最新、最权威的专业书籍和期刊资料。现代的图书馆其内容更加丰富,既有实质的书籍材料,也有电子类的期刊和书籍,其分类更加具体和明确,检索也更方便,能够满足不同专业学生的学习需要。除了学校的图书馆以外,各个省、市的图书馆也会提供一些有利于自主学习的资源。

4. 网络

可以说网络是当今世界上最便利、最快捷的学习资源。通过网络,你可以了解到学校内外的更多信息,一方面增长知识面,另一方面,你可以通过与朋友或网友的交流,来探讨感兴趣的问题,获得对世界的不同看法,形成多元的视角。

5. 讲座

大学是学术的殿堂,讲座就是近观学术的楼台。有人称听讲座可以"吸取最先进的思想,涤荡头脑中的陈词滥调"。在大学四年里,珍惜机会去听各个领域的学术精英所做的讲座,可以了解生活和科学的不同领域,拓展自己的视野。

6. 学校内外的活动

大学为学生提供了许多丰富的活动,而校外的一些企业、事业单位也为学生的发展提供了许多实践机会。我们应该把握好这些机会,有目的地选择感兴趣的活动,参与其中,锻炼自己,增长才干和见闻,使自己四年的收获更加丰厚。

大学重要的不只是学会许多的知识,更重要的是培养学习的能力。这不仅有利于大学生充实地过完大学生活,在以后的工作岗位上更是受益匪浅,因此,学习不能只是机械地学,而更应注重能力的培养。当代有两类学生是比较突出的,一类是所谓的"好学生",学习成绩优异,考试门门高分,一旦离开学校步入社会,在这种大环境里他们则失去了方向,因为难以适应复杂的社会而无用武之地。另一类是比较容易融入社会的学生,虽然成绩不如前一类学生好,但在事业上却成功了,总结其经验就两字——实践。可见,光学还是不行的,实践是关键,理论固然重要,但理论与实际相结合才能更快地融入社会。

七、时间管理

开学初总能听到很多学生说:唉,老师布置的假期作业、论文、阅读任务都还没完成呢！临近期末考试时也总有很多学生抱怨没时间复习,精神焦虑着呢。此外,很多同学也会经常向老师咨询如何管理好自己的大学时间。学生要学习各种知识,要培养适应社会的能力,要提高自己的综合素质,要健身、娱乐、休闲等,这都需要时间,时间从何而来呢？怎样协调分配时间呢？

(一)时间管理的内涵

1. 时间的独特性

要想能够真正地了解时间并且管理"时间",我们有必要对时间的本质进行深刻的认识。首先了解时间的四项独特性：

(1)供给毫无弹性：时间的供给量是固定不变的,在任何情况下不会增加也不会减少,每天都是24小时,所以我们无法开源。

(2)无法蓄积：时间不像人力、财力、物力和技术那样能被积蓄储藏,不论愿不愿意,我们都必须消耗时间,所以我们无法节流。

(3)无法取代：任何一项活动都有赖于时间的堆砌,这就是说,时间是任何活动所不可缺少的基本资源,因此,时间是无法取代的。

(4)无法失而复得：时间无法像失物一样失而复得,它一旦丧失,则会永远丧失。花费了金钱,尚可赚回,但倘若挥霍了时间,任何人都无力挽回。"天可补,海可填,南山可移。日月既往,不可复追。"(曾国藩)"盛年不重来,一日难再晨。及时当勉励,岁月不待人。"(陶渊明)

2. 时间管理内涵

光阴荏苒,岁月如刀,时间对任何人都是公平的,时间本身没有任何问题,问题在于我们每一个消耗时间资源的人。因此,时间管理(time management)的对象不是"时间",它是指面对时间而进行的"自管理者的管理",其本质就是"自我管理"。另外,鲁迅先生说"时间是组成生命的材料",那么,管理时间,也就是管理生命,即管理自我。

由此可以理解,所谓的时间管理,不是管理时间,而是基于时间的"无法开源、无法节流、不可再生"等特性,去管理"自我对时间资源使用的方式、方法以及与时间对应的事项安排",以求减少时间浪费,用最短的时间或在预定的时间内实现既定目标的行为。

(二)时间管理的方法

1. 番茄工作法

番茄工作法是简单易行的时间管理方法,是由弗朗西斯科·西里洛于1992年创立的一种相对于GTD更微观的时间管理方法。

具体做法如下：

(1)每天开始的时候规划今天要完成的几项任务,将任务逐项写在列表里(或记在软件的清单里)。

(2)设定你的番茄钟(定时器、软件、闹钟等),时间是25分钟。

(3)开始完成第一项任务,直到番茄钟响铃或提醒(25分钟到)。

(4)停止工作,并在列表里该项任务后画个×。

(5) 休息 3~5 分钟,活动、喝水、方便等。

(6) 开始下一个番茄钟,继续该任务。一直循环下去,直到完成该任务,并在列表里将该任务划掉。

(7) 每 4 个番茄钟后,休息 25 分钟。

2. 行事历时间管理法

在所有要做的工作任务开始之前,把清单列出来,在每一项任务之前定一个时间的期限,例如早晨 8 点—9 点做什么,9 点—10 点做什么,下午 1 点—2 点做什么,每一项任务都有开始和结束的时间,在这个时间段中完成规定的某项任务。

3. 四象限法

著名管理学家科维提出了一个时间管理的理论,把工作按照重要和紧急两个不同的程度进行了划分,基本上可以分为四个"象限":既紧急又重要(如客户投诉、即将到期的任务、财务危机等)、重要但不紧急(如建立人际关系、人员培训、制订防范措施等)、紧急但不重要(如电话铃声、不速之客、部门会议等)、既不紧急也不重要(如上网、闲谈、邮件、写博客等)。

按处理顺序划分:先是既紧急又重要的,接着是重要但不紧急的,再到紧急但不重要的,最后才是既不紧急也不重要的。"四象限"法的关键在于第二和第三类的顺序问题,必须非常小心区分。另外,也要注意划分好第一和第三类事,都是紧急的,分别就在于前者能带来价值,实现某种重要目标,而后者不能。

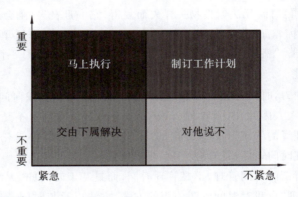

4. ABC 分类管理法

ABC 分类管理法,就是以事务的重要程度为依据,将待办的事项按照由重到轻的顺序划分为 A、B、C 三个等级,然后按照事项的重要等级依据完成任务的做事方法。

根据事务的重要性来规定优先顺序,对每一项工作做如下考虑:"这件事是不是有助于达到我的长期目标或短期目标?"做出判断之后,再根据判断确定事物的级别。

划分标准如下:

(1) A 级事务:如果非常有助于达到目标,即为最重要的事项,将其标注为 A——必须做的事,是指与实现自己的目标相关的关键事务。一旦完成,A 级事务就会产生显著的效果。A 级事务的关键是需要立刻行动起来去做。

(2) B 级事务:如果对于达到目标具有一般的意义,即为次重要的事项,将其标注为 B——应该做的事,是指具有中等价值的事务,这类事务有助于提高个人或组织业绩,但不是关键性的。B 级事务是应该在短期内完成的任务,这些工作可以在一定期限内相应地推迟。若规定的完成期限较短,就应该将它们很快提升为 A 级。

（3）C 级事务：如果对达到目标起的作用不大,即为不重要的事项,将其标注为 C——可以做的事,是指价值较低的一类事务,无论这些事务多么紧急,都应该拖后处理。但是那些有较长时间限制的事务,也会随着完成期限的临近最终转变为 A 级别或 B 级别。

八、创新思维

（一）什么是创新思维

创新思维不是创意,更不是创造力,创新思维运行的过程就是创意的认知过程,创意输出的过程就是创造力产生的过程。也就是说,创新思维是创意的组成部分,也是创造力产生的"工具"。因此,创新思维是在抽象思维和形象思维的基础上和相互作用中发展起来的,抽象思维和形象思维是创新思维的基本形式。

创新思维具有以下特点：

（1）思维方向的求异性,即从别人习以为常的地方看出问题。

（2）思维结构的灵活性,即思维结构灵活多变,思路及时转换变通的品质。

（3）思维进程的突发性,即思维在时间上为一种突然降临的情景,标志是某个突破的到来,表现一个非逻辑性的品质。

（4）思维效果的整体性,即思维成果迅速扩大和展开,在整体上带来价值的更新。

（5）思维表达的新颖性,即思维内容是前所未有的。

（二）创新思维的激励

1. 破除"权威定势"

在思维领域,人们习惯于引证权威的观点,不加思考地以权威的是非作为对错的标准,这就是权威定势。

思维中,权威定势的形成主要通过两条途径：第一条途径是从儿童长到成年过程中所接受的"教育权威"；第二条途径是"专业权威",即由深厚的专门知识所形成的权威。

实际上,权威定势有利于惯常思维,却有害于创新思维。在需要推陈出新的时候,它使人们很难突破旧权威的束缚,因此,历史上的创新常常是从打倒权威开始的。

2. 破除"从众定势"

人们大部分的行为选择其实都是从众的结果,而很少经过自己独立的深思熟虑。特别是在传统社会中,统治阶级不断强化人们的从众定势,而排斥惊世骇俗的言行和特立独行的人物。因此要想创新,必须破除"从众定势"。

3. 破除"知识—经验定势"

知识与经验有许多不同之处。简单地说,你掌握与了解的一些事物的现象与本质属于知识的范畴,如何运用你了解的事物的现象与本质则是经验的范畴。

知识与经验是相对稳定的,而且知识是以严密的逻辑形式表现出来的,因而又有可能导致对它们的崇拜,形成固定的思维模式,由此削弱想象力,造成创新能力的下降,构成了"思维枷锁"。

因此,为了减少"知识—经验定势"的不利影响,或从根本上阻止其形成,人们应该经常进行创新思维训练,以便灵活地运用已有的知识和经验,让它们与自己的智慧同步增长。

4. 扩展思维视角

"视角"就是思考问题的角度、层面、路线或立场。创新应该尽量多地增加头脑中的思维视角,学会从多种角度观察同一个问题。

1) 肯定—否定—存疑

思维的肯定视角就是,首先设定它是正确的、好的、有价值的;而思维中的"否定视角"正相反,就是从反面和对立面来思考一个事物,并在这种视角的支配下寻找这个事物或者观念的错误、危害、失败、缺点之类的负面价值;对于一时难以判定的不妨放下问题,让头脑冷却一下,过一段时间再进行判定,这就是思维的"存疑视角"。

2) 自我—他人—群体

我们观察和思考外界的事物,总是习惯以自我为中心,用自我的目的、需要、态度、价值观念、情感偏好、审美情趣等作为"标准尺度"去衡量外来的事物和观念。而"他人视角"要求我们,在思维过程中尽力摆脱"自我"的狭小天地,走出"围城",从别人的角度,站在"城外",对同一事物或观念进行一番思考,发现创意的苗头。

3) 无序—有序—可行

"无序视角"是指我们在创意思维的时候,特别是在思维的初期阶段,应该尽可能地打破头脑中的所有条条框框,包括那些"法则""规律""定理""守则""常识"之类的东西,进行一番"混沌型"的无序思考;"有序视角"是指我们的头脑在思考某种事物或者观念的时候,按照严格的逻辑来进行,透过现象,看到本质,排除偶然性,认识必然性;而"可行视角"指明创意的生命在于实施,我们必须实事求是地对观念和方案进行可行性论证,从而保证头脑中的新创意能够在实践中获得成功。

(三) 创新思维的训练方法

(1) 创意解难法。此模式重点在于在解决问题的过程中,问题解决者应以有系统、有步骤的方法,找出解决问题的方案。

(2) 三三两两讨论法。此法可归纳为每两人或三人自由成组,在三分钟限时内,就讨论的主题,互相交流意见及分享,三分钟后,再回到团体中做汇报。

(3) 六六讨论法。六六讨论法是以脑力激荡法作为基础的团体式讨论法。方法是将大团体分为六人一组,只进行六分钟的小组讨论,每人一分钟,然后再回到大团体中分享及做最终的评估。

(4) 心智图法。此法主要采用图志式的概念,以线条、图形、符号、颜色、文字、数字等各种方式,将意念和信息快速地以上述各种方式摘要下来,成为一幅心智图(mind map),以刺激大脑做出各方面的反应,从而得以发挥全脑思考的多元化功能。

(5) 曼陀罗法。曼陀罗法是一种有助于扩散性思维的思考策略,利用一幅九宫格图,将主题写在中央,然后把由主题所引发的各种想法或联想写在其余的八个圈内,此法也可配合"六何法(何事、何人、何时、何地、为何、如何)"从多方面进行思考。

(6) 逆向思考法。此法是可获得创造性构想的一种思考方法,如能被充分运用,创造性就可加倍提高。

(7) 分合法。此法主要是将原不相同亦无关联的元素加以整合,产生新的意念、面貌。分合法利用模拟与隐喻的作用,协助思考者分析问题以产生各种不同的观点。

（8）属性列举法。此法强调使用者在创造的过程中观察和分析事物或问题的特性或属性，然后针对每项特性提出改良或改变的构想。

（9）希望点列举法。这是一种不断地提出"希望""怎样才能更好"等的理想和愿望，进而探求解决方法和改善对策的技法。

（10）优点列举法。这是一种逐一列出事物优点的方法，进而探求解决方法和改善对策。

（11）缺点列举法。这是一种不断地针对一项事物，发现及查找这一事物的各种缺点及缺漏，进而探求解决方法和改善对策的技法。

（12）检核表法。检核表法是在考虑某一个问题时，先制成一览表，对每个项目逐一进行检查，以避免有所遗漏。此法可用来训练思考的周密性，并有助于构想出新的创意。

（13）目录法。此法比较正统的名称是"强制关联法"，意指在考虑解决某一个问题时，一边翻阅资料性的目录，一边强迫性地把在眼前出现的信息和正在思考的主题联系起来，从中得到构想。

九、创造力培养

（一）创造力

创造力，是人类特有的一种综合性本领。创造力是指产生新思想、发现和创造新事物的能力。它是成功地完成某种创造性活动所必需的心理品质。它是知识、智力、能力及优良的个性品质等复杂因素综合优化构成的。

一个人是否具有创造力，是区分人才的重要标志。例如创造新概念、新理论，更新技术，发明新设备、新方法，创作新作品都是创造力的表现。创造力是一系列连续的复杂的高水平的心理活动。它要求人的全部体力和智力高度紧张，以及创造性思维在最高水平上。

（二）创造力影响因素

创造力影响因素分为三个方面：

1. 知识

包括吸收知识的能力、记忆知识的能力和理解知识的能力。吸收知识、巩固知识、掌握专业技术、掌握实际操作技术、积累实践经验、扩大知识面、运用知识分析问题，是创造力的基础。任何创造都离不开知识，知识丰富有利于更多更好地提出设想，对设想进行科学的分析、鉴别与简化、调整、修正；并有利于创造方案的实施与检验；而且有利于克服自卑心理，增强自信心，这是创造力的重要内容。

2. 智能

智能是智力和多种能力的综合，既包括敏锐、独特的洞察力，高度集中的注意力，高效持久的记忆力和灵活自如的操作力，还包括掌握和运用创造原理、技巧和方法的能力等。这是构成创造力的重要部分。

3. 人格

包括意志、情操等方面的内容。它是在一个人生理素质的基础上，在一定的社会历史条件下，通过社会实践活动形成和发展起来的，是创造活动中所表现出来的创造素质。优良素质对创造极为重要，是构成创造力的又一重要部分。

（三）创造力的特征

1. 变通性

思维能随机应变,举一反三,不易受功能固着等心理定式的干扰,因此能产生超常的构想,提出新观念。

2. 流畅性

反应既快又多,能够在较短的时间内表达出较多的观念。

创造,顾名思义就是首先创立制造出新东西。在《辞海》里,创造是"创造前所未有的事物"。创造是一项复杂的人类活动,因此,要想对其进行有效的定义,必须顾及一定的事实,即创造本身包含创造的过程和创造的成果。创造必须首先是具有丰富创造活动体验的实践过程,其次该实践过程还应该有独创性的成果。因此,创造是伴随有独创性成果出现的、具有丰富创造性体验的实践过程。

3. 独特性

对事物具有不寻常的独特见解。聚合思维在创造能力结构中同样具有重要作用。所谓聚合思维是指利用已有定论的原理、定律、方法,解决问题时有方向、有范围、有程序的思维方式。发散思维与聚合思维二者是统一的、相辅相成的。人们在进行思维活动时,既需要发散思维,也需要聚合思维。任何成功的创造性都是这两种思维整合的结果。创造力与一般能力有一定的关系,研究表明,智力是创造能力发展的基本条件,智力水平过低者,不可能有很高的创造力。

另外,创造力与人格特征也有密切关系,综合多人研究的结果表明,高创造力者具有如下一些人格特征:兴趣广泛,语言流畅,具有幽默感,反应敏捷,思辨严密,善于记忆,工作效率高,从众行为少,好独立行事,自信,喜欢研究抽象问题,生活范围较大,社交能力强,抱负水平高,态度直率、坦白,感情开放,不拘小节,给人以浪漫印象。

（四）创造力的培养方式

（1）激发求知欲和好奇心,培养敏锐的观察力和丰富的想象力,特别是创造性想象,以及培养善于进行变革和发现新问题或新关系的能力;

（2）重视思维的流畅性、变通性和独创性;

（3）培养求异思维和求同思维。

案例分析

学习"没劲",根源何在?

李某,男,19岁,大二学生,优秀班集体班长。该生主诉:"现代社会确实很需要知识,可我学习就是没劲,为什么学?学什么?现在所学的每门课我不用上课,只需两三天就可考出较好成绩,剩下的时间没事可干,我就找朋友、同学聊天,每个月要花几百元话费,现在就连聊天我也不感兴趣了。我最感兴趣的是当警察,做侦探工作。我考大学时所有志愿都报公安学校,没想到录取到高职院校学设计,真是一点办法也没有。也想过退学重考,可左思右想不行,还得在这儿继续学。"

分析:所学专业与自己的志向兴趣不同,是小李学习"没劲"的根源所在,加上他学习能力较强,不用下功夫学习也可考得好成绩,养成了松散的学习习惯,既不满意现状又很难集中精力学习。小李应建立一个自己认可的目标,并制订一个可行的计划,逐步养成良好的学习习惯,在学习中体验到愉快的情绪。

一名女生的考试焦虑

案例二 曾某,女,18岁,某高校一年级学生。自述到这个学校来以后,平时学习比较松散。高中时经常考试,对考试感觉很平常,可到了大学后,平时几乎没有什么考试,现在突然要进行期末考试,对考试感到特别紧张。上星期考"邓小平理论"时(属于非集中考试课,提前一周进行考核),手一直发抖,心里特别紧张。明天又要进行计算机的操作考试,现在自己心里觉得特别紧张,非常担心明天的考试,不知道该怎么办。

分析:该生由于面临大学期间的第一次正式考试,心理上由以前比较放松、松弛的状态转向需要面对严肃的考试的压力状态,出现了紧张、焦虑甚至恐惧的心理,属于典型的考试焦虑。由于大学学习和中学学习存在很大差异,所以大一新生应及早转变学习习惯、学习方法等,学会自主性学习,在平时抓紧宝贵的学习时间多学多练,打好坚实的学习基础;不能停留在高中时为了应付考试而学习的状态,这样平时没有考试的压力便停滞不前,而一旦到了考试时则由于平时没有积累而感到心虚、发慌、紧张。

会安排才会成功

案例三 小孙是计算机系的大三学生,自进入大学后他就立志要成为一名优秀的软件工程师。为此,他学习刻苦努力,上课认真听讲,用心做笔记,课后积极复习。为了实现自己的理想,他对不同课程采取不同的学习态度和方式,在保证公共课和基础专业课的学习下,他侧重学习计算机软件、编程方面的知识,有选择地自学相关的知识,但他更重视操作技能的学习,一有空就往实验室里钻。经过三年的努力,他的编程水平提高很快,遥遥领先于同年级的其他同学。而且他的其他功课都不错,他的科技作品参加了学校的比赛,获得了一等奖,在大三结束时,小孙还被评上了学校的三好学生。

分析:小孙的例子给了我们很大的启发。在大学里,我们会看到有些同学没有摆脱中学注重分数、讲究门门全优的学习观念,白天准时上课,晚上自习也不缺席,周末也去图书馆加班加点,死啃书本。还有的同学认为只要达到学位证的硬指标就够了,把大量的时间都花在了考计算机等级、英语四六级上,虽然在考证上取得了很好的成绩,但是在专业上却了解得不多。这些同学在学习上表现出很高的主动性,但他们却没有看到大学学习的另一个重要的方面——专业性。大学学习主要是围绕着让大学生尽快成为某一方面的专门人才而组织和进行的,大学的课程内容都是围绕着专业的目标、方向和需要来展开,分别设置了基础课、专业课、必修课、选修课,以帮助大学生构建专业的知识体系和技能结构,所以,会合理安排才能取得好成绩。

自我测试(扫一扫做测试)

测试一:学习动机测试

这是一份关于大学生学习动机的自我诊断量表,一共有 20 个问题,请你根据自己的实际情况,逐一对每个问题做"是"或"否"的回答。为了保证测验的准确性,请你认真作答。

1. 如果别人不督促你,你极少主动地学习。
2. 你一读书就觉得疲劳与厌烦,只想睡觉。
3. 当你读书时,需要很长的时间才能提起精神。
4. 除了老师指定的作业外,你不想再多看书。
5. 在学习中遇到不懂的知识,你根本不想设法弄懂它。
6. 你常想:自己不用花太多的时间,成绩也会超过别人。
7. 你迫切希望在短时间内就能大幅度提高自己的学习成绩。
8. 你常为短时间内成绩没能提高而烦恼不已。
9. 为了及时完成某项作业,你宁愿废寝忘食、通宵达旦。
10. 为了把功课学好,你放弃了许多你感兴趣的活动,如体育锻炼、看电影与郊游等。
11. 你觉得读书没意思,想去找个工作做。
12. 你常认为课本上的基础知识没啥好学的,只有看高深的理论、读大部头作品才带劲。
13. 你平时只在喜欢的科目上狠下功夫,对不喜欢的科目则放任自流。
14. 你花在课外读物上的时间比花在教科书上的时间要多得多。
15. 你把自己的时间平均分配在各科上。
16. 你给自己定下的学习目标,多数因做不到而不得不放弃。
17. 你几乎毫不费力就实现了你的学习目标。
18. 你总是同时为实现好几个学习目标而忙得焦头烂额。
19. 为了应付每天的学习任务,你已经感到力不从心。
20. 为了实现一个大目标,你不再给自己制订循序渐进的小目标。

结果解释:

上述 20 道题目可分成 4 组,它们分别测查你在四个方面的困扰程度:1~5 题测查你的学习动机是不是太弱;6~10 题测查你的学习动机是不是太强;11~15 题测查你的学习兴趣是否存在困扰;16~20 题测查你在学习目标上是否存在困扰。

假如你对某组(每组 5 题)中大多数题目持认同的态度,则一般说明你在相应的学习欲望上存在一些不够正确的认识,或存在一定程度的困扰。

从总体上讲,假设选"是"记 1 分,选"否"记 0 分,将各题得分相加,算出总分。

总分在 0~5 分,说明学习动机上有少许问题,必要时可调整。

总分在 6～13 分,说明学习动机上有一定的问题和困扰,可调整。

总分在 14～20 分,说明学习动机上有严重的问题和困扰,需调整。

测试二:时间管理小测试

下面的每个问题,请同学根据自己的实际情况,如实地给自己评分。计分方式为:选择"从不"记 0 分,选择"有时"记 1 分,选择"经常"记 2 分,选择"总是"记 3 分。

1. 我在每学期、每周开始之前,都能为学习计划中的工作做些准备。
2. 凡是可交给别人去做的,我都交给别人去做。
3. 我利用学习或工作进度表来书面规定工作任务与目标。
4. 我尽量一次性处理完毕每次作业、阅读。
5. 我每天列出一个应办事项清单,按重要顺序来排列,依次办理这些事情。
6. 我在学习期间尽量回避干扰电话、不速之客的来访,以及突然的约会。
7. 我试着按照生理节奏变动规律曲线来安排我的学习和工作。
8. 我的日程表留有回旋余地,以便应对突发事件。
9. 当其他人想占用我的时间,而我又必须处理更重要的事情时,我会说"不"。

结论:

0～12 分:你自己没有时间规划,总是让别人牵着鼻子走。

13～17 分:你试图掌握自己的时间,却不能持之以恒。

18～22 分:你的时间管理状况良好。

23～27 分:你是值得学习的时间管理典范。

实践训练

时 间 分 割

【活动目的】 通过扮演时钟,让学生懂得珍惜时间,学会合理安排时间,训练反应能力和协调性。

【活动时间】 25 分钟。

【活动准备】 事先准备好 1 厘米宽、100 厘米长的纸条一人一条,印有圆形图案的白纸每人一张,笔每人一支,长短不一的小棍子 3 根为一套,若干套。

【活动场地】 以室内为宜。

【活动内容】

(1) 个人扮时钟:请若干位同学自愿上台,发给每人长短小棍各一副,长棍代表分针,短棍代表时针,听主持人口令扮演时针与分针的关系,如:6 点、8 点、11 点 05 分。

（2）小组扮时钟：请同学自愿组成三人组，主持人分别分给每人一根小棍子，最长的代表秒针、次长的代表分针、最短的代表时针。听主持人口令，三人组合表示一时间。

（3）撕纸条：主持人把事先准备好的1厘米宽、100厘米长的纸条发给每位同学，告诉大家，每个人手里的纸条代表时间，假如这个时间是一天，那就是24小时。每人想想自己的一天是怎样度过的。睡觉用了多少时间，把它撕去；吃饭、玩游戏、聊天、发呆等分别用了多少时间，把它们一一撕去，看看还剩下多少时间是用来学习的。比一比谁留的时间最多。

（4）发给每人一张印有圆形图案的白纸，请大家想一想，假如这个圆表示一天的时间，你怎么进行管理？如何合理分配？请各自画出"时间管理饼图"，画完后进行交流。

心理影视

1.《风雨哈佛路》

导演：Peter Levin。

编剧：Ronni Kern。

主演：索拉·伯奇、凯莉·林奇。

上映日期：2003年4月7日（美国）。

剧情简介：丽兹出生在美国的贫民窟里，从小就开始承受着家庭的千疮百孔，父母酗酒吸毒，母亲患上了精神分裂症。贫穷的丽兹需要出去乞讨，流浪在城市的角落，生活的苦难似乎无穷无尽。

随着慢慢成长，丽兹知道，只有读书成才方能改变自身命运，走出泥潭般的现况。她从老师那里争取到一张试卷，漂亮地完成答卷，争取到了读书的机会。从现在起，丽兹在漫漫的求学路上开始了征程。她千方百计申请哈佛的全额奖学金，面试时连一件像样的衣服也没有。然而，贫困并没有止住丽兹前进的决心，在她的人生里面，从不退缩地奋斗是永恒主题。

2.《三傻大闹宝莱坞》

导演：拉库马·希拉尼。

编剧：维德胡·维诺德·乔普拉、拉库马·希拉尼、阿西奇·乔希。

主演：阿米尔·汗、卡琳娜·卡普、马德哈万、沙尔曼·乔什、奥米·瓦依达……

制片国家/地区：印度。

上映日期：2011-12-08（中国），2009-12-25（印度）。

简介：法罕、拉加与兰彻是皇家工程学院的学生，三人共居一室，结为好友。在以严格著称的学院里，兰彻是个非常与众不同的学生，他不死记硬背，甚至还公然顶撞校长"病毒"，质疑他的教学方法。他不仅鼓动法罕与拉加去勇敢追寻理想，还劝说校长的二女儿皮娅离开满眼铜臭的未婚夫。兰彻的特立独行引起了模范学生"消音器"的不满，他约定十年后再与兰彻一决高下，看哪种生活方式更能取得成功。

阅读思考

1930年，胡适先生在一次毕业典礼上，发表了一篇演讲，内容如下：

诸位毕业同学：你们现在要离开母校了，我没有什么礼物送给你们，只好送你们一句话。这一句话是：珍惜时间，不要抛弃学问。

以前的功课也许有一大部分是为了这张文凭，不得已而做的。从今以后，你们可以依自己的心愿去自由研究了。趁现在年富力强的时候，努力做一种专门学问。少年是一去不复返的，等到精力衰竭的时候，要做学问也来不及了。

有人说：出去做事之后，生活问题急需解决，哪有工夫去读书？即使要做学问，既没有图书馆，又没有实验室，哪能做学问？

我要对你们说：凡是要等到有了图书馆才读书的，有了图书馆也不肯读书；凡是要等到有了实验室方才做研究的，有了实验室也不肯做研究。你有了决心要研究一个问题，自然会节衣缩食去买书，自然会想出法子来设置仪器。

至于时间，更不成问题。达尔文一生多病，不能多做工，每天只能做1点钟的工作。你们看他的成绩！每天花1点钟看10页有用的书，每年可看3600多页书；30年读11万页书。诸位，11万页书可以使你成为一个学者了。可是每天看3种小报也得费你1点钟的功夫，四圈麻将也得费你1点半钟的光阴。看小报呢？还是打麻将呢？还是努力做一个学者呢？全靠你们自己选择！

易卜生说：你的最大责任就是把你这块材料铸造成器。

学问就是铸器的工具。抛弃了学问便是毁了你自己。再会了，你们的母校眼睁睁地要看你们10年之后成什么器。

【思考题】

1. 请为自己确立大学学习目标，并制订学习计划。

第六章

五味生活从容品尝
——情绪管理

管住你心中的魔鬼，让焦虑放弃你，让抑郁远离你；在你的心中升起一轮太阳，让阳光照耀你，让温暖伴随你。

故事导入

情绪接力赛

老板把甲的错安在了乙的头上,并在众人面前斥责了乙,乙被无故地错怪,闹得一肚子火,却又没地方发泄。

乙回到家,闷闷不乐,对妻子大声斥责,嫌妻子做的饭菜太咸。妻子感到莫名其妙,饭菜咸淡刚好啊,心里很委屈。

儿子回来,妻子没好气地斥责儿子,嫌他今天回来晚了。儿子其实跟平时回来的时间一样,被冤枉了一回,出门看到别人家的小狗,狠狠踢了一脚。

小狗的主人愤然,平白无故地竟被人欺负了一回,想指责这个孩子,可孩子已经跑远。主人回到家,心里还在生气,和丈夫说话,看丈夫没专心听,便把气撒在了丈夫身上,无中生有地数落起了丈夫。

丈夫是个教师,平常就爱讲个理,可妻子不讲理就不好办了。第二天上课,丈夫把班里的两个学生训了一顿,嫌他们的作业本不干净。两个学生的作业本一向如此,又不是今天才不干净,两个学生觉得老师是在找茬,心里很不服气。

学生放学,路过报刊亭,把刊物翻得很响,卖报刊的女人伸出脑袋制止,学生反而狠命地把刊物摔在摊子上。卖报刊的女人揪住学生不放,闹得众人围观,好不热闹。

结果交通堵塞,一辆车和另一辆车发生了剐蹭,两个司机发生争吵。人越围越多,警察赶来,每人罚款200块,又扣了3分。两个司机心里窝火,至此,两个人的气又不知要撒在谁的身上……

理论指导

大学生在成长的过程中,充满着进取、创造和快乐,但也充满着困惑、迷惘和忧伤。帮助大学生认识情绪、管理情绪、调节情绪,对维护大学生的身心健康,促进大学生的自我发展和人格成熟具有重要意义。

一、认识情绪

在日常生活中,每个人都会有各种情绪体验。比如,在获得荣誉时,人们会喜悦、高兴、骄傲;当受到挫折时,人们会悲观、失望、沮丧,所有这些感受都是我们常说的情绪。情绪是人类天性的重要组成部分,没有情绪,我们的生活便将失去色彩。如果我们对情绪没有足够的认识，就会因情绪而犯错。而如果你了解情绪，知道如何管理自己的情绪，那么我们的个人力量就会增加很多。那么究竟什么是情绪呢？

（一）情绪的概念

情绪是客观事物是否符合人的需要与愿望而产生的体验，是人的需要得到满足与否的反映。当客观事物满足人的需要和主观愿望时，就会产生积极的情绪，如喜悦、高兴等；反之，当客观事物不满足人的需要和主观愿望时，就会产生消极的情绪，如愤怒、悲伤等。

（二）情绪的表现

情绪的表现是指人的身体和精神上的变化，具体包括生理唤醒、主观感受、外部表现。

1. 生理唤醒

情绪的生理唤醒指的是情绪所产生的生理变化。这种生理变化主要反映在神经系统、呼吸系统、循环系统、消化系统和内分泌系统的变化上。例如：当一个人出现恐惧的情绪时，会有呼吸加快、浑身战栗、瞳孔放大等一系列的生理变化；当一个人在愤怒的时候，会出现面红耳赤、汗腺分泌增加等生理变化。

2. 主观体验

情绪的主观体验是指不同情绪状态下的自我内心感受和体验。它是人对外界客观事物的一种带有独特主观色彩的意识。例如：人在面临危险的情景时，会产生毛骨悚然的恐惧感；当人在被他人欺辱时，会感到颜面扫地、极度愤怒。

3. 外部表现

情绪的外部表现指的是情绪发生时身体外部的表现形式，通常称为表情。根据不同的身体表现形式，表情分为面部表情、姿态表情和语调表情。例如，人在快乐时，面部上表现为额头舒展、嘴角上翘，姿态上表现为手舞足蹈，语调上表现为声调上扬、语速变快。在以上三种表情形式中，面部表情在情绪交流中起着主导作用。

（三）情绪的分类

关于情绪的类别，长期以来说法不一。我国古代有喜、怒、忧、思、悲、恐、惊的七情说，美国心理学家普拉切克（Plutchik）提出了八种基本情绪：悲痛、恐惧、惊奇、接受、狂喜、狂怒、警惕、憎恨。还有的心理学家提出了九种类别。虽然类别很多，但一般认为有四种基本情绪，即喜、怒、哀、惧。

（四）情绪的状态

情绪状态是指在一定的生活事件影响下，一段时间内各种情绪体验的一般特征表现。情绪状态根据其强度、速度和持续时间不同可分为心境、激情和应激。

1. 心境

心境是一种微弱、平静和持久的情绪状态。生活中我们常说"人逢喜事精神爽"，指发生在我们身上的一件喜事让我们很长时间保持着愉快的心情；但有时候一件不如意的事也会让我们在很长一段时间忧心忡忡，情绪低落。这些都是心境的表现。

心境具有弥散性和长期性。心境的弥散性是指当人具有了某种心境时，这种心境表现出的态度体验会朝向周围的一切事物。一个在单位受到表彰的人，觉得心情愉快，回到家里同家人会谈笑风生，遇到邻居会笑脸相迎，走在路上也会觉得天高气爽；而当他心情郁闷时，在单位、在家里都会情绪低落,无精打采,甚至会"对花落泪,对月伤情"。古语说人们对同一种事物,"忧者见之而忧,喜者见之而喜",也是心境弥散性的表现。心境的长期性是指心境产生后要在相当长的时间内主导人的情绪表现。虽然基本情绪具有情境性,但心境中的喜悦、悲伤、生气、害怕却要维持一段较长的时间,有时甚至成为人一生的主导心境。如:有的人一生历尽坎坷,却总是豁达、开朗,以乐观的心境去面对生活;有的人总觉得命运对自己不公平,或觉得别人都对自己不友好,结果总是保持着抑郁愁闷的心境。

心境对人们的生活、工作和健康都有很大的影响。心境可以说是一种生活的常态,人们每天总是在一定的心境中学习、工作和交往,积极良好的心境可以提高学习和工作的绩效,帮助人们克服困难,保持身心健康;消极不良的心境则会使人意志消沉、悲观绝望,无法正常工作和交往,甚至导致一些身心疾病。所以,保持一种积极健康、乐观向上的心境对每个人都有重要意义。

2. 激情

激情是一种爆发强烈而持续时间短暂的情绪状态。人们在生活中的狂喜、狂怒、深重的悲痛和异常的恐惧等都是激情的表现。和心境相比,激情在强度上更大,但维持的时间一般较短暂。

激情具有爆发性和冲动性,同时伴随有明显的生理变化和行为表现。当激情到来的时候,大量心理能量在短时间内积聚而出,如疾风骤雨,使得当事人失去了对自己行为的控制力。《儒林外史》中的范进听到自己金榜题名,狂喜之下,竟然意识混乱,手舞足蹈,疯疯癫癫;有些人在暴怒之下,双目圆睁,咬牙切齿,甚至拳脚相加。但这些激情在宣泄之后,人又会很快平息下来,甚至出现精力衰竭的状态。

激情对人的影响有积极和消极两个方面。一方面,激情可以激发内在的心理能量,成为行为的巨大动力,提高工作效率并有所创造。如:战士在战场上冲锋陷阵,一往无前;画家在创作中尽情挥洒,浑然忘我;运动员在报效祖国的激情感染下,敢于拼搏,勇夺金牌。但另一方面,激情也有很大的破坏性和危害性。激情中的人有时任性而为,不计后果,对人对己都造成损失。一些青少年犯罪,就是在激情的控制下,一时冲动,酿成大错。激情有时还会引起强烈的生理变化,使人言语混乱,动作失调,甚至休克。所以,在生活中应该适当地控制激情,多发挥其积极作用。

3. 应激

应激是出乎意料的紧张和危急情况引起的情绪状态。如在日常生活中突然遇到火灾、地震,飞行员在执行任务中突然遇到恶劣天气,旅途中突然遭到歹徒的抢劫等,无论天灾还是人祸,这些突发事件常常使人们心理上高度警醒和紧张,并产生相应的反应,这都是应激的表现。

人在应激状态下常伴随明显的生理变化,这是因为个体在意外刺激作用下必须调动体内全部的能量以应付紧急事件和重大变故。这个生理反应的具体过程为:紧张刺激作用于大脑,使得下丘脑兴奋,肾上腺髓质释放大量肾上腺素和去甲状腺素,从而大大增加通向体内某些器官和肌肉处的血流量,提高机体应付紧张刺激的能力。加拿大心理学家塞里(Selye)把整个应激反应过程分为动员、阻抗和衰竭三个阶段:首先是机体通过自身生理机能的变化和调整做好防御性的准备;其次是借助呼吸、心率变化和血糖增加等调动内在潜能,应对环境变化;最后当刺激不能及时消除,持续的阻抗使得内在机能受损,防御能力下降,从而导致疾病。

应激的生理反应大致相同,但外部表现可能有很大差异。积极的应激反应表现为沉着冷静、急中生智,全力以赴地去排除危险,克服困难;消极的应激反应表现为惊慌失措、一筹莫展,或者发动错误的行为,加剧了事态的严重性。这两种截然不同的行为表现,既同个人的能力和素质有关,也同平时的训练和经验积累有关。如果接受过防火演习和救生训练,遇到类似的突发事故,也能正确及时地逃生和救人。

(五) 情绪的功能

1. 信号功能

情绪的信号功能是指在人际交往中,人们除借助言语进行交流之外,还通过情绪的流露来传递自己的思想和意图。情绪的这种功能是通过表情来实现的。表情具有信号传递作用,属于一种非言语性交际。人们可以凭借一定的表情来传递情绪信息和思想愿望。在社会交往的许多场合,人们之间的思想、愿望、态度、观点,仅靠言语无法充分表达,有时甚至不能言传,只能意会,这时表情就起到了信息交流的作用。其中,面部表情和体态表情更能突破一些距离和场合的限制,发挥独特的沟通作用。

心理学家在对英语国家人们的交往状况进行研究后发现,在日常生活中,55%的信息是靠非言语表情传递的,38%的信息是靠言语表情传递的,只有7%的信息才是靠言语传递的。表情是比言语产生更早的心理现象,婴儿在不会说话之前,主要是靠表情来与他人交流的。表情比语言更具生动性、表现力、神秘性和敏感性。特别是在言语信息暧昧不清时,表情往往具有补充作用,人们可以通过表情准确而微妙地表达自己的思想感情,也可以通过表情去辨认对方的态度和内心世界。所以,表情作为情感交流的一种方式,被视为人际关系的纽带。在许多影视作品中,人们用情绪的表露代替了语言的表达,具有"此时无声胜有声"的效果,更具感染力。

2. 动机功能

情绪具有激励作用。情绪能够以一种与生理性动机或社会性动机相同的方式激发和引导行为。有时我们会努力去做某件事,只因为这件事能够给我们带来愉快与喜悦。从情绪的动力性特征看,情绪分为积极增力的情绪和消极减力的情绪。快乐、热爱、自信等积极增力的情绪会提高人们的活动能力,而恐惧、痛苦、自卑等消极减力的情绪则会降低人们活动的积极性。有些情绪同时兼具增力和减力两种动力性质,如悲痛可以使人消沉,也可以使人化悲痛为力量。

个体的情绪表现还常被视为动机的重要指标。由于情绪可能与动机引发的行为同时出现,情绪的表达能够直接反映个体内在动机的强度与方向,因此情绪也被视为动机潜力分析的指标,即对动机的认识可以通过对情绪的辨别与分析来实现。

动机潜力是在具有挑战性的环境下所表现出的行为变化能力。当个体面对一个危险的情境时,动机潜力会发生作用,促使个体做出应激的行为。对动机潜力的分析可以由对情绪的分析获得。当面对应激场面时,个体的情绪会发生生理的、体验的以及行为的三方面的变化,这些变化会告诉我们个体在应激场合动机潜力的方向和强度。当面临危险时,有的人头脑清晰,沉着冷静地离开;而有些人则惊慌失措,浑身发抖,不能有效地逃离现场。这些情绪指标可以反映出人们动机潜能的个体差异。

3. 健康功能

人对社会的适应是通过调节情绪来进行的,情绪调控的好坏会直接影响到身心健康。作为心理因素的一个重要方面,情绪同身体健康的关系早已受到人们的关注。情绪对健康的影响作用是众所周知的。积极的情绪有助于身心健康,消极的情绪会引起人的各种疾病。我国古代医书《黄帝内经》中就有"怒伤肝,喜伤心,思伤脾,忧伤肺,恐伤肾"的记载。有许多心因性疾病与人的情绪失调有关,例如溃疡、偏头痛、高血压、哮喘、月经失调等。有些人患癌症也与长期心情压抑有关。一项长达30年的关于情绪与健康关系的追踪研究发现,年轻时性情压抑、焦虑和愤怒的人患结核病、心脏病和癌症的比例是性情沉稳的人的4倍。

美国心脏病学会将易患上心脏病的人群定义为A型性格人群,认为这类人群的特征是生活压力过大,自我要求过高,性情暴躁,易发脾气。一些临床医学研究也证明,长期受不良情绪困扰,会导致各种身心疾病。因此,对不良情绪进行控制、引导,代之以积极乐观的情绪,不但能提高生活质量,也能有效地防治身体疾病。所以,积极而正常的情绪体验是保持心理平衡与身体健康的条件。曾经有人说过,"一个小丑进城,胜过一打医生"。这句话非常形象地说明了情绪对人身体健康的影响。

二、大学生的情绪特点

(一)健康情绪的标准

健康的情绪能够使人学习工作效率增强,有益于人的身心健康。健康的情绪的共同特征表现在以下几个方面。

1. 情生有因

健康情绪的产生和发展,必须是由明确的原因引起的,如高兴是因为有喜事,悲哀是遇到不愉快或不幸事件,愤怒是挫折引起的等。相反,无缘无故的喜怒哀乐,莫名其妙的悲伤恐惧,则是情绪不健康的表现。

2. 情绪反应适时、适度

反应的适度与引起情绪的刺激相符合,情绪反应的时间与反应的程度相适应。如果微弱的刺激引起强烈的情绪反应,则表明情绪不太健康。

3. 情绪反应稳定

人的中枢神经系统活动处于相对平衡状态时,情绪比较稳定。一般来说,健康情绪反应是刚产生时比较强烈,随着时间的推移,反应逐渐减弱;而不健康情绪则表现为情绪反应时强时弱,变化莫测,喜怒无常,常处于不稳定状态。

4. 主导心境愉快

心境愉快表明个体身心活动和谐与满足,充满幸福感,这是大学生情绪健康的核心。情绪健康并不否认消极情绪存在的合理性和它的意义,但健康的情绪必须是积极情绪多于消极情绪,而且所出现的消极情绪时间较短、程度较轻,不涉及与产生消极情绪无关的人和事,即对象明确。如果一名大学生经常情绪低落,愁眉苦脸,心情郁闷,总是处于不良情绪的状态中,则是情绪不健康的表现。

(二)大学生的情绪特点

1. 情绪的丰富性

从自我意识的发展看,大学生出现较多的是自我体验,自我尊重的需要强烈,易产生自卑、自负等情绪;从社交看,大学生的交往范围日益扩大,同学、朋友及师长之间交往频繁,有的大学生开始了恋爱,情绪表现得更细腻、更复杂;大学生通过各种活动了解社会,学习社会的道德规范,对自己的身份、角色、志向、价值等问题有了更深入的思考,理智感、美感、集体荣誉感等高级情感也有所发展。

2. 情绪的不稳定性

由于大学生的人生观、价值观还未完全定型,认知能力还有待提高,大学生的情绪活动往往强烈而不能持久,情绪活动随着认知标准的改变而改变。喜怒哀乐无常、阴晴雾雨变化是大学生情绪常见的现象,风平浪静之后可能就是疾风暴雨。大学生情绪容易从一个极端走向另一个极端,高兴时忘乎所以,看什么都顺眼,消沉时心灰意冷,看什么都别扭,情绪呈现不稳定状态。

3. 情绪的掩饰性

大学生随着知识水平的提高,思想内涵的丰富,在情绪反应上较隐晦。他们已具备在一定的情景下压抑控制自己的愤怒、悲伤等情绪,而将真实的情绪掩饰起来的能力,形成外在表现和内心体验不一致的特点。他们会根据一定的条件来表达情绪,如对一件事情或对某人明明是厌烦的,但由于种种原因,可能表现出较好的或不在意的态度。

4. 情绪的冲动性

有的心理学家把青年期形容为"疾风怒涛"时期。大学生的情绪往往表现得快而强烈,常因一点小事振奋不已,豪情万丈。大学生情绪的冲动性一般表现为对外部环境或他人的不满,情绪失控,语言、行动极富攻击性,如果不予以引导,会给大学生本人以及社会带来危害。

三、大学生不良情绪的调适

情绪看起来是小事一桩,但是如果我们不注意控制它,它就像埋藏在身边的定时炸弹,一有火花,就会立即引爆,导致不良的后果。因此,我们要学会管理好自己的情绪,要做情绪的主人,不要被情绪左右。情绪管理即善于把握自我,善于调节情绪,对生活中的矛盾和事件引起的反应能适可而止地排解,能以乐观的态度、幽默的情趣及时地缓解紧张的心理状态。情绪管理主要包括两个方面:对自己情绪的体察,辨识自己的情绪;调整自己的情绪,这是情绪管理的目标。

日常生活中,大学生经常采用忍耐、逃避和爆发的方式进行情绪管理,虽然这些方式可以在一定程度上缓解不良情绪的负面作用,但是无法根治情绪问题,甚至会造成严重的不良社会后果。有效的情绪管理是大学生学业成功的关键,能够保证学习过程中认知过程的顺利开展;有效的情绪管理有利于大学生建立良好的人际关系,促进大学生的人际沟通;有效的情绪管理有利于大学生的身心健康,有助于大学生更好地投入到学习、工作和生活中。

因此,为了更加有效地帮助大学生提高情绪的感知能力和管理能力,本书介绍几种常用的方式和方法。

1. 调整认知

情绪是以人的认知为基础的,不良情绪往往产生于不正确的认知,改变了不正确的认知,情绪问题就可能得到缓解。例如,这次的靶没打好——原有认知:我太笨了,什么事情也做不好。据此分析,要启发本人认识到不当之处。这个例子认知不当在于问题没有看全面,这次的靶没打好,不代表永远打不好,一件事做不好,并不证明其他事情也做不好。

情绪 ABC 理论,又叫合理情绪疗法,是 20 世纪 50 年代美国一位心理学家艾利斯创立的心理治疗理论及方法。在这个理论中，A指诱发性事件（activating events）；B指个体遇到诱发性事件之后产生的信念（beliefs），就是对这一事件的看法、解释和评价；C指诱发性事件和相应理念的作用下，个体情绪和行为的最终结果（consequences）。该理论认为，人的情绪和反应不是某一事件引起的，而是人们对这一事件的看法和评价引起的。

经过研究发现，很多大学生的情绪困扰来自于认知偏差，所以大学生树立正确的认知观点是保持情绪健康的关键。大学生要积极参加人生观、价值观的教学活动，充分认识ABC理论，用合理的想法代替原来不合理的片面或极端的想法，消除不良情绪。

2. 合理宣泄

情绪问题有时就像奔腾的江水，如果打开闸门，让江水顺流而下，情绪问题可能自然得到缓解了。例如，有的单位设置了"情绪宣泄室"，在宣泄室内放置了各种充气玩具，用来帮助进入宣泄室的人宣泄心中的愤怒等情绪。平常没有这种条件时，大学生经常可以参考以下这些方法，简便又可行，例如：找朋友聚一聚，一壶清茶，一杯咖啡，把抑郁的情绪倾诉出来；还可以和朋友去唱歌，这是一种排解紧张和激动情绪的有效方法；还可以侍花弄草，通过清静雅致的态度平息心头怒气等。

3. 平衡心理

这是一种心理上的"开脱"法，就是通过给自己找一些有利的理由来缓解内心的紧张情绪。虽然这些理由常常是不正确的，在第三者看来是不客观或不合逻辑的。

如"酸葡萄"的故事就是采取这种防御机制，狐狸因吃不到树上的葡萄，就自我安慰地假想：这葡萄是酸的，我才不想吃呢！于是，心满意足地走开了。实际上这是由于对现实的无能为力而采取回避或否认的策略，用来安慰自己，以减轻内心的痛苦，达到消除紧张的目的。这种自欺的自我防卫如果用得太多，则会妨碍人们对真理的追求。

4. 情绪升华

将不被社会所认可的动机或欲望加以改变，并以符合社会标准的行为表现出来，称为升华作用。一般转义为，一个人的行为不为逆境所左右，善于变不利为有利。理论物理学家普朗克在研究量子理论的时候，家庭屡遭不幸，妻子去世，两个女儿先后死于难产，一个儿子死于战争。普朗克用百倍努力的工作来转移自己感情的悲痛，结果发现了基本量子，获诺贝尔物理学奖。孔子厄而著《春秋》，司马迁腐而出《史记》，都可谓升华的范例。

5. 幽默化解

这也是一种积极的心理防卫方式。当一个人遭到挫折时，常使用幽默来化解困境，维护自己的心理平衡。幽默感不是生来就有的，它与一个人的知识水平、文化素养和精神境界有关。

那些科学巨匠和艺术大师，往往对生活的艰难和不公正抱以苦涩的微笑，使烦恼和郁闷化为乌有，然后精力充沛地投身于事业中。有意识地培养幽默感，是消除不良情绪的物质积蓄。

6. 转移注意力

注意力的转移不仅能够中止不良刺激源的作用，防止消极情绪的泛化、蔓延，同时，参与其他有意义、有兴趣的活动能够增强积极的情绪体验。常用的方式有：做自己感兴趣的事情，转移话题，转换环境，根据自己的情绪和场景、兴趣爱好及外界事物的吸引力来选择最有效的转移方式，用愉快的活动占据时间，用时间的推移淡化不良情绪，用积极情绪抵消消极情绪。因此，转移法不失为简单而最有效的方法之一。

案例分析

大学生情绪失控劫持女医生

案例一

武汉大学生陈某骑自行车撞倒82岁的樊阿婆,竟然引发了一起劫持案。樊阿婆因为手腕骨折需要住院,陈某面临樊阿婆家人索要千元押金,情绪激动之下竟然持刀劫持了一位女医生。民警冒充司机,偷偷拨通手机,与指挥部保持通话,97分钟后特警夺下劫匪手中的刀,救下人质。

分析:陈某撞伤樊阿婆后并没有逃逸,而是选择送其回家并送到医院检查,由此可见,他在最开始承认并接受其撞伤樊阿婆的行为,并试图承担相应的后果。从心理层面分析,其实在这个时候陈某承认其行为对樊阿婆造成的伤害,同时出于对其行为的内疚感,试图补偿与弥补其行为的过失。后来当其没有钱却又需要交钱时,就陷入了完全无助与无力、绝望的情境中,在此情境下,愤怒替代了内疚,冲动压过了理智,在强烈的情绪驱使下他绑架了女医生。

嫉妒的小李

案例二

小王与小李是某艺术院校大三的学生,同在一间宿舍生活。入学不久,两个人成了形影不离的好朋友。小王活泼开朗,小李性格内向、沉默寡言。小李逐渐觉得自己像一只丑小鸭,而小王却像一位美丽的公主,心里很不是滋味,她认为小王处处都比自己强,把风头占尽,时常以冷眼对小王。大学三年级,小王参加了学员组织的服装设计大赛并获得一等奖,小李得知这一消息先是痛不欲生,而后妒火中烧,趁小王不在宿舍之机将她的参赛作品撕成碎片,扔在小王的床上。小王发现后,不知道怎样对待小李,更想不通为什么她要遭受这样的对待?

分析:小李做出这一行为源于嫉妒。嫉妒是自尊心的一种异常表现,在大学生中普遍存在。当看到别人比自己强时,心里酸溜溜的,很不是滋味,于是产生了一种羡慕与憎恨的复杂心理,这就是嫉妒。嫉妒会影响大学生的人际关系,造成同学间的隔阂甚至是对立,同时使自己处于烦躁、痛苦的折磨中。

如何克服猜疑心理?

案例三

小C,女,19岁,某高校二年级学生。她觉得自己的猜疑心很重,整天疑心重重、无中生有,认为人人都不可信、不可交。如:有时见到几个同学背着她讲话,就会怀疑是在讲自己的坏话;老师有时对她态度冷淡一些,又会觉得老师对自己有了看法,等等。她总觉得别人在背后说自己坏话,或给自己使坏。特别注意留心别人对自己的态度,别人脱口而出的一句话她很可能琢磨半天,努力发现其中的"潜台词",自己也觉得这样很累,不仅弄得自己心情不好,也把人际关系搞得很僵,整天闷闷不乐、郁郁寡欢。

分析:猜疑是人性的弱点之一,一个人一旦掉进猜疑的陷阱,必定处处神经过敏,事事捕风捉影,对他人失去信任,对自己也同样心生疑窦,损害正常的人际关系,影响个人的身心健康。由于心有疑惑,又不愿公开,也少交心,自我封闭,阻隔了外界信息的输入和人间真情的流露,便由怀疑别人发展到怀疑自己、怀疑自己的能力,失去信心,变得自卑、怯懦、消极、被动。猜疑的人通常过于敏感。敏感并不一定是缺点,对事物敏感的人往往很有灵气,有创造力,但如果过于敏感,特别是与人交往时过于敏感,就需要想办法加以控制了。具体可采用以下几种方法:①用理智力量克制冲动情绪的发生;②培养自信心;③学会自我安慰;④及时沟通,解除疑惑。

自我测试(扫一扫做测试)

情绪自我评定量表

下面是一组有关情绪的自我评定量表,请对照你的状况,选择符合你的选项。A 表示经常这样;B 表示有时这样;C 表示很少这样;D 表示从不这样。

(一)愤怒

1. 我对别人隐藏、压抑自己的愤怒。
2. 我和某人生气后,感到后悔。
3. 别人一激,我就忍不住发怒。
4. 我一生气就要摔东西或找人打架。
5. 气得说不出话来。

(二)快乐

1. 我的工作很枯燥,毫无乐趣可言。
2. 我对一切都感到厌倦。
3. 除非有了很多钱,否则我不会快乐。
4. 没什么事情值得高兴。
5. 当别人说我的坏话时,我无法快乐。

(三)抑郁

1. 我入睡困难,而且容易被吵醒。
2. 很少大声地笑。
3. 常梦见自己被人追赶,直至梦醒。
4. 对什么都不感兴趣。
5. 有过自杀的念头。

（四）焦虑

1. 我感到要有麻烦，而这些麻烦究竟是什么，我并不清楚。
2. 我对自己的目标心里没数。
3. 我的压力来自四面八方。
4. 面对新问题，感到心神不宁。
5. 莫名其妙地感到惊慌。

评价与分析：

A、B、C、D分别代表5、3、1、0分。如果某一部分总分超过15分，表明你应该注意这一方面的情绪；6～14分表明对这一情绪的处理基本合理；少于5分，表明你对这一方面的情绪处理得很好。

实践训练

情绪词典竞猜活动

【活动目的】 通过制作"情绪词典"并进行体会、表演和竞猜，提高自我的情绪表达能力并提高识别他人情绪和移情的能力。

【活动过程】

1. 制作"情绪词典"

要增进我们对情绪的表达能力，最简单而有效的方法就是增加表达情绪的词汇，而制作"情绪词典"可有效达到此目的。因为表达情绪的词汇或形容个人心情感受的词语若增加，则个人欲表达自己的情绪时，就能够很快地以较适当的词汇来形容，一方面有助于个人对自己情绪的了解与掌握，另一方面则促进彼此沟通。请你依序将你所想的情绪写在空白的本子上，一页只写一种情绪。可以配合每一页的情绪，挑选几张杂志人物的生活照片，或是拍下自己的照片，或是为每一种情绪画上插图，作为每一种情绪的提示。

2. 体会情绪词汇

请你加以揣摩、描述照片中人物可能的心情感受，并举例说明自己何时有过相同的感觉，当时发生了什么事，有谁在场，你的情绪如何，你当时做何反应与处理。如果难以揣摩或说不出来，你也可以问问别人对此情绪的生活体验，以助于你对情绪的了解。

3. 进行情绪词汇表演竞猜

首先进行分组，几个人负责表演，其他人则负责猜题。表演者根据指导者从"情绪词典"中拿出的题目，不能说话，只能用肢体动作表演出来让其他人猜。表演者与猜对者均有小礼物。竞猜活动结束后，可归纳整理如何从非语言信息来判断各种情绪。（表演的题目可以是：我很高兴、我很生气、我很难过、我很失望、我很无奈、我很着急、我很困惑、我很害怕、我很担心、我很舒服、我好兴奋、我很不甘心、我觉得丢脸、我觉得厌恶、我好痛苦、我好寂寞、我好满足、我好无助……）

心理影视

1.《愤怒管理》

导演：彼得·西格尔。

编剧：大卫·多夫曼。

主演：亚当·桑德勒、杰克·尼科尔森。

上映日期：2003年4月11日。

剧情简介：该片讲述了主人公戴夫被迫在训练营接受"情绪控制治疗"的故事。戴夫原本是一个情绪易怒、缺乏自信，不敢表达自己，总是把自己的愤怒发泄在自己身上的人。用雷德尔医生的话来说就是"含含糊糊，口齿不清，总想抵赖"。雷德尔医生认为人的愤怒分为两种——外向型和内向型。外向型的人动不动就朝别人咆哮，而内向型的人是那种长年累月沉默寡言的人，最后自己失控，造成不良影响。很显然，戴夫属于内向型。电影讲述了戴夫在雷德尔医生的帮助下，一步步敢于面对自己的真实情绪，并最终勇敢地向女友求婚的经历。戴夫挣脱了愤怒的困扰，并学会了如何正确管理自己的情绪。

2.《头脑特工队》

导演：彼特·道格特。

编剧：彼特·道格特。

上映时间：2015年6月19日（美国），2015年10月6日（中国大陆）。

剧情简介：莱莉因为父亲工作的原因举家搬迁至旧金山，要准备适应新环境，但就在此时，莱莉脑中控制欢乐与忧伤的两位脑内大臣乐乐与忧忧迷失在茫茫脑海中，大脑总部只剩下掌管愤怒、害怕与厌恶的三位干部负责，导致本来乐观的莱莉变成愤世嫉俗的少女。乐乐与忧忧必须要尽快在复杂的脑中世界回到大脑总部，让莱莉重拾原本快乐正常的情绪。

阅读思考

钉 钉 子

有一个男孩脾气很坏，于是他的父亲就给了他一袋钉子，并且告诉他，当他想发脾气的时候，就钉一颗钉子在后院的围篱上。第一天，这个男孩钉下了40颗钉子。慢慢地，男孩可以控制他的情绪，不再乱发脾气，所以每天钉下的钉子也跟着减少了，他发现控制自己的脾气比钉下那些钉子来得容易一些。终于，父亲告诉他，现在开始每当他能控制自己的脾气的时候，就拔出一颗钉子。一天天过去了，最后男孩告诉他的父亲，他终于把所有的钉子都拔出来了。于是，父亲牵着他的手来到后院，告诉他说："孩子，你做得很好。但看看那些围篱上的坑坑洞洞，这些围篱将永远不能恢复从前的样子了。你生气时所说的话就像这些钉子一样，会留下很难弥补的疤痕,有些是难以磨灭的呀!"从此,男孩终于懂得管理情绪的重要性了。

富人穷人

有个富人,背着许多金银珠宝去远方寻找快乐,可是走遍了千山万水也没有找到。一天,一位衣衫褴褛的农夫唱着山歌走过来。富人向农夫讨教快乐的秘诀,农夫笑着说:"哪里有什么秘诀,只要你把背负的东西放下就可以了。"

富人蓦然醒悟——自己背着那么沉重的金银珠宝,腰都快被压弯了,而且住店怕偷,行路怕抢,成天忧心忡忡,惊魂不定,怎么能快乐得起来呢?

很多时候,不是快乐离我们太远,而是我们根本不知道自己和快乐之间的距离;不快乐太难,是我们活得还不够简单。

在你少年时,行囊是空的,因此轻松,所以快乐。但之后的岁月,你一路拣拾,行囊渐渐装满了,因为沉重,快乐也就消失了。你以为装进去的都是好东西,可正是这些好东西,让你在斤斤计较中无法快乐。

对一个喜欢零食的孩子来说,买一座金山和买一包话梅的钱没什么区别,所以孩子很容易快乐。

一位作家非常赞赏瑞士奶牛和非洲狮子的生存哲学,他说,假如你的饭量是三个面包,那么你为第四个面包所做的一切努力都是愚蠢的。

因此,你不快乐是因为你背负了太多的负担,这也是由于你的欲望所致,试着放下一些超重的欲望,你就会有一个新的发现。

【思考题】

1. 你会如何调控自己的不良情绪?

第七章

快乐沟通无极限
——人际交往

什么是生命中的财富？有人说是金钱，有人说是珠宝……智者说：守护你全部的财富吧，它是家庭的亲情；它是人间的友情；它给你爱，也给你恨；它给你力量，也让你付出；它给你无穷的回忆，也给你无尽的思念。

故事导入

我是个很内向的人，家住在农村，从小因为学习成绩好，所以父母就一心一意地供我读书。我自己也很努力，整天就顾着学习，也不跟其他同学出去玩。

我们村里人都说我很乖，不贪玩，学习勤奋。我后来也不负众望，考上了大学，来到了离家很远的这座城市。

可是开学后不久，我考上大学的喜悦和兴奋就荡然无存了，对于城市生活我很陌生，开始的时候还小心地向同学提问，虽然同学都会解释给我听，但是同学诧异的反应，比如"你连这个也没听说过吗？"之类的话语，让我心里很不舒服。后来，我就不敢再问了，与同学的关系也渐渐疏远，有时候同学主动邀请我参加一些活动，我也推脱不去，因为我不想再出去丢人了。

慢慢地，我的活动范围越来越小，从不出校门到不出宿舍，我开始自我封闭起来，同时，我感受到心中的孤独感也变得越来越沉重，既不敢跟家里人诉说自己的孤独，也不知道该如何摆脱自己的状况。

我现在总觉得无法和宿舍里的同学交流，就连平时吃饭、自习都是自己一个人，看着别人三五成群很是羡慕，而自己的心事和压力越来越大，总觉得自己很孤独，后来发展到不想去上课，不想见人，每天都在宿舍里边看书、睡觉，饿了就随便吃点东西，几乎是足不出户，现在我都想退学回家了。

理论指导

马克思曾经说过：人是各种社会关系的总和。每个人都不是孤立存在的，他必定存在于各种社会关系之中，因此，良好的人际关系是生存和发展的必要条件。大学生要充分认识到人际交往的重要性，了解和掌握人际交往的基本知识，学会尊重、理解和关爱他人，能够妥善处理人际交往中的冲突和矛盾，愉快地与他人合作，建立良好的人际关系。

一、人际交往与人际关系

（一）人际交往与人际关系的含义

人际交往是指人与人之间沟通信息、交流思想、表达感情与需要，从而在心理与行为上产生相互影响的动态过程。人际交往是一个多维系统，从不同的角度可以划分为不同的类型，如直接交往和间接交往、单向交往和双向交往、正式交往和非正式交往等。这些形形色色的交往发生在人群之中，使人们每时每刻都在进行着丰富多彩的交往。心理学家的研究表明，在正常情况下，一个人除了几小时的睡眠外，其余70%以上的时间花在了人际的直接或间接交往上。

由此可见,人际交往活动在社会生活中占据着多么重要的地位。

人们在与人交往的过程中形成了各种各样的人际关系。确切地说,人际关系是人们在社会生活和社会交往过程中发生、发展和建立起来的人与人之间的一种关系。这种关系反映的是人与人之间心理上的关系,表现为人与人之间的心理距离,反映着人们寻求满足需要的心理状态。人际交往是人际关系的前提与条件,人际交往对建立、巩固和发展人际关系十分重要。

(二)人际交往的功能

著名的人际关系学大师戴尔·卡耐基说过:"一个人的成功,只有百分之十五是由于他的专业技术,而百分之八十五则要靠人际关系和他的做人处世能力。"现代社会中的每一个人,必须通过社会交往掌握历史经验、知识技能来完成"生物人"向"社会人"的转化。随着社会化的进一步发展,人类将进行更密切的合作。

现代社会是开放的社会,开放的社会需要开放的人际交往。对于正在成长中的大学生来说,人际交往无疑是生活的重要内容。人际交往对大学生的学习、生活、成长、成才具有十分重要的作用和功能。

1. 交流信息的功能

获得信息不仅是现代人事业成功的保证,也是人类的生活、学习和自我教育至关重要的因素。大学生直接从书本上获得的知识信息毕竟是有限的,即便是皓首穷经、学富五车,在现代社会潮水般涌来的新信息中也只是沧海一粟。"独学无友,孤陋寡闻",一个不善于交往的人,其知识必然是贫乏的,他只能是井底之蛙。当今大学生通过人际交流,每个人都能从中获得大量有用的信息。不仅如此,人际交往也是大学生社会化的最重要和最有效的途径。如果说家庭是人的社会化第一场所,那么可以说,学校是人类社会化的第二场所。不同类型,不同经历,不同习惯、爱好、个性、价值观的同学相互交往,不仅有利于个体的信息沟通、培养社会交往能力,而且也有利于提高对社会问题的认识能力,促进社会化的完成,为今后踏上社会做好充分的准备。

2. 认识自我的功能

交往活动是促进大学生自我认识的基本途径。歌德说过:"人只有在人们之间才能认识自己。"事实上,人们对自己的观察评价是把别人当作认识自己的镜子,常要以别人对自己的评价作为衡量的依据,因此,人在认识别人的同时,就得到形成自我评价的必要知识。所以,通过广泛的交往和比较,人就能逐渐形成较为恰当的自我表象,既避免"自我"的夸大,又能克服"自我"的萎缩。人际交往对大学生的自我意识发展成熟起着重要的作用。

3. 心理保健的功能

弗兰西斯·培根曾说:"如果你把快乐告诉一个朋友,你将得到两个快乐;而如果你把忧愁和一个朋友倾吐,你将被分掉一半忧愁。"对大学生而言尤其如此。大学生正处在由青春后期向成人转变的时期,良好的人际交往使大学生紧张的心理得以放松,归属、安全、友谊等需要得到满足,自尊和自信心大大提高,内心的冲突与苦闷得到缓解。大学生中某些抑郁症、焦虑症、神经衰弱、溃疡病等常与人际关系失调有关,而社交恐惧则更是人际关系不良的直接后果。

4. 完善个性的功能

交往活动是大学生个性发展和完善的条件。大学生在人际交往中认识自己的个性、展示自己的才华,相互影响,发展和完善自己的个性。正如法国作家巴比塞说的那样:个性和集体配合起来，不会失去个性，相反，只有在集体中，个性才能得到高度的觉悟和完善。

交往活动是大学生事业成功的保证因素。一方面，正如前面所讲，交往活动为大学生适应大学生活、学业成功、充分发展自己提供了保障，为今后成功地走向社会打下了基础。另一方面，今天的同学将是明天的同行与朋友。大学期间的同学情、师生情一直可延伸到明天的事业中去，并将对今后的家庭生活、个人事业提供极好的帮助。正如许多毕业的同学踏上社会后的感触：大学的时光最宝贵，大学期间的友谊最难忘。

二、大学生的人际关系

（一）大学生人际关系的特点

在大学里，学生的人际交往无论在愿望、内容方面，还是在方式上都具有同他们的社会知识经验相对应的特点，主要表现在：

第一，交往愿望的迫切性。随着年龄增长、知识水平和认识能力提高、生活空间扩展，大学生交往愿望迫切。同高中阶段相比，大学生对人际交往问题的关注程度超过了学习，那种希望被人理解、接受的心情尤为迫切。

第二，交往范围的广泛性。大学生的交往不仅限于同班同学，还涉及班级之间、院系之间、师生之间、校内外等人员之间。

第三，交往内容的丰富性。相近的年龄和社会认知水平使大学生具有相似的广泛的兴趣、活跃的思想，他们对各种自然、社会现象都会注意，交往内容丰富。除专业知识外，广泛涉及文艺、政治、经济、文化、历史、民俗、日常生活等方面。

第四，交往系统的开放性。大学生求知欲、好奇心强，易接触新事物，加上他们来自各地，家庭状况、生活各异，决定了交往是一个多层次的开放系统。

另外，还有交往心理的复杂性，大学生处在个性发展期，尚不稳定，有幼稚和浪漫的心理，也有孤独和自闭的心理，交往中易产生很多不健康心理。

（二）大学生人际交往存在的主要问题

1. 不敢交往

在人际交往的实践活动中，人们都存在不同程度的恐惧心理，只是每个人的反应程度不同。有一部分大学生在这方面反应特别强烈，由于害羞、自卑等心理的作用，在与人交往时显得特别紧张，心跳气喘、面红耳赤，两眼不敢正视对方；在与人交谈时显得语无伦次、词不达意。尤其在人多的场合或者在集体活动中更感到恐惧，不敢和人打交道，不敢表现自己。严重的可导致社交恐惧症。

2. 不愿交往

现实中有一部分人，因为与人交往的成功经历较少，或者是性格过于内向，或者是成长环境带来的冷漠，导致他们在现实中缺乏交往的愿望和兴趣，他们自我封闭、孤芳自赏，但又特别敏感，心理承受力差，独来独往，不愿抛头露面，不愿与人交往。

3. 不善交往

有的大学生不善于了解和掌握交往的一些知识、技巧，在交谈的过程中显得过于生硬、书生气、木讷，心存感激也不会表达。有的是认知偏见产生的理解障碍，不注意交往中的"第一印象"，不注意沟通方式，在劝说他人、批评他人、拒绝他人时不讲究灵活艺术性。有些大学生在与人交往的过程中,不注意交往的原则,开玩笑不注意场合,不懂得给人留面子,或出言粗鲁伤了对方的自尊心,或不懂得尊重对方的风俗习惯,或不懂装懂、夸夸其谈等。这些表现都有损于自身形象的塑造,影响了同学之间进一步的交往。

4. 不易交往

有的大学生不轻易相信别人、不轻易流露自己的真实思想,很难与人推心置腹,对人怀有很深的戒备心理。因此,他们将自我封闭起来,影响了同学之间进一步的交往。

(三)大学生人际交往不良的影响因素

1. 认知因素

这里所说的认知包括对自己的认知、对他人的认知以及对交往本身的认知三个方面。过高评价自己,过低评价对方,就会导致人际交往中的盛气凌人、狂妄自大;相反,过低评价自己,过高评价对方,则会导致人际交往中的畏畏缩缩、自抑自卑。

在认知他人、形成有关他人的印象过程中常常受人际认知的心理效应的影响,而可能发生这样或那样的偏差。要了解这些心理效应,以纠正对他人认知中的偏差。

1) 首因效应

首因效应又称"第一印象效应",是指最初接触到的信息所形成的印象对我们以后的行为活动和评价的影响,实际上指的就是"第一印象"的影响。初次印象包括谈吐、相貌、服饰、举止、神态,对于感知者来说都是新的信息,它对感官的刺激也比较强烈,有一种新鲜感,这就如同在一张白纸上,第一笔抹上的色彩总是十分清晰、深刻一样。第一印象效应是一个妇孺皆知的道理,为官者总是很注意烧好上任之初的"三把火",平民百姓也深知"下马威"的妙用,每个人都力图给别人留下良好的"第一印象"。

2) 近因效应

近因效应是指最近的信息对人的认知具有强烈的影响,最后留下的印象比较深刻,这就是心理学上的所谓"后摄"作用。认知者在与陌生人交往时,首因效应起的作用较大,而与熟人交往时,近因效应的作用则较为明显。近因效应在人际交往中普遍存在,如某人平时表现很好,可一旦做了一件错事,就容易给别人留下很深的负面印象。特别是两个平时关系很好的同学,因为一件小事,就闹矛盾,甚至反目为仇,根本不考虑平时两人的深厚友谊。因此,我们在人际交往中应该注意克服近因效应带来的认知偏差,要学会用动态的、发展的、历史的、全面的眼光看待他人,与他人建立良好的人际关系。

3) 晕轮效应

我们第一次与一个年轻人交往,如果他长得眉清目秀,衣冠整洁,举止彬彬有礼,我们就会对他产生一个好印象,并给予他积极肯定的评价,认为他有教养,有才能,工作一定不错,并可能预言他前程似锦。相反,如果这个年轻人衣帽不整,讲话吞吞吐吐,我们就会对他产生不好的印象,还会给予他消极否定的评价,认为他知识浅薄,缺乏才干,甚至认为他是一个不可信赖的人,将来也不会有什么作为。这就是常发生在我们生活中的"晕轮效应"。

4) 刻板印象

刻板印象指的是人们对某一类人或事物产生的比较固定、概括而笼统的看法,是我们在认识他人时经常出现的一种相当普遍的现象。我们经常听人说的"长沙妹子不可交,面如桃花心似刀",东北姑娘"宁可饿着,也要靓着";知识分子是戴着眼镜、面色苍白的"白面书生"形象,农民是粗手大脚、质朴安分的形象;法国人是浪漫的,英国人是保守的;女性是温柔的、细心的;男性是理性的、豪爽的、粗心的等,实际上都是"刻板印象"。

5) 投射效应

投射效应也叫自我投射效应。自我投射指内在心理的外在化,即以己度人,把自己的情感、意志特征投射到他人身上,强加于人,以为他人也应如此,结果往往对他人的情感、意向做出错误评价,歪曲他人愿望,造成人际交往障碍。典型的投射效应就是人们常说的:"以小人之心,度君子之腹",认为别人和自己一样有着相同的好恶、相似的观点。这种情况在人际交往中的表现形式是多种多样的。

对人际交往本身的认识也同样影响交往行为,比如对交往的交互性原则认识不足就会导致交往中对某一方利害关系的过度关注。

2. 情感障碍

人与人之间的交往常由感情而萌发,情感成分是人际交往的重要部分,大学生由于感情丰富、变化快,有时对人对事过于敏感和不重客观,重一时不重全面而使人际交往缺乏稳定性,产生各种障碍。

(1) 恐惧引起的交往障碍。有些大学生有交往的欲望,但无交往的勇气。常常表现为与人交往时(尤其是在大众场合下),会不由自主地感到紧张、害怕以至手足无措、语无伦次,严重的甚至害怕见人。尤其害怕与比自己水平高、能力强及有所成就的人进行交往,怕他人瞧不起自己。有的同学一到人群中就觉得紧张不安,在课堂上、教室里、图书馆,都会觉得别人在注意自己、挑剔自己,轻视或敌视自己,以至无法安下心来听课、看书、做作业。这些恐惧使生活黯淡、不愉快,造成一系列不良的心理反应。

(2) 嫉妒引起的交往障碍。嫉妒是指在意识到自己对某人、某事、某物品的占有意识受到现实的或潜在的威胁时产生的情感。表现为对他人的长处、成绩等心怀不满。他们心理承受能力较差,经不住挫折。容不得甚至反对别人超过自己。对胜过自己的同学轻则蔑视,重则仇视,有的甚至不择手段地攻击、报复对方。嫉妒的种类很多,有的因容貌、家庭条件等因素而产生嫉妒;有的因智力、能力、交往等因素产生嫉妒,从而引起交往障碍。

(3) 自卑引起的交往障碍。在交往活动中,自卑表现为缺乏自信、自惭形秽,想象成功的体验少,想象失败的体验多,自卑的浅层感受是别人看不起自己,而深层的体验是自己看不起自己。当出现深层体验时,便觉得自己什么都不行,似乎所有的人都比自己强得多。因而,在交往中常感到不安,将社交圈子限制在狭小范围内。

(4) 自傲引起的交往障碍。自傲与自卑的性质相反,表现为不切实际地高估自己,在他人面前盛气凌人,自以为是,过于相信自己而不相信他人,总是把交往的对方当作缺乏头脑的笨蛋,常指责、轻视、攻击别人,使对方感到难堪、紧张、窘迫,因而影响彼此交往。

(5) 孤僻引起的交往障碍。孤僻有两种情况:一是孤芳自赏,自命清高,不愿与人为伍,与人不合群,自己将自己封闭起来;另一种属于有某种特殊的怪僻,使人无法接纳,从而影响了人际交往。

3. 人格因素

人际交往中,人格因素有至关重要的作用。所谓人格,简单地说是指人在各种心理过程中经常地、稳定地表现出来的心理特点,包括气质、性格等。不良的人格特征容易给人以不良评价、不愉快的感受乃至一种危险感,因而会影响人际交往。下面是较常见的一些不良人格因素及其对交往的影响。

(1) 为人虚伪。与这种人交往,人们没有安全感。

(2) 自私自利。这种人只关心自己的需要,不关心他人,人们在与这种人的交往中会经常感到精神上、物质上受损。

(3) 不尊重人。与这种人交往,易被挫伤自尊心。

(4) 报复心强。与这种人交往,使人常担心稍有不慎,就会遭报复,感到心理紧张。

(5) 嫉妒心强。与这种人交往,易使人感到自己被嫉恨、被排挤、被剥夺,从而感到不舒服、不安全。

(6) 猜疑心重。常令人在交往中感到冤枉委屈,难以从内心接近。

(7) 苛求于人。这种人易使人感到紧张和压抑,并易使自尊心受挫。

(8) 过分自卑。这种人常被感觉为无能,与此种人交往使人感到有负担、沉闷。

(9) 骄傲自满。使人感到威胁或难以信任。

(10) 孤独固执。自我防御心理太强,相互间难以影响,使人感到交往无效或交往很累。

因此,为了改善人际交往,应努力培养良好的人格品质。

4. 能力因素

人际交往能力的欠缺是影响人际交往的原因之一,而对有些大学生来说,则是主要原因。这些同学想关心人,但不知从何做起;想赞美他人,可怎么也开不了口或词不达意;交友的愿望强烈,然而总感到没有机会;想调解他人的矛盾,没想到好心办了坏事;交往中想表现自己,却出尽洋相;内心想表示温柔,言语则是硬邦邦的。

三、人际交往,从心开始

(一) 拆除心中的篱笆墙

篱笆墙是农家用来把房子四周的空地围起来的类似栅栏的东西,有的上面还有荆棘,不小心碰上会扎人。农家的篱笆墙有双重作用:一是经济作用,可以在里面种些果树蔬菜什么的;二是向别人表示这是属于自己的"领地",要进入必须征得自己的同意,否则就有贸然侵犯的嫌疑。如果你在人际关系上存在这样那样的问题,不妨仔细想想是否早就在自己的心里筑好了一道道篱笆墙,随时防范别人的靠近。这道看不见的篱笆墙就是自我封闭。

自我封闭的人在情绪上的显著特点是情感淡漠,不能对别人给予的情感表达做出恰当的反应。在这些人脸上很少能看到笑容,总是一副冷冰冰、心事重重的样子。这无形之中在告诉周围的人:我很烦,请别靠近我!周围的人自然也就退避三舍,敬而远之。

自我封闭的人还有某种程度上的自我中心倾向,他很难相信自己的人际关系问题主要原因在自身,而喜欢归咎于别人。

对照一下你自己,是否符合这些特征呢?如果真是这样,那么试着按下面的方法去做,一定会收到良好的效果,从此告别孤独与寂寞。

第一,适当地自我暴露。不再自我封闭,最重要的问题就是扩大"公众我",减少"秘密我""隐私我"。懂得自我暴露的人,不仅可以让别人去认识自己、了解自己,同时自己也可以借此机会认识别人、了解别人。如果你从来不向别人提及任何有关自己的情况,在别人眼里只是个谜,初时别人可能感到好奇,然而多次交往仍然无法深入便会意兴索然,离你而去。

第二,学会微笑。人们常说:"微笑是人际关系的润滑剂。"经常使用这种润滑剂,你的人际关系一定能正常运转。刚刚开始时,如果你觉得对别人微笑实在有点难为情,可以先从对自己微笑开始。对自己微笑,这是在开玩笑吗?一点也不是。

你每天抽出一小段时间,站在镜子面前,对着镜子里面的那个"你"微笑,同时在心里回忆一些有趣的事。一周或稍多一点时间后,你会发现自己脸上的笑容变得自然起来,也变得多起来。当然对别人微笑也不再是件难事。

第三,多掌握些技能,丰富自己的业余生活。如果你对舞蹈、音乐、绘画、体育运动等活动感兴趣的话,闲下来的时候不要把自己关在屋子里,可以去跳跳舞、听听音乐、打打球。

不要在乎自己的舞姿不美、球技不高,这些都是次要的,你只要想着自己不再孤独、寂寞就可以。在业余生活中扩大人际圈子,广交朋友,真是一举两得。

(二)给人留下良好的第一印象

拆除了心中的篱笆墙,走出了自我封闭圈,这是迈向成功交际的第一步。一切人际交往几乎都是从与陌生人打交道开始的。心理学把彼此陌生的人初次见面时所形成的直观感受叫作第一印象。良好的第一印象是交往成功、和谐人际关系的良好开端。因此在与人的初次交往过程中,要注意给人以良好的第一印象。该怎么做呢?主要应该做到:礼貌待人,主动热情;积极求同,缩短距离;了解对方,记住特征。

1. 礼貌待人,主动热情

礼貌待人首先要求用语礼貌,使用"请""谢谢您""对不起"等这些日常礼貌用语既是对别人的尊重,也是对自己的尊重。其次是举止得体,坐有坐相,站有站姿,不忸怩作态也不随意放肆。主动热情要求在交往中表现为喜欢、赞美和关注他人。同时良好的卫生习惯、机灵勤快也能给人留下深刻的印象。

2. 积极求同,缩短距离

人际交往中有个重要的原则:相似性原则。双方如果在兴趣、爱好、观点、志向,甚至年龄、籍贯、服饰等方面有相同之处,往往可以缩短彼此间的距离,改变陌生感。常言道:亲不亲,故乡人;美不美,故乡水。异邦遇同乡,他地谈故里。初次交往中积极寻求接近的共同点,会给人留下良好的第一印象。

3. 了解对方,记住特征

与人初次交往之前,如有可能要尽量了解对方的情况,作为相识和交谈的基础。譬如你了解到对方喜欢养花,那么你就可以在谈话时说些有关养花的逸闻趣事,对方一定对你的谈话感兴趣。

了解对方,记住特征,其中最重要的是很快弄清楚并记住对方的姓名、工作单位和职务。这往往是你对别人重视和感兴趣的标志。

卡耐基在《如何赢得朋友及影响他人》一书中写道:"一个人的姓名是自己最熟悉、最甜美、最妙不可言的一种声音。"在初次交往中应充分利用这一点。

(三)展示自己的人格魅力

初次交往给人以良好的第一印象,不是在演戏,演完就拉倒;而是希望能够以此为契机继续交往下去,建立更进一步的人际关系。

然而,要建立和谐的人际关系仅仅凭第一印象是不够的。所谓"路遥知马力,日久见人心"。如果不能在继续的交往过程中向对方展示自己的人格魅力,建立和谐的人际关系也只是一句空话。

人格就是人的样子,是人的心态、品格、个性、气质和行为方式的基本特征。展示自己的人格魅力就是表现真实的自我——自己自觉自愿表现出来的自我形象,而不是迫不得已装出来的样子。

现实生活中绝大多数的人既不是真正的君子也不是纯粹的小人,虽然境界不是很高但品行不差,修养不是很深但不乏良知,知识不够渊博但不假充权威……这些表现谈不上完美,但绝对要比极力掩饰可爱。

人格魅力不是追求完美,而是发展积极的心态,表现真实的自我。

表现真实的自我必须克服以下思维误区:

(1)我绝不能暴露自己的感受如何,我的欲望是什么,除非这些感受和欲望使别人高兴和满意,会给人好印象,如不能说"我不相信你""我喜欢与异性交往"。

(2)我绝不能对别人表示不满,流露出厌烦的意思,我要把这种不赞成、不满意、不喜欢的意思藏在心底,不能让人知道,以免惹是生非,得罪他人。

(3)我不能暴露自己的缺点和笨拙,不能让别人瞧不起我,如我不参加自己不擅长的活动,我不在公共场合发言。

(4)我不能表露"我认为如何""我想怎么办",以免授人把柄,说自己骄傲自负,因此即使有看法也不说。

(5)我不能表现得与众不同,不能太惹人注目。树大招风,枪打出头鸟,与众不同就会遭人排挤攻击,还是随大流安全。

如果你此时还有这些想法,请赶快与它们彻底决裂。也许你会暂时遭到冷落,但最终赢得的是更多的人包括曾经冷落你的人的友谊和尊重。

(四)把握人际距离

"不识庐山真面目,只缘身在此山中。"庐山乃人间胜境,看不出它的妙处来,是因为身在山中之故。人与自然景观之间的关系尚且如此,人与人之间的关系更是微妙有加。

许多人都有这样的经验和体会:亲密的人际关系经常发生摩擦和矛盾,反倒不及初次交往容易。很多家庭常常相互埋怨,正是这种情况的表现。按理说应该是交往得越深就越容易相处,人际关系也越好。可事实上并非如此,原因何在?

很简单,就是人们忽略了一个"度"的问题。因此,尽管有着良好的愿望——希望自己所拥有的人际关系亲密度越高越好,但还必须记住"亲密并非无间,美好需要距离"。

对人际距离的把握应注意以下几个方面:

首先要尊重别人的隐私。不论多么亲密的人际关系,也应彼此保留一块心理空间。人们总以为亲密的人际关系,特别是夫妻之间、父母与子女之间似乎不应当有什么隐私可言,其实越是亲密的人际关系越是要尊重隐私。

这种尊重表现为不随便打听、追问他人的内心秘密,也不随便向别人吐露自己的隐私。过度的自我暴露虽不存在打听别人隐私的问题,却存在向对方靠得太近的问题,容易失去应有的人际距离。

其次要有容纳意识。容纳意识要求我们尊重差异,容纳个性,容纳对方的缺点,谅解对方的一般过错。"水至清则无鱼,人至察则无徒。"清澈见底的水里面不会有鱼,过分挑剔的人也不会有朋友。没有容纳意识,迟早会将人际关系推向崩溃的边缘。

最后要懂得运用距离效应。距离效应是指由于时间的阻隔,彼此间有了距离;一旦把距离缩短,重新相聚,双方的感情得到最充分的宣泄。

在这里,距离成了情感的添加剂。可见,有时距离的存在也能给人以美的享受。因此,应当培养自己拉开一定距离看他人的习惯,同时也不要时时刻刻把自己的透明度设置为百分之百。内心没有隐秘足显自己的坦荡,但因此失去了应有的人际距离,无形中为以后的人际矛盾种下祸根,这就不是明智之举。

案例分析

我想回家

案例一

杨蓉以较好的成绩从北方考上了南方某高校,接到通知书时,她对未来的生活充满了憧憬。然而,杨蓉进校后情绪低落消沉,失去自信心,认为自己进了个"不大好"的环境,每次打电话回家都会忍不住落泪。与她同宿舍的同学,除了她以外,其余都是广东人。杨蓉觉得她们是不同世界的人,说着广东话,见多识广,活跃能干,在一起时能讨论包罗万象的话题,有说有笑。在她们面前,自己就像个未见过世面的孩子,觉得其他人看不起她。她参加校、系、班学生干部的竞选屡战屡败。课堂上老师深不可测而又枯燥无味的讲授,激不起她的学习热情。她发现自己"毫无特长",感到自己与周围的一切格格不入,喜欢独来独往,也没有人理她。有一段时间,她曾想到了退学。她说她找不到自己。她开始厌恶周围的事物,觉得很多人都很"假"。她渴望成功,但又不愿改变自己的性格,她说那是她骨子里的东西。她常常盼望着放假回家。

分析:在大学生群体中,有部分学生由于早年经历、个性和社会环境等因素的影响,其人际交往不能顺利发展,甚至产生人际交往障碍。他们中有的人或身心有缺陷,或多次遭受挫折和失败等因素,觉得自己不如别人,怕丢面子,被别人看不起,所以不愿积极主动参与社交,自我封闭,在社交场合表现得拘谨消极,事事避让,处处退缩。像杨蓉这样社交自卑感严重的人,大多性格内向,感情脆弱,多愁善感,自惭形秽,觉得自己这也不如人,那也不如人,总担心别人瞧不起自己,在人际交往中处于一种自我否定的心理状态,在行为上表现为消极等待、被动防守。这在主观上是在保护自尊,客观上却压抑了自己的潜能,如不能加以克服,会影响一个人个性的健康发展,影响到与他人的正常交往以及学习、生活和未来的职业。

我不想在宿舍里住了

案例二

一个俊秀的女生李某走进咨询室,眉宇间充满惆怅,惴惴不安地说:"老师,我不想在宿舍里住了。"说完便低下了头。

"我看你是有心事,愿不愿意具体说一说?"老师耐心地问。

在老师关切的目光下,她敞开了心扉:"我不喜欢我们宿舍的人,我和她们格格不入。我喜欢安静,可她们每天总是闹哄哄的,天天三人一群、两人一伙。晚上很晚才睡觉,还特别喜欢聊天,灯光和说话的声音搞得我彻夜难眠,我不想把时间和精力放在处理人际关系上,只想做自己的事,但是我现在什么也做不成,她们总是在干扰我,我想搬出去算了。"

分析:李某的问题为寝室生活适应不良。来自五湖四海的同学、朝夕相处的寝室室友、不同年级的老乡、不同院系学生组织的校内团体,使大学新生的人际交往环境一下子变得复杂多样。寝室里的同学在生活习惯、作息时间、寝室卫生等方面不可避免地产生许多矛盾和冲突。李某显然还没有学会如何面对这些矛盾,一心想逃避引发矛盾的环境。

社交恐惧症

案例三

小A,女,23岁。在读高中时,有次在食堂遇到一个同班的男同学,互相对视一下。这个男同学学习好,长得也很帅,小A自己早就对他有好感,但没有说过话。这次面对面的对视,她忽然觉得自己脸红了,怕被同学们看出她对那个男同学的爱慕之情。以后,见到别的男同学她也感到表情不自然,脸红,心情抑郁、沉闷。考入大学后不久,她见了女同学也脸红起来,觉得女同学也看出了她的心思。近一年来,不论是见到熟人、生人、男人、女人,她都感到脸红,心慌,无地自容,好像心里有愧。因此,她尽量避开人,不到食堂吃饭,一个人躲在教室角落里读书,与父母、姐姐也很少交流。她曾想到自杀或过隐居生活,感到实在难以控制自己,不得已才寻求帮助。

分析:本案例的当事人表现出社交恐惧症的典型症状:不敢见人,与人交往时面红耳赤,精神处于一种非常紧张的状态,拒绝与任何人发生社交关系,自我孤立,抑郁消沉。社交恐惧症患者对自己的神态举止和言谈过分敏感,生怕自己在别人面前失态出丑。他们越是害怕,就越是无法控制自己的失态行为,反而在别人面前感到异常紧张,极不自然。他们越是提醒自己不要脸红,越是脸红得厉害,而不自然的面部表情和行为更加强了紧张意识,形成恶性循环。在以往交往中的受挫经验和消极的自我暗示,会使他们对交往情境形成一种条件反射般的害怕心理。

自我测试（扫一扫做测试）

大学生人际关系综合诊断量表

【指导语】

这是一份人际关系行为困扰的诊断表，共28个问题，在每个问题上，选"是"的打"√"，计1分；选"非"的打"×"，计0分。请你认真完成，然后对照后面对测验结果作出的解释，检查自己的人际关系是否和谐。

【问卷】

1. 关于自己的烦恼有口难言。（　）
2. 和生人见面感觉不自然。（　）
3. 过分羡慕和妒忌别人。（　）
4. 与异性交往太少。（　）
5. 对连续不断的会谈感到困难。（　）
6. 在社交场合感到紧张。（　）
7. 时常伤害别人。（　）
8. 与异性来往感觉不自然。（　）
9. 与一大群朋友在一起，常感到孤寂或失落。（　）
10. 极易受窘。（　）
11. 与别人不能和睦相处。（　）
12. 不知道与异性相处如何适可而止。（　）
13. 当不熟悉的人对自己倾诉他的生平遭遇以求同情时，自己常感到不自在。（　）
14. 担心别人对自己有什么坏印象。（　）
15. 总是尽力使别人赏识自己。（　）
16. 暗自思慕异性。（　）
17. 时常避免表达自己的感受。（　）
18. 对自己的仪表（容貌）缺乏信心。（　）
19. 讨厌某人或被某人所讨厌。（　）
20. 瞧不起异性。（　）
21. 不能专注地倾听。（　）
22. 自己的烦恼无人可倾诉。（　）
23. 受别人排斥与冷漠。（　）
24. 被异性瞧不起。（　）
25. 不能广泛地听取各种意见、看法。（　）
26. 自己常因受伤害而暗自伤心。（　）
27. 常被别人谈论、愚弄。（　）
28. 与异性交往不知如何更好地相处。（　）

测量结果的解释与辅导：

如果你得到的总分是 0～8 分之间，那么说明你在与朋友相处上的困扰较少。你善于交谈，性格比较开朗，主动关心别人，对你周围的朋友都比较好，愿意和他们在一起，他们也都喜欢你，你们相处得不错。而且，你能够从与朋友相处中得到许多乐趣。你的生活是比较充实而且丰富多彩的，你与异性朋友也相处得很好。一句话，你不存在或较少存在交友方面的困扰，你善于与朋友相处，人缘很好，获得许多人的好感与赞同。

如果你得到的总分是在 9～14 分之间，那么，你与朋友相处存在一定程度的困扰。你的人缘很一般，换句话说，你和朋友的关系并不牢固，时好时坏，经常处在一种起伏波动的状态之中。

如果你得到的总分是在 15～20 分之间，那就表明你在同朋友相处上的行为困扰较严重；分数超过 20 分，则表明你的人际关系的行为困扰程度很严重，而且在心理上出现较为明显的障碍。你可能不善于交谈，也可能是一个性格孤僻的人，不开朗，或者有明显的自高自大、讨人嫌的行为。

实践训练

活动一：连环手游戏

【活动目的】 给小组分配任务，使小组成员在与他人合作解决问题的过程中体会人际交往过程要注意语言的魅力：安慰受创伤的人，鼓励失败的人，恭维真正取得成就的人，帮助有困难的人。学会人际交往的技巧，提高人际交往能力。处事果断、富有主见、精神饱满、充满自信的人容易激发别人的交往动机，博得别人的信任，产生使人乐意交往的魅力。

【项目布置】

(1) 将参与人员分成若干小组，让每组队员站成一个面向圆心的圆圈。

(2) 让队员先举起右手，握住对面那个人的手；再举起左手，握住另外一个人的手。现在团体面对一个错综复杂的问题，在不松手的情况下，想办法把这张乱网解开，最后形成一个大家手拉手围成的大圆圈。

(3) 乱网一定可以解开，但答案会有两种：一种是一个大圈，另外一种是两个套着的环。

(4) 如果在尝试过程中，实在解不开，可允许学生决定相邻两只手断开一次，但再次进行时必须马上封闭。

(5) 赢的团队有机会展现小组风采，分享感受。

活动二：心理剧表演

【活动目的】 通过活动，将自己人际交往中的问题或困扰通过表演的方式展示给全班同学，表达自己的内心感受，从中培养和提高自己的洞察力，借此走出困境，实现自我整合和人际关系和谐。

【活动内容】

(1) 学生参照剧本进行人际交往心理剧表演。

(2) 学生对表演进行讨论和总结。（剧中反映了大学生人际交往中的什么问题？这些问题应如何应对和解决?)

(3) 结合自己的理解,同学之间再次进行两两对话表演,以达到"沟而通"的目的。

(4) 分享感受。

附参考剧本:

一个电话引起的风波

佳薇:晓玲?晓玲?还打呐?

晓玲:干吗呀,有事吗?

佳薇:你都打多长时间了,都1小时了。

晓玲:我们还没聊完呢!

佳薇:吵着我们睡觉了。

晓玲:睡觉?

佳薇:啊,没看我翻过来转过去,半天没睡着吗?

晓玲:睡不着是吗?你睡不着,关我什么事啊?

佳薇:你打电话影响宿舍同学睡觉,你自己知不知道啊?

晓玲:我已经这么小声了,别的同学怎么没反应啊?

佳薇:都一连几个晚上了,昨晚聊到十二点还不睡,今天又聊到一点多,真是太过分了!

晓玲:这有什么过分的?就你事多!

佳薇:你还有道理?你要还想打电话,抱着电话到外面打去!

晓玲:凭什么要我到外面打啊?

佳薇:凭什么?就凭这宿舍不是你一个人的。

晓玲:对啊!不是我一个人的,但也不是你一个人的吧,为什么让人出去呢?

佳薇:你要再这样,我把电话线给你拔了啊!

晓玲:你拔呗。

……

注意事项:

(1) 表演时注意语气与表情,尽量逼真。

(2) 选取个别两人组进行示范,教师及时点评。

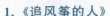

心理影视

1.《追风筝的人》

导演:马克·福斯特。

编剧:大卫·贝尼奥夫、卡勒德·胡赛尼。

主演:赫立德·阿卜杜拉、阿托莎·利奥妮、肖恩·托布。

上映日期:2007年10月(芝加哥国际电影节)。

剧情简介:2000年美国加利福尼亚,知名作家阿富汗人Amir接到一个电话,将他带回了童年的岁月……

1978年阿富汗喀布尔,Amir是富家少爷,仆人Ali的儿子Hassan是他忠实的跟班与玩伴。两人参加了一场传统的斗风筝比赛,Amir经历了终生难忘的事情,两人的命运随之改变:Ali和Hassan离开了Amir家,音信全无;随着阿富汗战争的爆发,Amir和父亲移民到美国,过上了新的生活。

电话是父亲的老朋友Rahim打来的,希望Amir能够到阿富汗去找Hassan的儿子Sohrab,等待Amir的,除了满目疮痍的家乡、不堪回首的往事,还有难以启齿的秘密。

2.《小马宝莉大电影》

导演:杰森·西森。

编剧:Meghan McCarthy、Joe Ballarini。

主演:奥卓·阿杜巴、艾米莉·布朗特。

上映时间:2017年10月6日(北美),2018年2月2日(中国)。

剧情简介:一股新黑暗势力威胁到小马国,六位小伙伴Twilight Sparkle(紫悦)、Apple Jack(苹果嘉儿)、Rainbow Dash(云宝)、Pinkie Pie(碧琪)、Flutter Shy(柔柔)和Rarity(珍奇)离开小马国踏上难忘之旅,在旅途中他们结交新朋友,遇到刺激的挑战,必须通过友谊的魔力拯救自己的家园。

阅读思考

人际交往中的刺猬法则

为了研究刺猬在寒冷冬天的生活习性,生物学家做了一个实验:把十几只刺猬放到户外的空地上。这些刺猬被冻得浑身发抖,为了取暖,他们只好紧紧地靠在一起,而相互靠拢后,又因为忍受不了彼此身上的长刺,很快就又各自分开了。可天气实在太冷了,它们又靠在一起取暖。然而,靠在一起时的刺痛使它们不得不再度分开。挨得太近,身上会被刺痛;离得太远,又冻得难受。就这样反反复复地分了又聚,聚了又分,不断地在受冻与受刺过程中挣扎。最后,刺猬们终于找到了一个适中的距离,既可以相互取暖,又不至于被彼此刺伤。

在人际交往中,我们正是这样一类带刺的动物,想要靠近同类,从别人那里获得温暖和支持;可距离缩小,又因为太小的距离觉得胁迫和压力。这其实是因为在人际交往中,每个人都需要独占一定的空间,这个空间就叫作人际空间。

正所谓喝酒七分醉,吃饭八分饱,人际交往也需要处处给人留有余地。热恋中的情侣或者是交好的朋友,总是喜欢不分昼夜地腻在一起,恨不能上厕所都像学生时期一样同往同行。殊不知,这正是人际交往的大忌。一是容易丧失新鲜感,二是产生依赖心理,三是心灵上感到压力。

没有人能容忍他人闯入自己的空间。人与人之间需要保持一定的空间距离,即使最亲密的两人之间也是一样。任何一个人,都需要在自己的周围有一个能掌控的自我空间,如果两个气球靠得太近,互相挤压,最后的结果必然是爆炸。这也就是为什么两个本来关系密切的人,越是形影不离就越容易爆发争吵。

　　对人际距离的把握应注意以下几个方面。首先要尊重别人的隐私。不论多么亲密的人际关系,也应彼此保留一块心理空间。这种尊重表现为不随便打听、追问他人的内心秘密,也不随便向别人吐露自己的隐私。其次要有容纳意识。容纳意识要求我们尊重差异,容纳个性,容纳对方的缺点,谅解对方的一般过错。最后要懂得运用距离效应,距离的存在能够给人以美的感受。

【思考题】

　　1. 回忆一下自己有没有与他人不愉快的交往经历,导致不愉快的真正原因是什么?

　　2. 如果能够让时间倒退,你会怎样避免那次不愉快的经历?

第八章

走进爱情伊甸园
——恋爱与性心理

鼓起恋爱的翅膀,飞向幸福的殿堂。守护住自己的爱,千万不要让丘比特之箭射穿你的心脏。

故事导入

> 大一时,我欣喜地发现,校园里有许多的蔷薇,有白的、黄的、粉的,每当走过,我总要偷摘一朵,盈握手间。一日,当我又将手伸向花朵时,身后很近的地方有个男生很重地咳嗽了一下,我一惊,手背到身后,回过头,却是他带着得意的笑,眼睛直盯着我,我脸刷的红了。平日里说话得体的我当时不知说些什么,深吸一口气,转身跑进教室。接着,他也进了教室,一边轻松地与别人打招呼,一边踱到我身边,递给我一朵蔷薇。我紧张万分,先做的不是接花,而是飞快地抬头看边上有没有人注意。他轻声问我:"为什么不夹在书里?""噢,会压坏的。"我僵硬地笑了一下,低下头。他的这"惊鸿一瞥",在我脑海中留下了深刻印象!自那天,每当我和别人聊天,无意一望,就会看到他正微笑着看着我,而我的心,便会无端地紧张。他爱打篮球,班际比赛时,他进了球,大家欢呼时,他回过头,直看着我,笑着奔跑起来。我发现他常常在看我,而我也在越来越多地关注他,我常用眼光追逐他的身影,目光对上了,又赶快移开。"这是怎么了?!"我感到局促不安,我保证过不在大学谈恋爱的。我压抑自己的感情,不去看他,但心思骗不了自己,脑海中常出现他含笑的眼睛,那眼神中有让我沉醉的东西,让我感到依赖和安心。他或许感受到了我的躲避,却依旧在我身边关心我,帮助我,班里有人在拿我们开玩笑,我有些不知所措。
>
> "我这是在爱吗?接下来我该怎么办?"

理论指导

爱情是每个青年人都憧憬和向往的,也是大家都非常关注的话题。在大学校园里,很多大学生都品尝过爱情的滋味,爱情给他们带来了欢乐,也带来了痛苦。许多大学生感慨:我经历了爱情,却不懂爱情。因此,爱情是值得我们不断学习、思考的课题。

一、什么是爱情

(一)爱情的定义

什么是爱情?有人说爱是牺牲,有人说爱是奉献,有人说爱是索取,还有人说爱是浪漫的、爱是有激情的、爱是永恒的。究竟什么是爱情呢?

爱情(love)是人际吸引的强烈形式和最高形式,它有广义和狭义之分。广义的爱情是指存在于各种亲近关系中的爱,意味着人际关系中的接近、悦纳、共存的需要及持续和深刻的同情、共鸣的亲密感情。狭义的爱情是指心理成熟到一定程度的异性个体之间的强烈的人际吸引。以下我们介绍的内容专指这种狭义的爱情。

马克思认为,爱情是男女双方之间基于一定客观物质基础和共同的生活理想,在各自内心形成的相互倾慕,并渴望对方成为自己终身伴侣的一种强烈的、纯真的、持久的感情。爱情的本质,是人的社会属性与人的自然属性相结合的异性间的崇高感情。爱情的获得需要经历一个由感性到理性,由片面到全面,由肤浅到深入,最后达到相互肯定、相互融合的过程。

(二)爱情的特征

作为人与人之间特定的社会关系,爱情具有以下一些基本特征:

1. 自主性和互爱性

爱情是一种复杂、圣洁、崇高的感情活动,它是由两颗心弹拨出来的和弦,彼此互相倾慕,情投意合。真正的爱情是不可强求的,只能以当事人双方的互爱为前提,当事人既是爱者又是被爱者。在爱情发展中,男女双方必须始终处于平等互爱的地位。单恋虽然也是一种强烈的情感,但它却不是互爱意义上的爱情,它只能从内部消耗一个人的精神力量,从而造成心灵创伤,因而是不可取的。

2. 专一性和排他性

爱情是两颗心相撞发出的共鸣,男女一旦相爱,就会要求彼此忠贞,并且排斥任何第三者亲近双方中的一方。伟大的教育家陶行知曾经很形象地说过:爱情之酒甜而苦,两人喝是甘露,三人喝是酸醋,随便喝要中毒。这话是很有道理的。

3. 持久性和阶段性

爱情是一棵苍松而不是一枝昙花,爱情所包含的感情因素和义务因素,不仅存在于婚前的整个恋爱过程之中,而且延续到婚后的夫妻生活和家庭生活。爱情的持久性表现在爱情的不断深化、充实和提高上,恰如莎士比亚所说:真正的爱,非环境所能改变;真正的爱,非时间所能磨灭;真正的爱,给我们带来欢乐和生命。事实上,爱情的持久性正是建立和保持婚姻关系的基础。真正的爱情不会随着年岁的增长而减弱,但人生的不同年龄阶段,爱情的表现会有所不同,具有阶段性。

4. 社会性和道德性

爱情虽然是男女之间相互爱慕的私情,但具有丰富的社会内容。爱情的内涵、本质以及追求爱情的方式,必然要受到各种社会关系及社会因素的影响。爱情的道德性是指爱情中蕴涵着对对方的强烈的义务感和责任心。

(三)爱情的成分与种类

爱情的含义从古至今有多种说法,虽各有差异,但内容基本一致,主要涉及生理因素、心理因素和社会因素三个方面。生理因素是指爱情产生于男女两性之间,异性吸引的生物本能使之产生相结合的强烈愿望;心理因素是指爱情会愉悦身心,能产生美好的心理体验;社会因素是指爱情属于社会现象,既受社会道德、法律规范的约束,还具有传宗接代的社会功能。

美国心理学家斯腾伯格在《心理评论》中以"质"和"量"的分析方法,提出著名的"爱情三角形理论"。斯腾伯格认为,"完美的爱情"包括三种成分:亲密(familiarity)、激情(enthusiasm)和承诺(promise)。以生理因素为主的两性关系是激情,以心理因素为主的两性关系是亲密,以社会因素为主的两性关系是承诺。

1. 亲密

亲密指在爱情关系中能促进亲近、连属、结合等体验的情感,它能引起温暖体验。这是爱情中的情绪成分。它包括如下内容：①改善所爱的人的福利的愿望；②与所爱的人在一起体验到快乐；③对所爱的人高度关注；④在需要帮助时能指望所爱的人；⑤互相理解；⑥分享一个人的自我和一个人的所有；⑦接受来自所爱的人情感方面的支持；⑧对所爱的人提供情感方面的支持；⑨能与所爱的人进行亲密的沟通交流；⑩重视对方在自己生活中的价值。

2. 激情

激情是基于浪漫、身体吸引之上的性冲动与性兴奋，是爱情中的性欲成分，是爱情的主要驱动力，也是爱情中的情绪成分。激情能引起浪漫恋爱、体态吸引、性完美，以及爱情关系中的其他有关现象。或者说，该成分就是在爱情关系中能引起激情体验的各种动机性的唤醒源以及其他形式的唤醒源。它包括一种激烈的渴望与另外一个人成为一个统一体的状态。在爱情关系中，性的需要是引起这种激情体验的主导形式。

3. 承诺

承诺是爱情中的理智成分，它对情绪和动机是一种控制因素，包括将自己投身于一份感情的决定及维持感情的努力。具体来说承诺包括两方面：①在短期方面，指一个人做出了爱另外一个人的决定；②在长期方面，指那些能维持爱情关系的承诺或担保、投入、忠心、义务感或责任心。但是，这两个方面不一定同时具备。爱的决定并不一定意味着对其忠守；同样，忠守也不一定意味着做出决定。现实中，许多人实际上在心理上承担了对另一个人的爱，却未必承认，更不说做出什么决定了。然而，无论是在时间上，还是在逻辑上，大多数情况都是决定成分优于忠守成分。承诺大体上相当于我们中国人常说的"山盟海誓""天长地久""忠贞不渝"之类。

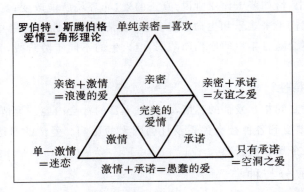

亲密、激情与承诺组成了爱情三角形的三个顶点，成为对爱情进行描述的维度，圆满的爱包含这三个成分，如上图所示。随着认识的时间增加及相处方式的改变，上述的三种成分将有所改变，随着爱情三角形组成元素的增减，其形状与大小也会发生改变。在此基础上，爱情可以分成以下八种类型：

爱情类型 \ 爱情因素	亲密	激情	承诺
无爱	×	×	×
空洞的爱	×	×	√
喜欢	√	×	×

续表

爱情类型 \ 爱情因素	亲密	激情	承诺
迷恋	×	√	×
愚蠢的爱	×	√	√
浪漫的爱	√	√	×
友谊之爱	√	×	√
完美的爱	√	√	√

二、大学生的恋爱

（一）大学生恋爱的特征

大学生的恋爱除了具备一般青年人恋爱的特点外，由于其特有的环境、生理、心理的共同作用，产生大学生独特的恋爱心理。因此，大学生恋爱具有自己的特点：

1. 恋爱的浪漫性

正处于青春期中后期的大学生，随着性生理和性心理的逐渐成熟，在没有各方面压力的情况下，在充满美丽幻想的大学校园里，开始了属于自己的爱情序曲。两个人在一起想的都是如何浪漫地度过每一天，图书馆的依偎、食堂里的喂饭、湖边草地上的缠绵、宿舍门口的难舍难分……在浪漫的同时，他们对爱情的成功与否却并不看重，并不是非常希望把婚姻作为爱情的归宿。大学生恋爱的浪漫掩盖了理想与现实之间的矛盾，致使爱情缺乏挫折的磨炼和必要的现实基础，一旦遇到问题，容易破裂，这也是引发"毕业那天的最后一顿饭、最后一个拥抱、从此咫尺天涯"现象的主要原因。

2. 恋爱的盲目性

大学生因离家住校独立生活，常常自己看准了对象就去追求，把在校期间谈恋爱作为一种取得生活经验的实践活动，或以此来消除寂寞、孤独，寻求开心，想方设法去接近异性。但是他们对于"什么是爱？""如何才能真正地去爱？"一无所知，甚至有些学生觉得没必要去付出更多的时间研究这些问题，"爱了就在一起，不爱了就分手"。有的学生一学期谈了好几个，互相攀比谁是"每周一哥"，或者看谁的对象长得更漂亮或更有风度。

3. 恋爱的公开性

现代大学生谈恋爱一扫传统的以含蓄、深沉、修养为美的形式，恋爱活动已不再隐蔽，逐渐由地下浮出水面。时下，只要你步入大学校园，便能目睹成双成对的大学生情侣卿卿我我，旁若无人，甚至在公共场合搂抱、接吻，致使旁人不得不退避三舍。

4. 恋爱的随意性

由于受西方文化和生活方式的影响，当代大学生看中爱的过程，而轻视恋爱的结果，把恋爱当成"爱的初体验"和"大学生活的调味剂"，信奉"只在乎曾经拥有，不在乎天长地久"，而不是为了将来步入婚姻的殿堂。在这种新思想的影响下，大学生虽纠结于理智和情感的矛盾漩涡，但由于生理需求和心理好奇，偷吃禁果的尝试并不罕见。这种恋爱的随意性导致大学生堕胎、"少女妈妈"等痛苦事件层出不穷，体现了当代大学生对爱情的不负责任，不仅破坏了学校的风气，也影响了学生自身的身心健康和正常的学习生活。

（二）大学生恋爱中存在的心理问题及调适

1. 因缺乏自信产生的心理问题

一些大学生总感到自己缺乏被爱的吸引力，也有些大学生为自己还没恋爱感到自卑，认为自己对异性没有吸引力，认为别人瞧不起自己，不敢坦然地与异性交往，更怕在异性面前失误，只好用回避与异性接触的办法保护自尊心，并极力掩盖内心深处的痛苦与失落。

原因：一方面，在大学生恋爱过程中常见的"恋爱的晕轮效应"会导致对自我和对对方的认知偏差和评价偏差。自我评价出现偏差，学生往往过于关注别人对自己的评价，却从未认真考虑过自己如何给自己一个客观的评价。另一方面，对恋爱吸引力有误解以及缺乏科学的认知。表面上看，似乎人们的择偶心理倾向于外在魅力，实际上男女大学生在选择异性对象的条件上大多都认为性格、才能、心理相容、人品和兴趣爱好更具吸引力。随着年级的升高，大学生对选择恋爱对象的条件越来越实际，一般不会再"跟着感觉走"。

调适：有这种心理问题的大学生应从各方面多寻找自己的长处，挖掘和排列一下自己能吸引他人的闪光点及特征，并学着变换一下思维方式，用自己的优点与别人的缺点去对比，以增强自信、悦纳自己。其次，学会辩证地思考问题，看到事物的两面性。再次，大胆地去与异性同学交往，多参加有异性同学的集体活动和娱乐活动，去了解和观察自己所欣赏的异性同学，同时也了解自己的恋爱期待心理特征，缩短真实自我与理想自我的心理差距，调节好恋爱心理的内部期待与外部期待的矛盾，矫正恋爱动机和恋爱价值定向。

2. 单相思产生的心理问题

单相思是指异性关系中的一方倾心于另一方，却得不到对方回报的单方面的"爱情"。单恋者往往充满幻想，而且自愿为对方奉献一切，具有伟大而深沉的悲哀；对单恋对象往往过分关注，害怕遭到拒绝或再次遭到拒绝而不敢坦露心迹，宁愿单方面进入幻想的连续剧中。单相思本身并不算心理障碍，但盲目的非理性的单相思如果得不到合理的疏导与调适，就会导致心理失调，甚至是更为严重的后果。单相思使某些学生陷入痛苦的境地，茶饭不思，神情恍惚，对生活失去乐趣，心理逐渐失衡，常常处于空虚、烦恼，甚至绝望之中。轻者导致强迫性神经症，重者导致抑郁症，更严重者在行为上会出现攻击倾向，指向外部的可能是对思恋对象的攻击，指向内部的就是自杀。

原因：形成单相思的原因很多，主要有以下几点。①自卑。害单相思的大学生往往在内心把自己暗恋的人过分地美化了，他们在相处或者相遇之中，被对方的容貌、才华，或者品行所吸引，从而形成对对方的爱慕，但是，由于吸引而美化对方，相比之下总感觉自己配不上对方，因此，不敢接近所暗恋的人，而是以其丰富的想象力，在幻想中得到异性的爱。②信念误区。单恋者认为爱仅仅是投入，不要承诺、不要回报、不顾一切的精神恋爱才是最伟大的爱。③心理防卫。有的单相思者由于自己的认知偏差，不能正确地对待被拒绝的事实，而仅仅是为了"自尊"，就自我强迫，坚持求爱到底。在现实生活中，经常出现有的大学生在遭到对方反复拒绝后，并不死心，仍然死皮赖脸地"缠"着对方，给双方造成心理负担，甚至有的单相思者经过锲而不舍的努力，最后获得对方的爱以后主动终止与对方的恋爱关系，以挽回自己的面子。

调适：单相思的心理调适可以从以下方面进行。

其一，要划清"爱情"与好感的界限。心理学实验证明：爱情与好感绝不是一回事。爱情与好感是两种性质不同的体验，如果不能有效辨别，常常会错把好感当爱情而过早地射出丘比特之箭，从而平添许多痛苦。

其二，不要过分相信自己的感觉。"情人眼里出西施"，感觉里往往包含错觉。因此，大学生一定要学会客观地判断对方的行为，从而获取有关爱情的"真实"信息。

其三，要增强理智感。勇敢地面对客观现实，摆脱虚幻的爱情罗网。积极地采取现实的方法发展和培养自己的爱情。恩格斯说过，爱情是"以互爱为前提的"，它应是两颗心弹拨的和弦，绝不是单方的独奏。强扭的瓜儿不甜，婚姻不能强求，虽然对方给自己留下了美好的"第一印象"，但既然这无法发展为爱情，我们就应该勇敢接受现实。

其四，把自己对对方的爱转移到学习和工作上。青年人都有爱和被爱的权利，但是，过度的爱情追求必然降低人本身的价值。生活中还有比爱情重要的东西，这就是事业。把更多的精力投入到事业中去，不仅可以使自己从事业中寻找到新的乐趣，而且这也是排解烦恼的有效办法。

3. 失恋产生的心理问题

失恋是指恋爱的一方否认或中止恋爱关系的结果给另一方造成的一种严重挫折。从心理角度来看，失恋可以说是大学生求学期间最严重的挫折之一。失恋会造成一系列消极心理反应，如难堪、羞辱、失落、悲伤、孤独、虚无、绝望和报复等。一般来讲主要表现为：

（1）情绪极度悲伤和绝望。其症状表现强度与失恋者对恋爱对象的满意程度成正比。

（2）充满难堪和羞辱感，甚至感到羞于见人，无地自容。自尊心越强者，恋爱公开程度越大者，这种症状就表现得越明显。

（3）充满了虚无感和失落感。热恋时对爱情的存在越肯定，失恋后的虚无感也就越强烈；热恋时产生的依赖心理倾向越大，得到恋人的温暖和安慰越多，失落感的表现就越显著。

（4）充满了冷淡和憎恶感。失恋后对平时所感兴趣的事物已感到索然无味，而对"薄情郎"或"负情女"则产生出一种憎恶感。

（5）有强烈的报复、自杀意念，或者内化为自我折磨。

原因：大学生产生失恋现象的心理原因有很多种，概括起来有三个。一是因为在大学生心目中，爱情的理想与现实的差距让人感受到一种难以名状的失落。也就是说总相信有完善的爱存在，可现实却没有十全十美的男人或女人，更没有十全十美的自己。二是由于恋爱能否成功的因素是多方面的，如年龄、外貌、品行、性格、文化、职业、兴趣、爱好、经济状况、民族、宗教信仰、政治态度等，或许只有某方面的相互欣赏和认可就走到了一起，或许也仅仅因为某一点看不惯就分手了。殊不知，要达成多方面的默契是需要时间的，要建立一份永久的爱情与幸福的家庭是需要相互理解、共同努力的。三是由大学生恋爱的心理特征所引发并形成的恋爱低龄化、公开化、高速度进展和恋爱的多元化所致。

调适：失恋问题是自身问题，主要应从自身解决。根据心理学原理，大学生面对失恋可通过以下方法进行自我调节：

（1）价值补偿法。

此法旨在稳定人的情绪，平衡人的心理，增强信心和勇气，而且对事业的成功还能起到激励作用。失恋学生要努力克服爱情至上的观念，明确爱情固然重要，但毕竟不是生活的全部，生活中还有比爱情更重要的东西，那就是对理想、事业和工作的追求。要自觉摆脱失恋的阴影,把精力投入到学习工作之中,把失恋升华为一种奋发向上的动力。

(2) 多维思考法。

心理学认为,当受到外界刺激、情绪不能自主时,排遣这种不良情绪的关键是冷静和理智。失恋后,不妨静下心来回忆一下整个恋爱过程,冷静、客观地分析一下失恋的原因,认真地总结经验教训,如:你们的恋爱是否存在盲目性?对方感情的变化有无道理?这样的爱值不值得留恋?

(3) 活动转移法。

因失恋而悲痛欲绝的大学生,可以通过参加有意义的活动,如文体活动、学习班、继续深造等,将自己的注意力转移到其他事上去,使消极的情绪得到控制。置身于欢乐的环境中,用新的乐趣来冲淡心中的郁闷,可使自己忘掉痛苦和烦恼。心理学认为,当保持记忆的条件暂时不存在,或被另一种现象干扰时,就会造成人们对某种事物的遗忘。这样,伤感者不仅精神上得到了补偿,而且可以打开生活的视野,产生新的理想和追求。

(4) 自我安慰法。

此法是指当人产生悲观失望的情绪时,通过"自我"调节,使心理上得到某些满足,以促进心理平衡。恋爱同其他事情一样,既有成功,也有失败,那么,我们为什么只苛求成功而不正视失败呢?况且,第一次闯入你心中的异性并不就是唯一可爱的,第一次做出的择偶选择也未必都是最佳选择,除了对方之外,难道就没有别的人可选择了吗?

(5) 积极认知法。

任何事物都有其正反两面,失恋虽说是一次失败的恋爱,但同样有其独特的积极意义,比如:失恋能避免以后的婚姻失败,失恋能增长阅历和耐挫能力,失恋能澄清自我的爱情观,失恋能让人学会珍惜、尊重和宽容,等等。多从积极的角度认识失恋问题能有效降低痛苦感,将失恋的负面影响降低。

三、如何培养爱的能力

埃里希·弗罗姆在《爱的艺术》一书中提出:爱是一门艺术。爱的问题不仅是一个对象问题,而且是一个能力问题。如果不努力发展自己的全部人格,任何爱的努力都会失败;如果没有爱他人的能力,自己在爱的生活中永远不会得到满足。具备爱的能力会引导一个人去真正地爱他人,也真正地爱自己,能真正体验到爱给人带来的快乐和幸福。恋爱的过程也是培养爱的能力的过程。

(一) 培养表达爱的能力

当心中有了爱,在理智分析之后,要敢于表达、善于表达,这是一种爱的能力。有些大学生心中有爱但拙于表达,常遭到恋人的猜测和抱怨。因此,大学生在遇到心仪对象时,努力培养自己表达爱情的能力,向对方表达时要体现真诚、大方、适度,这样才能捕获心中的爱情。

在表达你的爱之前,请自问:

- 你想要表达你的爱吗?
- 你有足够的勇气和信心表达你的爱吗?
- 你能用恰当的方式和语言表达你对她(他)的爱吗?
- 你做好被她(他)拒绝的心理准备了吗?

（二）培养接受爱的能力

当别人向你表达爱时，如果不能清楚地回答是接受还是拒绝，请给自己时间准备。对于渴望爱情的大学生来说，首先要懂得爱是什么，自己喜欢什么，自己需要什么、适合什么；其次要能及时准确地对爱的信息做出判断，以利于做出正确的响应；最后还应具有良好的心理承受力，能坦然地做出选择，并能兼顾好学业、爱情、未来三者的关系。只有这样才能爱情、学业双丰收，拥有美好的未来！

在面对一份爱情时，请自问：

- 你的爱情是突如其来的还是自己一直渴望的？
- 对于被爱你感到高兴吗？
- 你接到爱的信号了吗？

（三）培养拒绝爱的能力

这是对自己不愿或不值得接受的爱加以拒绝的能力。不少大学生在别人向自己示爱时优柔寡断，怕伤害对方，又怕对方误会。接受爱不代表尊重；拒绝爱也并不表示不尊重。负责任的接受和拒绝都是对他人的尊重。但在拒绝时，要注意两个方面。

（1）在并不希望得到的爱情到来时，要果断、勇敢地说"不"。因为爱情来不得半点勉强和将就，如果优柔寡断或屈服于对方的穷追不舍，发展下去对双方都不利。

（2）要把握恰当的拒绝方式。虽然每个人都有拒绝爱的权利，但是珍重每一份真挚的感情是对他人的尊重，也是一种自珍，同时是对一个人道德情操的检验。

如果你已经明确表明拒绝之意，而对方仍无理纠缠，则应该向老师、家长、朋友求助，共同解决问题。

（四）培养发展爱的能力

恋爱是两个人的事，两个独立的人走到了一起，共同经营着一份感情。确实，爱情是需要经营的，不同的经营方式带来了不同的恋爱结果。其实出现矛盾并不可怕，可怕的是采取了不当的"经营方式"。

发展爱的能力，就是要培养无私的品格和奉献精神，要培养善于处理矛盾的能力和经营爱情的能力。每个人都想追求和保持自己美好的爱情，然而如何才能经营好自己的爱情呢？

（1）在爱情的发展过程中，双方要有意识地提高自己的人格修养，培养自己的人格魅力，要不断地丰富自己，增强相互的吸引力。

（2）在爱情的发展过程中，双方要保持自己独特的个性和空间，但同时又要保持与对方的和谐，做到两心相悦。

（3）在爱情的发展过程中，培养善于处理矛盾的能力，有效地化解消除恋爱和家庭生活中的矛盾纠纷，使爱情得到健康稳定的发展。一旦双方出现矛盾和分歧，首先要尊重和信任对方，要及时沟通，相互理解，站在对方角度考虑问题，本着对恋人负责、对社会负责的理念，才能共同把爱情经营好。

四、性心理和性心理健康

(一)性心理和性心理健康的定义

古人曰:"食、色,性也。"就是说,以饮食为基础的物质生活和以繁衍后代为目的的性生活是人类的两大基本生活需要,性和饥择食、渴择饮一样,是人生而有之的本能。所谓性心理,是指个体在性生理成熟的基础上所形成的与性特征、性欲、性行为有关的心理状况和心理过程,简而言之,就是与性心理、性行为有关的心理现象。性生理是性心理发展的生物学基础,性生理发育的障碍或缺陷,会使性心理的发展出现偏差。大学生正处于性生理发育成熟、性心理逐渐趋向成熟的时期,也是性生理需求与性的社会规范之间的冲突阶段。

性心理健康是指个体具有正常的性欲望,能够正确认识性的有关问题,并且具有较强的性适应能力,能和异性进行恰当交往,在免受性问题困扰的同时,还能增进自身人格的完善,促进自己身心的健康发展。

世界卫生组织对性心理健康所下的定义是:通过丰富和完善人格、人际交往和爱情方式,达到性行为在肉体、感情、理智和社会诸方面的圆满和协调。性心理健康是人类健康不容忽视的重要组成部分,近年来正越来越受到人们的重视。

(二)大学生常见的性心理困扰

1. 性体像意识的困扰

这主要表现为大学生男女不能正确、客观地认识自己的身体及其第二性征。如唐爱武的调查报告中就有 50% 的女生和 16% 的男生对青春期出现的第二性征感到害羞、不安和不理解。女性对自己的乳房发育不满意,为形体的胖瘦而烦恼。有的大学生由于片面追求苗条而形成体像障碍,男性对自己的生殖器不满意,为身材矮小而苦恼。有的大学生认识不到生长的突增在身体的各个部位并不同时开始,因而产生体像和自信心方面的问题。

2. 性冲动和性幻想的困扰

性冲动是指由于性刺激引起大脑皮层的活动,产生性欲,再通过大脑皮层向身体组织发出指令。性冲动和性幻想是性发育过程中出现的正常现象,它代表着性知觉的觉醒和性意识的萌发。性冲动和性幻想不一定产生性行为,所以不必过分自责,不要认为是卑鄙、见不得人的事。事实上性幻想对于减少人的紧张与焦虑乃至性压抑都是有益的。但如果频繁出现性梦或性幻想就会影响休息、睡眠和体力的恢复,严重的还会导致神经衰弱,给身心健康带来不利影响。因此,在心理尚未成熟前应尽量减少声、光刺激;不接触黄色、淫秽读物;适时接触性刺激;锻炼理智和克制能力。

3. 性自慰的焦虑

事实上,性自慰本身并不会带来害处,它是"标准的性行为的一种"。美国著名的性研究专家马斯特斯和约翰逊用先进的仪器,对性自慰和性交做了比较,发现两者基本一致,认为没有理由把性自慰当作有害身心健康的异常性行为看待。并且,在大学生不能用性交行为来释放他们内心积聚起来的性冲动能量的情况下,性自慰是他们唯一可以采取的主要性行为。性自慰的危害并不在于性自慰本身,而在于对性自慰的担忧、恐惧、羞愧和罪恶感。对性自慰的错误认识,既是大学生烦恼的真正原因,又是使之变得难以节制的心理原因。不少大学生在接受性知识教育和咨询后,一旦明白性自慰是正常的、无害的,并且性自慰并不是个别人的行为后,心理负担卸了下来,这样性自慰的欲望和行为反而减少、容易调节了。

4. 性心理偏差行为

性心理偏差是指青少年性发育过程中的不适应行为,如过度手淫、迷恋黄色书刊、不当性游戏、轻度性别认同困难等,一般不属于性心理障碍。但对这些不适应行为应给予有效的干预。手淫本身不是心理障碍,对身体并无损害,也不是罪恶。应该注意的是对手淫的错误观念的心理冲突。对于过度手淫要采取转移注意力、转向于参加文体活动的方法予以纠正。丰富兴趣爱好,培养大胆开朗的个性,增强性道德观念和意志品质,其中关键的一步是对异性脱敏。通过咨询和自身的努力,往往能有效地改变性偏差行为。

五、恋爱与性

恋爱与性的关系极其密切,没有恋爱的性和没有性的恋爱都是难以想象的。在恋爱中正确处理恋爱与性却不是一件容易的事。我们从案例入手分析爱与性。

(一) 婚前性行为造成的心理困惑

这是一位女大学生的求助信:"我是刚刚进入大学认识他的。他是我的老乡,在我初次离家孤独时给予我太多的安慰与帮助,不知不觉我陷入了恋爱之中。随着交往的深入,我们的恋爱也不仅限于精神层次的交往,彼此从身体上渴望接纳对方。于是在某一个晚上,我们有了第一次。虽然我们还在恋爱,可每次在一起我总会想到性,我会感到恐慌,经常觉得所有人都知道我们的事,出现睡眠障碍、上课注意力不集中、产生性幻想等,现在我也陷入深深的担忧中,如果今后我们分手怎么办?我真不知道如何面对。"

这是典型的因为婚前性行为造成的内疚与自责,心理无法摆脱自责的感觉。当欲望的潮水袭来时,要用理智战胜脆弱的情感。儿童心理学曾做过"延迟满足"的实验,告诉被试如果选择等待,将能够获得更多的奖赏,比如糖果,而即时满足只能获得极少的奖赏。随着年龄的增长,儿童会主动选择延迟满足。这对爱情中的性也是适用的,只有学会延迟满足,才能为将来的生活打开一扇幸福的大门。

(二) 依赖性作为维持爱情的因素

平等的恋爱关系应当相互尊重,一方不能屈服于另一方,特别是当对方提出性的要求时,如果一方因拒绝性的要求而导致恋爱中止,这本身就不是真正意义上的爱情。有的恋人将性作为维持爱情的筹码,必然不能长久。

(三) 爱情上的"杯水主义"

受社会文化与大学生恋爱观的不确定的影响,部分大学生信奉"不在乎天长地久,只在乎曾经拥有""爱谁是谁""爱情就是即时的快乐"等,在恋爱中表现出只顾及当时的感觉。一项调查表明:65%的大学生认为,"只要有爱情,性是可以理解的"。在性方面的宽容既体现着大学生更加人性,也从一个侧面反映出大学生在性行为上所持的态度。甚至有的学生不再把性行为看成是一件非常严肃的事,而是顺着内心的冲动,不加以克制,引发怀孕等负性生活事件。任何社会的主流文化都对性行为有正式与明确的标准,它代表了性行为的理想境界,即性行为应当是如何的。有的文化对性行为还有非正式标准,以性别作为参考点,如果对男女性行为的标准一致,则称为单一标准,否则是双重标准。对婚前性行为禁止是严格标准,而允许则是宽松标准。

（四）大学生婚前性行为不利于自身发展

我们认为,大学生婚前性行为不利于自身发展,主要有以下原因:

1. 从主流文化的角度看

我们的主流文化并未对婚前性行为持认同态度,对大学生在大学期间的性行为基本持否定性评价。翻阅各个高校的学生手册,各个学校都有相应的规定,从校规校纪规范大学生的性行为,这也是基于大学生生理心理的健康成长而考虑的。

2. 从大学生性行为的特点看

大学生婚前性行为具有突发性、自愿性、非理性等特点,由于年龄与观念的影响,一旦发生性行为,便会多次发生,造成未婚先孕等不良后果。一些研究表明:有婚前性行为的人的婚姻满意度普遍低于没有婚前性行为者,而且婚前性行为还直接影响婚姻质量。

3. 从医学角度看

和谐性行为需要安全、私密、舒适的环境,而大学生的婚前性行为多数在隐蔽状态下进行,常常伴着内心的恐惧、紧张、害怕、担心怀孕及不洁感、不道德感、羞愧感和罪错感,容易引起性反应抑制和性焦虑的产生,导致男性阳痿早泄和心因性性功能障碍,而女大学生还可能因怀孕而流产。特别是流产,对女大学生的心理与身体伤害极为巨大。一是身体不能得到很好恢复,手术后,由于集体住宿担心被老师同学发现,还要应付繁重的课业负担,身体与心理的恢复困难;二是容易损伤外生殖器,发生意外事故,特别是容易引发多种并发症。

4. 从心理学角度看

婚前性行为给双方带来巨大的心理压力,如恐惧、焦虑、自卑、心理冲突加剧等,当具有性行为后,双方更容易争吵,但当事人并不知道性行为是其中的重要原因。由于两性心理的差异,女性在有亲密行为后,容易以身相许,希望与对方走向婚姻,由于性行为使女性由心理上的优势转化为劣势;而对男性而言,婚前性行为会提高他们的心理优势,使他对容易到手的东西产生厌倦而不承担由此带来的后果,对女性造成更大的心理伤害。

案例分析

案例一

小陈,女,22岁。小陈是个有主见的女孩子,虽然看到宿舍的姐妹都纷纷谈恋爱,自己形单影只,但也没有随便接受别的男孩子的追求。在上大三时,终于经不住一个师兄的追求,做了他的女朋友。经过一段时间的相处后,小陈发现师兄成熟稳重、细心体贴,虽然有些不思进取,但也对他产生了感情,而且用情专一,全身心地付出,并且在相恋的过程中经不住男友的要求,将第一次给了男友,之后两个人过了一段甜甜蜜蜜的日子。

可是,好景不长,随着毕业找工作,男友未能留在学校所在的城市,而是去了其他地方。开始,小陈和男友还鸿雁传书,但是没过多久,男友不再像以前那样对小陈嘘寒问暖,每当小陈追问,男友总是说忙于事业,为以后他们更好的生活奋斗。然而,半年后,小陈没有等来奋斗的成果,而是收到男友分手的请求。原来,长时间的分离和工作压力,使得两人产生了深深的隔阂,加上小陈好强的个性,已经让男友意识到他们并不合适。于是,在外漂泊的男友接受了自己女同事的橄榄枝,告诉小陈他已经找到了适合自己的人,和小陈在一起双方都不会幸福。好强的小陈不能接受这样的结局,甚至跑去男友工作的地方,苦苦哀求,但是于事无补,男友的心已经回不来了。失恋给小陈带来极大的伤害,她像变了一个人,以前活泼开朗的她变得沉默寡言,非常消沉,感觉自己什么都没有了。有一次甚至喝药自杀,幸亏同学们发现得早,及时抢救了过来。

案例讨论:

(1) 面对师兄的不断追求,小陈应如何对待?你认为她做好恋爱的准备了吗?

(2) 恋爱期间是否应该有性行为?

(3) 面对男友提出的"两人性格不合,在一起生活不会幸福"的分手语,作为小陈,应该如何面对失恋?

案例分析:目前,大学生因恋爱分手后导致的心理问题已日益严重。多数大学生没有恋爱或失恋的经验,面对恋爱和失恋的种种问题根本不知所措,无所适从。青春期的大学生,心理上尚未完全成熟。他们认为爱情就是一切,心中渴望爱情、追求爱情,却没有做好恋爱的准备,很多人还因为青春的冲动,品尝了禁果,有的甚至怀孕堕胎,多次流产导致不孕。如果有了性接触的男女最后修成正果,那是皆大欢喜。可一旦不能结成夫妻,对第一次和男生有性接触的女生将是沉重的打击。所以在对待恋爱中的性时,男生们一定要对自己爱的人负责,克制自己的冲动。女生要懂得拒绝是对自己的人生负责,如果这个人爱你,他不会在意你的拒绝。小陈在遭到失恋的打击并做出过激行为后,接受了很好的心理辅导,在心理老师的慢慢开导中,小陈逐渐恢复正常。其实在他们分开后,小陈也明白了男友并不是最适合自己的,不过她心里放不下的是自己曾经疯狂地付出却没有收获回报。经过这样的事情,小陈成熟理智了许多,并很快调整好自己的状态,投入到毕业准备中。

案例二

小青,大一学生,独生子女,家庭条件较好,父母对她宠爱有加。但是一个学期过后,宿舍的集体生活让小青很不适应,而班里的同学又因为小青的心高气傲,与她成为朋友的不多,苦闷的小青只好上网寻找安慰。她有许多网友,大家都聊得很好。

渐渐地,她发现和其中一个男生特别投机。一次不太在意的见面,让小青对这个男生更加心仪,因为她发现男孩比想象中好很多,而且还是这个城市另外一所重点大学的大学生,从此小青的网恋就变成了现实中的恋爱。但是随着长时间的相处,小青发现男友不仅不是大学生,还不止她一个女朋友,他有许多像自己这样从网上骗来的女朋友。男友一直在欺骗她,这就如晴天霹雳,骄傲的小青心里接受不了这样的事实,没有心思做任何事,出现了忧郁、茶饭不思、脾气暴躁等症状。

案例讨论:

(1) 如何对待网恋?

(2) 面对网恋失败,如何克服心理障碍?

案例分析:

小青因为不能更好地适应学校生活,在学校内部找不到可以倾诉的人,转而在学校外部寻找精神慰藉,没想到却把自己真实的感情给了一个并不真实的人,真正相处了以后,发现他根本没有网上那么优秀,也不像在网上那么好,只是虚有外表而已。更没想到的是,这个男孩是专在网上欺骗女孩感情的人,因此造成心理障碍。网络是虚拟的,它可以

127

让人们随意幻想,有些男孩把自己想成白马王子,女孩想成白雪公主,但是不管怎么想象,生活都要恢复本来的面目。所以,对在校的大学生来说,网恋时一定要小心谨慎,多方了解考察对方,不可被对方一时的甜言蜜语欺骗。

自我测试(扫一扫做测试)

大学生恋爱态度测试

这是一份大学生对恋爱态度的诊断量表,一共有16个问题,请你根据自己的实际情况,在4个选项中选择其中一项。(为了保证测试的准确,请你认真选择,并做好记录)

1. 你对未来妻子要求最主要的是(男性选择):
A. 善于理家做活,利落能干(2)
B. 容貌漂亮(1)
C. 人品不错,能体贴帮助自己(3)
D. 顺从你的意思(1)
2. 你对未来丈夫要求最主要的是(女性选择):
A. 潇洒大方,有男子风度(1)
B. 有钱有势,社交能力强(1)
C. 为人诚实正直,有进取心,待人和蔼可亲(3)
D. 只要他爱我,其他都不考虑(2)
3. 你认为完美的结合是:
A. 门当户对(1)
B. 郎才女貌(1)
C. 心心相印(3)
D. 情趣相投(2)
4. 对最佳恋爱时间的考虑是:
A. 自己已经成熟,懂得人生的意义和爱情的内涵,并且确定了事业上的主攻方向(3)
B. 随着年龄的增大,自有贤妻与好丈夫光临(2)
C. 先下手为强,越早越主动(0)
D. 还没想过(1)
5. 你希望自己是怎样结识恋人的:
A. 青梅竹马,情深意长(2)
B. 一见钟情,难分难舍(1)
C. 在工作和学习中逐渐产生恋情(3)
D. 经熟人介绍(1)

6. 你认为推进爱情的良策是:
A. 极力讨好取悦对方(1)
B. 尽力使自己变得更完美(3)
C. 百依百顺,言听计从(2)
D. 无计可施(0)

7. 你希望恋爱的时间是:
A. 越短越好,最好是"闪电式"(1)
B. 时间依进展而定(3)
C. 时间要拖长些(2)
D. 自己无主张,全听对方的(0)

8. 谁都希望完整全面地了解对方,你觉得了解他(她)的最佳途径是:
A. 精心布置特殊场面,连连对恋人进行考验(0)
B. 坦诚相待地交谈,细心地观察(3)
C. 通过朋友打听(2)
D. 没想过(1)

9. 你十分倾心的恋人,随着时间的推移,暴露一些缺点和不足,这时候你:
A. 采取婉转的方式告知并帮助对方改进(3)
B. 无所谓(1)
C. 嫌弃对方,犹豫动摇(0)
D. 内心十分痛苦(2)

10. 当你初步踏进爱河之中,一位条件更好的异性对你表示爱慕时,你于是:
A. 说明实情(3)
B. 对其冷淡,但维持友谊(2)
C. 瞒着恋人和其来往(0)
D. 听之任之(1)

11. 当你久已倾慕一位异性并发出爱的信息时,你忽然发现他(她)另有所爱,你怎么办?
A. 静观待变,进退自如(2)
B. 参与角逐,继续穷追(1)
C. 抽身止步,成人之美(3)
D. 不知道(0)

12. 恋爱进程很少会一帆风顺,而你对恋爱中出现的矛盾、波折怎样看?
A. 最好平顺些。既然已经出现了,也是件好事,双方正好趁此了解和考验对方(3)
B. 感到伤心难过,认为这是不幸(2)
C. 疑虑顿生,就此提出分手(1)
D. 没对策(1)

13. 由于性格不合或其他原因,你们的恋爱搁浅了,对方提出分手。这时候你:
A. 千方百计缠住对方(1)
B. 到处诋毁对方名誉(0)

C. 说声再见,各奔前程(3)

D. 不知所措(1)

14. 当你十分信赖的恋人背信弃义,喜新厌旧,甩掉你以后,你怎么办?

A. 当自己眼睛认错了人(2)

B. 你不仁,我不义(0)

C. 吸取教训,重新开始一段恋爱(3)

D. 痛苦得难以自拔(1)

15. 你爱途坎坷,多次恋爱均告失败,随着年龄增长进入"老大难"的行列,你:

A. 一如从前,宁缺毋滥(1)

B. 讨厌追求,随便凑合一个(1)

C. 检查一下选择标准是否实际(3)

D. 叹息命运不佳,从此绝望(0)

16. 你认为恋爱作为人生一个重要的环节,其最终所达到的目的应当是:

A. 找到一位情投意合的爱侣(3)

B. 成家过日子,抚育儿女(2)

C. 满足性的饥渴(0)

D. 只是觉得新鲜有趣,没有明确的想法。(1)

结果分析:将你所选字母后的数字相加,总分在 42 分以上说明你的恋爱观正确,总分在 33~41 分之间说明你的恋爱观基本正确,总分在 32 分以下说明你的恋爱观需要调整。

实践训练

活动一　男生眼中的女生和女生眼中的男生

【活动目的】　以"男生眼中的女生和女生眼中的男生"为主题,进行课堂调查,并当场统计结果,组织讨论。

【活动步骤】

1. 男生眼中的女生(男生填写)

(1)将你认为女生最吸引你的三项特质依次用 A、B、C 标出。

温柔	漂亮	贤惠	热情
真诚	稳重	聪明	勤奋
身材好	有修养	好运动	有主见
活泼外向	内向沉稳	善于打扮	穿着大方
爱好相近	家庭背景好		

其他(列出上面未说明而你认为重要的特质)＿＿＿＿＿＿＿＿＿＿＿＿＿＿＿＿

(2)简单描述你讨厌什么样的女生。

2. 女生眼中的男生(女生填写)

(1)将你认为男生最吸引你的三项特质依次用 A、B、C 标出。

高大	英俊	幽默	真诚	稳重
热情	聪明	勤奋	讲义气	好运动
有主见	有修养	出手大方	乐观外向	穿着潇洒
爱好相近	乐于助人	家庭背景好		

其他（列出上面未说明而你认为重要的特质）＿＿＿＿＿＿

（2）简单描述你讨厌什么样的男生。

统计并公布调查结果，由此展开讨论：

（1）女生为什么看重男生的这些特质？对男生有何启示？

（2）男生为什么看重女生的这些特质？对女生有何启示？

活动二 《泰坦尼克号》续集

【活动目的】

通过自我盘点衡量自身具备的恋爱资格，做好恋爱心理准备。

【活动步骤】

《泰坦尼克号》男主角杰克（Jack）和女主角罗丝（Rose）在泰坦尼克号上相识，相互吸引，直到热切地相爱。罗丝愿意放弃富有的未婚夫，要与靠画画和赌博赚取生活费的杰克共度一生。假设杰克、罗丝和未婚夫三人都幸运地在船难中活了下来，那么罗丝和杰克的关系会怎么发展？

（1）小组成员以故事接龙的游戏方式，完成属于你们的《泰坦尼克号》续集。续集描述要注意深入分析人物的心理活动过程，并记录成简单的剧本。

（2）讨论：恋爱之后该考虑的问题有哪些？是哪些因素影响了故事情节的发展？

（3）小组整理后，跟大家分享你们的看法，上交《泰坦尼克号》续集剧本。

活动期间播放《泰坦尼克号》主题曲营造气氛。

可以从《泰坦尼克号》续集剧本中挑选3～5个优秀剧本进行排练，进行心理情景剧汇演。

心理影视

1.《爱情故事》

导演：阿瑟·希勒。

编剧：埃里奇·西格尔。

主演：艾丽·麦古奥、瑞安·奥尼尔、约翰·马利。

上映日期：1970年12月16日（美国）。

剧情简介：洋溢着青春浪漫气息的哈佛大学校园中，富家子弟奥利弗遇见了聪敏可爱的女生詹妮弗，他被女孩的机智俏丽深深吸引，两人迅速坠入爱河。然而，当有权有势的奥利弗家族得知儿子的未婚妻竟然出身于一个烤甜饼的家庭，他们极力反对这桩婚姻。深爱着詹妮弗的奥利弗不顾家庭反对，毅然与爱人成婚，并不惜与家族断绝关系。婚后生活虽然拮据而艰难，但是充满了爱情的甜蜜。奥利弗在爱妻的支持下完成了硕士学业，顺利拿到律师执照。正当生活向着美好的未来走去时，病魔选中了詹妮弗。为了治疗爱妻的绝症，奥利弗低头向父亲求救。然而,一切哀求都无法阻止无情的病魔,詹妮弗最终离开了人世。然而,这段真挚的爱情故事却获得了永恒。

2. 《致我们终将逝去的青春》

导演:赵薇。

演员:韩庚、赵又廷、杨子姗、江疏影、刘雅瑟、张瑶、包贝尔、郑恺。

年代:2013年。

地区:中国。

剧情简介:18岁的郑微(杨子姗饰)终于如愿考上青梅竹马邻家大哥哥林静(韩庚饰)所在学校的邻校,等她满怀期冀地步入大学校园,却遭遇打击——林静出国留学,杳无音信。郑微倍感失落,患难时刻与室友阮莞(江疏影饰)、朱小北(刘雅瑟饰)、黎维娟(张瑶饰)及师哥老张(包贝尔饰)结下深厚友谊,同时富家公子许开阳(郑恺饰)对郑微展开了疯狂的追求,而备受男生欢迎的阮莞用她特有的清冷守护着对于爱情的忠贞。一次偶然的误会使郑微与老张室友陈孝正(赵又廷饰)结为死敌,在一次次的反击中,郑微发现自己爱上了这个表面冷酷、内心善良的高才生,于是疯狂的反击演变为死缠烂打的追求,而陈孝正也终于在强攻之下缴械投降,欢喜冤家终成甜蜜恋人。大四毕业之际郑微的生活再次经受考验:陈孝正迫于家庭压力选择出国留学,却迟迟不敢告诉郑微。感觉再次被欺骗的郑微痛苦地离开陈孝正,却遇到搂着新欢的许开阳。多年后,郑微已蜕变为职场上的白领丽人,竟再次品尝命运的无常:带着悔意和爱意的林静和陈孝正同时回到她的生活里!郑微,这个昔日的玉面小飞龙,将怎样面对生活和青春赐予她的迷雾和抉择……

阅读思考

放弃的寓言:蜜蜂与鲜花

玫瑰花枯萎了,蜜蜂仍拼命吮吸,因为它以前从这朵花上吮吸过甜蜜。但是,现在在这朵花上,蜜蜂吮吸的是毒汁。蜜蜂知道这一点,因为毒汁苦涩,与以前的味道有天壤之别。于是,蜜蜂愤不过,它吸一口就抬起头来向整个世界抱怨,为什么味道变了?!终于有一天,不知道是什么原因,蜜蜂振动翅膀,飞高了一点。这时,它发现,枯萎的玫瑰花周围,处处是鲜花。

这是关于爱情的寓言,是一位年轻的语文老师的真实感悟。有一段时间,她失恋了,很痛苦,一直想约我聊聊,希望我的心理学知识能给她一些帮助。我们一直约时间,但快两个月过去了,两人的时间总不能碰巧凑在一起。最后一次约她,她说:"谢谢!不用了,我想明白了。"原来,她刚从九寨沟回来。失恋的痛苦仍在纠缠她,让她神情恍惚,不能享受九寨沟的美丽。不经意的时候,她留意到一只小蜜蜂正在一朵鲜花上采蜜。那一刹那间,她脑子里电闪雷鸣般地出现了一句话:"枯萎的鲜花上,蜜蜂只能吮吸到毒汁。"当然,大自然中的小蜜蜂不会这么做,只有人类才这么傻,她这句话里的蜜蜂当然指她自己。这一刹那,她顿悟出了放弃的道理。以前,她想让我帮她走出来,但翅膀其实就长在她自己身上,她想飞就能飞。放弃并不容易,爱情中的放弃尤其令人痛苦。因为，爱情是对我们幼小时候的亲子关系的复制。幼小的孩子，无论从哪个方面看，都离不开爸爸妈妈。如果爸爸妈妈完全否定他，那对他来说就意味着死亡，这是终极的伤害和恐惧。我们多多少少都曾体验过被爸爸妈妈否定的痛苦和恐惧，所以，当爱情——这个亲子关系的复制品再一次让我们体验这种痛苦和恐惧时，我们的情绪很容易变得非常糟糕。不过，爱情和亲子关系相比，有一个巨大的差别：小时候，我们无能为力，一切都是父母说了算；但现在，我们长大了，我们有力量自己去选择自己的命运。可以说，童年时，我们是没有翅膀的小蜜蜂，但现在，我们有了一双强有力的翅膀了。但是，当深深地陷入爱情时，我们会回归童年，我们会忘记自己有一双可以飞翔的翅膀。等我们自己悟出这一点后，爱情就不再是对亲子关系的自动复制，我们的爱情就获得了自由，就有了放弃的力量。

　　切记，爱情是两个人的事情，两个完全平等的、有独立人格的人的事情。你可以努力，但不是说，你努力了就一定会有效果，因为另一个人，你并不能左右。所以，无论你多么在乎一份爱情，如果另一个人坚决要离开你，请尊重他的选择。并且，还要记得，你不再是童年的你，只能听凭痛苦的折磨。你已成人，你有一双强有力的翅膀，你完全可以飞出一个已经变成毒药的关系。

　　（材料来自网络）

【思考题】

1. 请结合你的理解谈谈什么是爱情。
2. 通过学习，你现在如何看待大学生婚前性行为这一现象？

第九章

网来网去我有度
——网络心理

用好这张网，千万不要坠入网中无法自拔，要像渔夫捕鱼一样，一网在手，收放自如。

故事导入

从高考状元到被休学

鲁新,19岁,男生,从小学到高中几乎每年都被评为三好学生,高考一举夺得当地高考"状元",如愿进入北京一所全国著名大学,大一入学不久开始沉迷网络游戏,经常在校外网吧上网,逃课,彻夜不归,大一下学期四门专业课不及格,大二上学期被学校勒令休学一年。

是什么原因使鲁新从一个高考状元,变成了一个网络依赖者?

鲁新上的那所大学是多少人向往的重点高校。他发现自己进入学校后,就像进了森林,到处都是很厉害的人,不是省状元就是市状元,而且都摆出谁也不服谁的样子。选课开始了,除了必修课以外,每个人都开始选自己喜欢的选修课。一个班的同学通常只有在必修课的时候才会碰面,平时都各干各的。班主任也很少出现。原来大学生活是这样自由,鲁新突然有一种飞出笼子的感觉。校园里有很多社团招新的活动,鲁新对于这些都没有太大的兴趣。宿舍成了他主要的活动区域,他最喜欢的就是和4个室友一起联网打游戏。

校园宽带非常快,下电影下游戏比外网快多了。他们每天除了上课吃饭以外,大都泡在宿舍里玩电脑。有时候懒得出门,他们就玩"石头剪子布",让输的人出门打饭或买点包子面包回来。

期中考试了,原来这里的考试并不那么难通过,只要提前两天看看都可以通过。考试之后,他发现原先很多人的课人渐渐少了,原来大家都在逃课!宿舍里的同学有时也让他在上课签到时代签。这时他也开始观察哪些课不用听就可以过,哪些课只要看看书就可以了,哪些课老师讲得特别差也就不用听了……后来他尝试了一次让同学帮忙签到,课后非常紧张地问同学怎么样,听到"没问题"的回答后,他开始笑自己的胆小。

很快就到期末了,他的考试就在最后突击之后顺利过关。

新的学期开始,鲁新听说网吧的机子很适合玩游戏,他和室友就开始尝试到外面去上网。网吧的机子的确很不错,速度特别快,而且在那里可以和周围人一起打,特别来劲儿。唯一不适应的是那里的烟味太大,刚开始鲁新感觉很不舒服,后来慢慢也就习惯了,再后来干脆和网友一起边吸烟边打游戏。当时在那个网吧里有两种游戏玩的人最多,一种是反恐精英,一种是魔兽。鲁新的室友加入了反恐精英那一拨,他玩的是魔兽。很快,他和几个室友的联络就很少了,而和他的那帮魔兽死党开始紧锣密鼓地准备着他们的战役。

他完全不在乎学校的事情了,刚开始还找同学帮忙签到,后来同学不见他的人影,也就不知道他去没去上课,不再帮他签到。而他的逃课记录也在本子上越来越多。幸好,考试前同屋的人提醒了他,要不然,连考试都可能错过。

鲁新这样形容玩游戏时的感觉:"玩过的人都知道。在网上你可以经历一种完全不同于现实的生活,而且有很多种生活方式供你选择,可以更加自由地和别人聊天,可以在网上结婚生子,可以在那里以打猎为生,也可以当任何一个国家的国王和元首,你也可以当男的,也可以当女的,太多太多现实当中不敢想象的东西,在那里都可以实现,不需要任何代价,只要你付点上网费就足够。如果打游戏的话,那就更没有什么可以多解释的。

"……在游戏里,你可以充当各种角色,特别是和很多人一起打的时候,你可以和敌人斗智斗勇。你说大家都在打,谁愿意就这样轻松地把战场交给对手啊!你要知道,大家都在打,有时候我们不只是斗智斗勇,还要看谁的体力好,能够坚持下来。"

但是成绩却背叛了他的网络狂欢。大二刚开学,学校就发了一张休学通知给他父母。

理论指导

一、认识网络

(一) 什么是网络

现实生活中有许多形形色色的"网",看得见的有电网、公共电话网、水网、有线电视网、计算机互联网等,看不见的有销售网、人际关系网等,众多的网络组成了人们的生存空间。目前最热门、发展速度最快的无疑就是计算机互联网了。

计算机互联网,也叫网络,是现代通信技术与计算机技术相结合的产物,它是利用网卡、网线、交换机等网络设备,把分散在各地的计算机连接起来,并通过特定的软件(网络协议)实现计算机之间的相互通信和资源共享。根据覆盖范围的不同,计算机网络可分为局域网、城域网和广域网等。学校的机房就是一个小型的局域网,而互联网就是世界上最大的一个广域网。互联网(Internet)是世界范围的、互相连接起来的计算机网络。现在我们通常所说的网络就是指覆盖全世界的、全球性的互联网络。

互联网又被称为继报刊、广播、电视之后新兴的"第四大媒体",甚至它还融合了前面三大媒体的功能,能使每一个人随时随地将文本、声音、图像和视频等信息传递给网络中的任何地方、任何人。网络已经渗透到我们生活的各个方面,成为我们生活、工作、学习不可或缺的一部分。

2017年8月4日,中国互联网络信息中心(CNNIC)在京发布第40次《中国互联网络发展状况统计报告》(以下简称为《报告》)。《报告》显示,截至2017年6月,我国网民规模达到7.51亿,半年共计新增网民1992万人,半年增长率为2.7%。互联网普及率为54.3%,超过全球平均水平4.6个百分点,较2016年底提升1.1个百分点。以互联网为代表的数字技术正在加速与经济社会各领域深度融合,成为促进我国消费升级、经济社会转型、构建国家竞争新优势的重要推动力。

（二）网络的特点

1. 开放性

网络是一个全球性的开放系统，它打破了种族、国家、地区等各种无形的界限，任何人可以在任何地方通过网络发送和接收信息，与网络中的其他人进行交流沟通。接收和发送的信息以及网络交流的对象均不受国家、种族和空间距离的影响，人们完全可以凭借自己的兴趣爱好或理想信念寻找适合自己的交流伙伴。网络不排斥任何人，网络超越时空地将全世界的网民连在一起形成一个"地球村"，在这个"村"里，网民们都是平等的、自由的，他们随心所欲地享受着网络提供的各种资源和信息，真正实现了全球范围内的人类交往。网络的开放性可以给人们带来大量的新信息和新观念，但也容易被一些不法分子所利用，给虚假、不健康甚至反动信息的广泛传播提供了方便。

2. 共享性

正是由于网络系统的开放性特点，凡是入网用户均能享用网络中各个计算机系统的全部或部分软件、硬件和数据资源，实现了所有网民的资源共享，最大限度地节省了成本，提高了效率。计算机的许多资源是十分昂贵的，不可能为每个用户所拥有。资源共享既可以使用户减少投资，又可以提高这些计算机资源的利用率，使得更多的普通人能借助网络的共享资源提高学习、工作效率，提高生活质量，拓展认识和实践领域。资源共享更有利于促进整个人类社会的发展和进步。

3. 丰富性

网络信息容量巨大，内容丰富，涉及范围极其广泛，时事政治、农业生产、股市行情、教育教学、育婴养老、婚丧嫁娶、升学就业、休闲娱乐、奇闻逸事等无所不包。在网络上你可以了解过去发生的事件，也可以知晓最近发生的新闻；可以了解异国的风土人情，也可以知晓当地的风俗习惯。当然，网络信息再丰富，也无法囊括世界上所有的信息，因为网络信息也是人们经过采集整理后发送到网络上的。世界之大，信息之广，有许多信息资料可能还没有被采集或整理并发到网络上，或者有些信息资料还无法通过目前的计算机功能传送到网络上。因此，我们也不要夸大网络信息的容量和范围。网络信息虽然无比丰富，但终究是有限的，而人类的智慧和努力却是无限的，当我们需要的信息资料在网络上暂时还无法找到时，请不要灰心，我们依然可以到现实社会中去寻找。

4. 快捷性

随着网络技术的日益进步，其兼容性也越来越强，上网变得越来越快捷、方便，实现了整个世界的快速、适时连接，打破了时空界限，形成了信息内容和信息传播方式超地域性的统一。通过网络的搜索引擎，人们能在极短的时间内从浩如烟海的信息中查询到自己需要的内容；通过电子邮件、QQ聊天、微信聊天等网络人际互动工具，人们能非常快捷地与他人进行交流，不管多么遥远的距离，人们也能很快地联系上，哪怕是远隔重洋的亲人朋友，也能通过网络即时通信，甚至可以通过视频通话见到对方，就像面对面讲话一样。

5. 虚拟性

网络世界是虚拟的世界，虚拟世界中的一切事物只是信息的集合，而不是客观物质的集合。虚拟性是网络社会最重要的特征之一。网络的虚拟性主要表现为：人们可以在网络上通过想象对自己的身份进行虚拟和扮演，如一个老年男人可以把自己装扮成妙龄少女，以妙龄少女的身份和角色与其他人在网络上进行交往。也就是说,在网络上,你是怎样的人不取决于你的真实情况是什么样子的,而仅仅取决于你通过键盘操作表现出来的你是什么样子的。所以有这样一句幽默的话:"在网上,没人知道你是一条狗。"另外,人们还可以利用电脑网络技术创造出许多虚拟的事物,在网络中,人们可以尽情地发挥自己的想象力,许多在现实社会中实现不了的愿望也可以在网络中得以实现。

6. 平等性

互联网是一个没有国家、民族、地域的虚拟自由王国,网络使用者不分高低贵贱,没有等级之分,每个网民在网络上都是平等的、自由的。在网络上,信息的接收和传播是自由平等的,用户的言论是自由平等的,用户对网络信息的下载和使用是自由平等的。正是由于网络具有自由平等的特点,才能够把具有不同种族、不同党派、不同价值观、不同风俗习惯、不同宗教信仰的人们联系在一起,通过不断的学习、交往、借鉴,逐渐达成理解和共识。

二、网络与大学生心理健康

(一)网络对大学生心理发展的影响

网络已经深入到了大学生的学习、生活、娱乐以及情感等各个领域,为大学生获取信息、学习知识、交流思想、沟通感情、休闲娱乐、购置商品等提供了重要平台。据调查发现,大多数大学生都有个人电脑,而手机作为上网设备近年来逐渐普及,大学生几乎每人至少拥有一部能上网的智能手机。所有大学生均有上网经历,而多数大学生对网络有较强的依赖性,认为"网络已经是自己生活的一部分",还有一部分大学生认为自己一天都离不开网络,不上网就会感到空虚寂寞、无所事事。在如此密切的接触中,网络势必会对大学生的心理发展产生重要影响,其影响既有积极的一面也有消极的一面。

1. 网络对大学生心理发展的积极影响

1)开阔视野

大学生是时代的骄子,是优秀青年的代表,他们思维活跃、观念超前、求知欲旺盛,非常渴望了解书本之外的多彩世界。互联网正是一个集政治、经济、教育、生活、娱乐等各种信息于一体的资料宝库。大学生可以通过网络了解关于国家政策、时事要闻、国际形势、前沿科学、军事战略、教育改革、医疗养老、升学就业等各种各样的信息,极大地开阔了自己的视野,满足了了解和探索外部世界的心理需求。大学生使用网络,并不需要有多么高深的网络专业知识,只需要点击浏览器就可以获取相应的大量信息资料,这种方便快捷的特点为满足大学生的好奇心和求知欲提供了良好的外部条件。大学生只要拥有一台电脑或是一部智能手机,就可以在任何时间、任何地点借助网络获取自己所需要的各种信息。

2)拓展学习途径

网络是巨大的资料库和信息服务中心。大学生可以超越时空和经济的制约,以最快的速度查找学习资料,学会更多课堂以外的知识,从信息中获取养料,完善知识结构。同时,网络又为学生提供角色实践的舞台,在这里可以大胆尝试,不断开拓。

在传统的教育过程中,大学生获得知识的来源主要是教材和教师,这样狭窄的教育信息途径限制了大学生的发展。网络的出现,为大学生提供了丰富的教育信息资源。网络上有各种教育专题网站、教育专家个人网站、专业技术组织网站、专业化的电子著作和杂志等,网络上的这些教育资源不仅内容极其丰富，而且形式多样，有许多图文并茂、生动形象的教育形式，对大学生很有吸引力。大学生在拥有了教材和教师提供的教育信息的基础上，还可以根据自己的成长需要在网络上选择适合自己的学习内容和学习方式，不断地丰富自己的知识，提高自己的能力，使自己成为全面发展的人。有的大学生为了考取教师资格证，在网络上收集相关的辅导材料和历年的考试真题，自己认真学习和练习；有想考研的大学生在网络上选择较适合自己的考研辅导班或购买相关学习资料；还有的大学生借助网络上的一些专业培训课程学习相关的专业知识和技能。总之，网络是集各种功能为一体的辅助性工具，大学生如果能够适度合理地利用，能够给大学生提供多种有效的学习途径，帮助大学生积累知识、发展能力、提高素质，促进大学生的全面发展。

3）扩大了交往范围

网络为人们提供了更多的建立人际关系、交流思想感情的平台。人们可以通过网络经常与家人朋友保持联系，获得心理支持；也可以通过网络发现与自己志趣相投的人，与之建立新的人际关系，扩大自己的交往范围，满足自己的交往需求。例如，校园BBS为大学生提供了自我表达、彼此交流的空间。在BBS上，大学生能结识一大批志趣相投的网友，他们可以畅所欲言、倾诉烦恼、抒发情感、表达观点、畅想未来。再如，目前人们使用频率最高的QQ和微信，它们都具有操作简便易行、表情丰富生动、功能多种多样、能即时通话（甚至可以语音通话和视频通话）等特点，这极大地吸引着大学生这个群体。可以说，网络拉近了人与人之间的距离，使亲人虽然远在天涯却像近在咫尺，能随时传递感情；使陌生的人之间有了交流，可以相互帮助，甚至建立友谊。网络扩展了大学生生活的社会环境，创造出许多新的社会关系，使大学生从封闭的小圈子走向一个无班级、无学校、无国家、无种族界限的更广阔空间，让自己得到更自由全面的发展。

4）有助于合理释放压力和宣泄情绪

这里所说的压力是指心理压力，即精神压力。心理压力是个体在生活学习工作适应过程中产生的一种身心紧张状态，缘于环境要求与自身应对能力之间的不平衡。心理学研究认为，适当的压力可以成为前进的动力，使人精力集中，锐意进取，能在一定程度上提高学习、工作效率；但压力过大会使人情绪浮躁、注意狭窄、思维受阻、焦虑恐慌、自卑敏感，严重者还会导致心理障碍和身心疾病。网络的虚拟性、开放性、平等性，为大学生提供了一个释放心理压力和宣泄不良情绪的良好平台。大学生在学习之余，可以在网络中适度地参与一些娱乐活动，如观看影视剧、相声小品、歌唱比赛等节目，使自己由于长时间的学习带来的紧张疲惫感得到缓解；也可以通过参与适当的网络游戏或网络论坛活动，不受阻碍地释放自己的某些不良情绪并表达自己平日不能表达的思想感情；还可以通过网络聊天，和亲人朋友或陌生人倾诉自己的压力和烦恼，获得亲人和网友的安慰和鼓励。当一个人积累起来的不良情绪和过度压力得到了合理的排解和释放时，就在一定意义上维护了心理的平衡，这对大学生心理健康发展有着积极意义。

5）为大学生提供了一个自我成长的平台

人格的健全是心理健康的重要标准之一，而自我意识又是人格的核心内容。大学生正处于自我意识不断增强却还没有完全稳定的时期，他们非常注重自尊、自信和自我展现。网络能够大大强化大学生的自我意识。在网络中，大学生往往只是以自己的好恶为中心，以自己的需要为标准来选择和利用网络资源，按照自己的成长规划和兴趣爱好进行学习和参与活动，这大大地满足了大学生自我发展的需要，促进了他们的自我成长和自我实现。

网络也为大学生充分的自我展现提供了平台。例如，大学生可以通过设计自己的网页和网络形象，在网络中充分展现自己的个性和特长，通过在论坛中发表自己独特的见解，在游戏中扮演自己喜欢的角色，甚至在网络中发表自己的艺术作品，来加强大学生的自我存在感和自我价值感，使之获得成功的喜悦，增强大学生的自尊自信，促进其自我意识的成熟和发展。

6）增加了大学生就业创业的机会

我国每年约有100万应届大学生因找不到合适的工作而不能及时就业，大学生就业的压力已经成为全社会关注的重要问题。社会各界已经意识到拓宽就业途径是解决大学生就业问题的重要手段。网络正在成为大学生拓宽就业途径的一个重要载体。越来越多的大学生开始意识到网络在就业中的重要作用，他们不仅利用网络来学习、工作和娱乐，而且不断通过网络投放简历，增加就业机会，或登录招聘网站寻找现实中的就业机会。网络带来的社会经济模式变革本身也为大学生提供了很多就业机会，大学生可以在网上直接就业，如网络管理员、网络经纪人等职业需要与日俱增，而网络编辑员、网络课件设计师、视频策划制作师等新职业已经正式进入中国职业大典。

大学生也可以利用网络进行创业。当代大学生几乎都是在网络环境下成长起来的，他们比其他人更熟悉网络、热爱网络，有着更丰富的网络知识和技能，所以网络更适合大学生创业。中国的网民大部分是年轻人，他们思想开放、不拘一格、追求个性化。大学生能从年轻人的角度出发，利用自身优势，学以致用，大胆创新，从而能迅速地发现市场的商机所在。以创业带动就业，是解决大学生就业难题的一条重要途径。

通过网络就业和创业，虽然大学生暂时没有竞争到一个现实中的工作岗位，但网上就业和创业使大学生不再为找不到工作发愁，让他们意识到他们有独立生活的能力，能够在社会上立足和发展，从而增强他们的自信心，维护他们的心理健康。

2. 网络对大学生心理发展的消极影响

1）影响身体健康

错误地无节制地使用网络，不仅容易影响大学生的心理健康，对于大学生的身体健康也会造成不可忽视的伤害，如长时间上网容易导致眼睛干涩、视力下降、颈椎变形、腰肌劳损；还会由于长期上网睡眠不足进而导致身心疲惫、生物钟混乱、内分泌失调、植物性神经紊乱，严重者可诱发胃肠神经官能症、紧张性头痛和心脑血管疾病，甚至造成瘫痪或猝死。在电视上我们曾经多次看到这样的报道：某青少年由于上网玩游戏时间过长，造成下身忽然瘫痪、不能动弹，还有休克昏迷、猝死的例子。

2）破坏"三观"，误导行为

网络是一张无边无际的"网"，内容庞杂、良莠不齐，不同民族、不同国家的意识形态和伦理道德标准也不统一，甚至会发生矛盾冲突。大学生的人生观、价值观和世界观还没有完全定型，在互联网上频繁接触西方国家的宣传论调、文化思想等，容易和他们头脑中的中国传统文化观念和我国的主流意识形态发生矛盾冲突，长此以往，可能导致我国大学生形成错误的人生观、价值观和世界观，甚至会导致大学生的信仰缺失，对社会安定形成一种潜在威胁。

网络上大量的不良信息，也容易影响大学生的伦理道德观念，使得许多大学生道德意识弱化，社会责任感下降。网络交流的隐蔽性、无约束性，使大学生网上的不道德行为增多，他们往往认为在网络这个虚拟世界里，可以随心所欲、为所欲为，不必为自己的行为负责。受到网络不良信息污染和在网上道德行为失范的大学生,在现实生活中也常常忽视社会道德规范,缺乏社会责任感,经常伤害他人,甚至违法犯罪。

3) 滋长懒惰和依赖心理

网络信息内容的丰富性和多样性,网络信息传递的即时性和快捷性,使得大学生只要打开网络,就可以轻易获得所需要的各种信息资料。有些缺乏自律的大学生,由于经常在网上聊天或玩游戏,挤占了大量的学习和思考的时间,他们不愿意花更多的时间和精力去独立学习和思考,经常从网上下载文章,通过抄袭、拼凑来应付各科作业任务。大学生对网络的过分依赖,势必大大影响他们的学习态度和学习行为,进而导致其独立学习和思考能力下降,造成思想懒惰性、思维浅薄,禁锢了大学生聪明才智的发挥,阻碍了其智力和创造力的发展。网络可以方便快捷地给大学生提供其学习成长所需要的各种信息,却无法代替大学生的独立学习和成长成熟。

4) 妨碍现实生活中的人际交往

网络是一个虚拟的世界,个体只要进入网络,就进入了"人—机—人"相对封闭的环境中,使得人们在很大程度上失去了与现实中的他人和现实社会接触的机会。长期上网的大学生容易不自觉地"异化"两种交往方式:一方面他们在网络上能够使用多种多样的方式顺利地和各种各样的人打交道,甚至建立了非常亲密的人际关系,在网络人际交往中能畅所欲言,充分表达自己的思想感情;另一方面他们在现实的社会生活中却变得孤独沉默、不善言谈,甚至懒得和身边活生生的亲人朋友进行感情交流。他们对现实生活中的亲人朋友越来越冷淡、漠然,却会对虚拟世界里的网友"一网情深"。长此以往,容易导致现实生活中的人际交往障碍和人际情感疏离。

5) 可能导致心理障碍

铺天盖地的网络信息容易造成大学生的心理压力和思维混乱,长期依赖网络完成作业的大学生会导致思维懒惰和智力下降。长期依靠网络进行人际交往和情绪调节的大学生,其社会适应能力会降低,现实中人际情感淡漠,容易导致行为孤僻和退缩。有的大学生在网络中存在好奇和自我宣泄的目的,在不同身份、不同性别的角色中不断变换,非常容易导致角色冲突,当冲突达到一定程度后,很容易造成人格分裂。大量的色情和暴力信息对大学生的心理健康造成极其恶劣的影响,有的大学生陷入黄色泥潭不能自拔,有的大学生模仿暴力行为危害他人和社会,成为社会的危险分子。网络电子游戏,对于自控力差的大学生来说具有极大的诱惑力和杀伤力,在网络游戏中体验到的刺激冒险和新奇愉快,会使大学生产生越来越强烈的心理依赖和反复操作的渴望,不能操作时便出现情绪烦躁、孤独、抑郁等症状,容易导致"网络焦虑""网络依赖""网络成瘾"等一系列心理障碍。

(二) 大学生网络心理健康的标准

网络环境下的心理健康标准是什么呢?心理学界至今没有一致的说法。比较普遍的看法是,除了要具备心理健康的一般标准之外,还需要具备一些特殊的标准。

1. 客观全面地认识网络

有着健康网络心理的人能够客观全面地认识网络。首先,能正确认识网络功能的双重性,既充分认识到网络对人身心发展的积极作用,也充分认识到它对使用者容易造成的负面影响或伤害。网络只是人们进行学习、生活、工作和娱乐的辅助工具,是为提高人们的学习效率、工作效率和生活质量服务的。如果人们不把网络作为我们学习、工作、生活的工具,而只是把它当作娱乐消遣的玩具,人们就会"玩物丧志"、荒废学业。有了对网络的正确认识,才能树立对网络的正确态度:首先,要合理利用网络资源促进自我成长,不要被网络左右,变成网络的奴隶;其次,能正确认识网络信息的良莠不齐、网络环境和现实环境的巨大差异,知道对网络上的信息既不能全部相信和吸收,也不能全盘否定和拒绝,明白虚拟世界中的角色不能代替现实世界中的角色;再次,能初步了解各种网络心理障碍的主要表现、形成原因和调控方法,增强自我网络行为的调控意识和能力;最后,应明确网络道德规范,具有良好的网络法制观念,能自觉遵守网络文明公约——"要善于网上学习,不浏览不良信息。要诚实友好交流,不侮辱欺诈他人。要增强自护意识,不随意约会网友。要维护网络安全,不破坏网络秩序。要有益身心健康,不沉溺虚拟时空。"

2. 合理适度地使用网络

合理使用网络表现为以下两个方面。第一,当网络信息铺天盖地而来的时候,我们要善于运用自己已有的知识经验和聪明才智去辨别真假优劣,谨慎吸收其中的真实信息和优质资料,自觉抵制各种垃圾信息和不良网站的诱惑,勇于规范自己的网络行为。第二,借助网络的优势来丰富自己的知识,发展自己的能力,提高自己的学习、工作效率和生活质量,而非借助网络逃避现实,更不能通过抄袭网络作品代替自己的学习过程。

适度地使用网络主要是指能自觉控制上网的时间和场所,不因上网而影响正常的学习、生活和工作。网络只是我们生活的辅助工具,它既不是生活本身,更不是生活的全部。上网应该有明确的目的性和时间性。不论是为了获取信息还是为了消遣娱乐,都应该有节有度,不能因为上网损害了正常的学习、生活和工作,更不能因为没有节制地上网而影响身心健康。

3. 保持线上线下人格统一

人格完整统一、内在协调并具有合理的自我意识,这是心理健康的重要标准之一。在现实生活环境中,人们一般都能保持和谐一致的人格特征,始终如一地扮演着自己的社会角色。在网络的各种虚拟情境中,有些人出于强烈的好奇心或为了寻求某些特殊的刺激体验,会发挥自己的想象力,扮演和现实生活中完全不同的身份角色,甚至随心所欲地不断变换自己的身份角色,久之,会造成角色混乱和人格分裂。网络心理健康的人不论是在网上还是在网下,其身份角色、言行模式基本是相似的甚至是一致的,没有太大的差别。

4. 面对网络保持情绪稳定

情绪的健康是心理健康的一个重要标志。一个情绪健康的人其主导心境一定是平静、愉悦和乐观的,而且能恰当地表达情绪并适度地调控情绪。一个网络心理健康的人,在面对网络时也能保持情绪的稳定和乐观,能够理智地利用网络,选择适宜的方式表达自己的积极情绪或宣泄自己的消极情绪,把网络作为自己的社会支持系统,利用它有效地调节自己的情绪,保持自己的心态平衡,绝不是只把网络作为宣泄自己不良情绪的工具。因此,网络心理健康的人不论在线上还是在线下,其积极情绪总是多于消极情绪,主导心境依然是平静、愉悦和乐观的,并且能够恰当地表达和调节情绪。

5. 保持线下人际适应良好

网络心理健康的人,能正确处理网络世界与现实世界的关系,上网时能自由自在地接收和处理各种网络信息,尽情遨游于多姿多彩的虚拟世界,离网后能迅速从网络的虚拟世界走出来,积极投入现实社会的学习、工作、生活之中,与现实环境保持良好的接触,维持正常的人际交往和人际沟通,建立和谐的人际关系,勇于承担自己在现实社会中的责任和义务。

6. 离线时身体无明显不适

网络心理健康的人,由于能够合理适度地使用网络,所以不会对身体健康造成损害。他们会以身体健康为底线,给自己设定上网时间的限制,调整上网时的照明强度和上网姿势,保证离线后不会因为使用网络导致身体健康问题(如视力下降、身心疲惫、胃肠功能紊乱、心慌眩晕、生物钟紊乱、免疫力下降等)。

三、大学生常见的网络心理问题及其调控

(一)大学生常见的网络心理问题

网络心理问题是指由于对网络的认识和使用不当而引发的不良心理反应。大学生始终是互联网的忠实追随者,他们热衷于网络技术,希望通过网络平台获取知识、交流思想、实现自己的人生价值。不可忽视的是,不少大学生在恣意享受网络冲浪的快感时,也逐渐显现出了许多问题。目前,大学生网络心理障碍主要包括五类:网络恐惧、网络孤独、网络迷恋、网络自我迷失和自我认同混乱、网络成瘾综合征。

1. 网络恐惧

大学新生中有部分来自经济落后地区的农村学生,他们对网络的了解和熟悉程度相对而言不如城市同学,当他们看到周围的同学熟练地使用电脑,自由地浏览网页、聊天时,一部分学生会感到害怕和迷茫,怕自己不能有效利用网络来学习而被他人嘲笑或赶不上他人而落伍,"无能感"油然而生,"迷茫"则是因为五花八门的电脑书籍和软件使得他们眼花缭乱,不知道学什么,由此产生对网络的畏惧感。另外,一些对网络比较熟悉的大学生也有这样的障碍,他们对网络的畏惧主要是害怕跟不上网络的超速发展。网络时代,各种网络主页时常更新,各种网络游戏层出不穷,网购、秒杀、团购花样繁多,这些大学生也怕自己"落伍",害怕跟不上网络的快速发展,怕掌握不了新网络技术而被淘汰。

2. 网络孤独

网络孤独主要是指希望通过上网获取大量信息、网上娱乐、网上人际交往来提高或改变自己,但上网未能解除孤独(甚或加重了原有的孤独),或反而因为上网而引发孤独感这样一类不良心理状况。一些大学生(女生居多),由于性格内向,自卑,习惯于自己承受心理负荷,心思敏锐,不愿意或不善于与他人交往,厌恶社会上那种虚情假意的人情来往。当互联网走进他(她)们的生活时,他们青睐于网上交往这种匿名、隐匿性别和身份的形式。常上网向网友发泄自己的不良情绪,排解忧虑,讲自己的"心情故事",这时他们觉得心情得到一定的放松,从网友那里得到了一定的心理支持。可下网后他们发现自己面对的依然是四壁空空的孤独,并且,由于人与人之间的交往中80%的信息是通过非语言的方式(身体语言),如眼神、姿势、手势等传达的,当那些善于通过这些身体语言来解读对方心理的性格内向者,试图借助网络来排解自身的孤独时,网络所能给的只能是键盘、鼠标和显示器所造就的书面语言,这使得他们感到网络对孤独抑郁的排解只是"隔靴搔痒"。

3. 网络迷恋

长时间沉溺于网络游戏、上网聊天、网络技术(安装各种软件、下载使用文件、制作网页),

醉心于网上信息、网上猎奇，造成对网络的过度依赖和迷恋，导致个人生理受损，正常学习、工作、生活及社会交往受到严重影响。网络迷恋心理障碍包括这样几种类型：网络色情迷恋——迷恋网上的所有色情音乐、图片以及影像；网络交际迷恋——利用各种聊天软件以及网站开设的聊天室长时间聊天；网络游戏迷恋——沉迷于网络设计的各种游戏中，他们或与计算机对打，或通过互联网与网友联机进行游戏对抗；网络恋情迷恋——沉醉在网络所创造的虚幻的罗曼蒂克的网恋中；网络信息收集成瘾——强迫性从网上收集无关紧要的或者不迫切需要的信息，堆积和传播这些信息；网络制作迷恋——下载使用各种软件，以追求网页制作的完美性和编制多种程序为嗜好。在这六种类型中，网络交际迷恋者、网络游戏迷恋者、网络恋情迷恋者及网络信息收集成瘾者占大学生网络迷恋群体中的多数。

4. 网络自我迷失和自我认同混乱

在以计算机为终端的网络中，由于匿名性而隐去了身份，许多现实社会中的规范、规则、道德在虚拟世界中冻结，大学生上网者在表现个人自我时，把社会自我抛得越来越远，甚至企图借助网络在现实社会中凸显自我，将自我凌驾于社会之上，网络黑客、网络犯罪就是这方面的典型例子。此外，某些大学生对一些社会现象愤懑不满，他们想通过上网发泄不满，逃避社会，希望在网上有一个"清洁"的交往环境，构建一个良好的自我。然而网上充斥的色情图文、脏话、无聊的帖子、庸俗的话题，使他们在对社会产生失望之后又对网络产生了失望。

5. 网络成瘾综合征

网络成瘾是指由于个体对网络的过度依赖而导致的一种心理异常症状以及伴随的生理性不适，主要表现为对网络的使用有强烈的欲望，同时对上网带来的快感一直存在生理及心理的依赖，一旦被剥夺上网自由或减少上网时间，会出现烦躁、易激惹、注意力不集中、睡眠障碍等。

网络成瘾者由于无节制地花费大量时间和精力在网上聊天、浏览网页或玩网络游戏，以致严重影响生活质量、降低工作效率、损害身体健康，并出现各种行为异常、人格障碍，甚至出现交感神经功能部分失调。网络成瘾给大学生身心健康和学业带来的危害是非常明显的。近年来，由于网络成瘾而导致的学习成绩下降、退学、犯罪，甚至自杀、死亡的事件不断发生，其严重后果已经引起了社会、高校和家长的普遍忧虑。

网络成瘾有多种表现形式，如网络色情成瘾、网络交际成瘾、网络购物成瘾和网络游戏成瘾等。

（二）大学生网络心理问题的调控

造成大学生网络心理问题的原因是多方面的，有网络本身的吸引力，也有环境教育的不利因素，更有大学生自身的原因。在网络本身方面，需加强网络管理，控制和清除网络垃圾和网络上的有害信息。在环境方面，要加强大学生周边网络环境管理，或清除网吧，或加强网吧管理，不许涉猎黄色和暴力网站，不许大学生长时间投入网络游戏，限制上网总体时间等。在教育方面，可在某些特定的时间、地点（如课堂上课时间）限制大学生携带或使用手机，更要注重提高课堂教学的吸引力，多安排大学生需要亲自动手实践的课外作业，多组织大学生参加各种有益的学校和社会活动，把大学生的注意力和主要精力吸引到现实社会中来。最重要的还是要加强网络心理健康教育，提高大学生个人的心理素质。无论网络环境如何，无论外界环境教育条件如何，大学生都应有效进行自我管理，让自己成为科学使用网络的主人，而不会沦为被网络控制的奴隶。

1. 认清网络实质,摆正网络位置

作为大学生,我们要提高自身对网络实质的思考。网络只是为我们现实中的学习、生活、工作服务的辅助工具,网络的使用目的是提高我们的学习效率、工作效率和生活质量,而不是供我们消磨时光、浪费生命;虚拟世界不能代替现实社会,网络上的成功不是真实的成功;网络人际关系也不能代替现实中的人际关系,网络情感更具有不确定性和欺骗性,虚拟的情感宣泄与满足也不能得到真实的快乐;网络信息鱼龙混杂、真假优劣难辨,不能无限夸大网络的功能,网络不是解决一切问题的灵丹妙药。

大学生只有认清了网络的实质,才能正确地面对网络,合理地使用网络资源,准确地把握自我,处理好虚拟社会角色与现实社会角色之间的关系,避免网络心理问题的发生。

2. 控制网络情感,树立安全意识

由于网络具有虚拟性,网络上建立起来的情感关系具有肤浅性和易碎性。网络上的朋友多数是不会和我们的日常生活轨迹发生重叠的,我们也不太可能了解和认识网络朋友的真实面目,无法对之做出准确评价。因此,网上的感情交流往往是不真实的,彼此通过想象为双方的友谊或恋情披上了一层神秘的面纱。一旦走出网络,人们就会用现实生活的标准去衡量和判断,当发现在现实中的网络情感并不如想象中那么美好时,网络感情关系就会破碎。这正是为什么许多人把网络感情叫作"见光死"的原因。

有些性格比较内向,有些自卑,缺乏社会交往,极其渴望得到友情和爱情又不敢向身边人表达的大学生,很容易被网络中陌生人的神秘、浪漫和新鲜所吸引,和陌生人建立友谊和爱情。他们忽视了网络的虚拟性会诱发人性恶的一面,有些人就利用网络进行感情欺骗,甚至实施经济诈骗和犯罪。因此,大学生一定要谨慎对待网络情感,树立自身安全保护意识。在处理网络情感时,做到"四不":不轻信他人的资料,不随便接受礼物,不提供照片、电话、地址等私人信息,不轻易约见网友。

3. 确立人生目标,增强个人意志

许多大学生沉迷于网络,主要是缺乏一个明确的奋斗目标或缺少坚强的意志力。一个人树立了明确的人生目标,就能用目标来统领自己的行为方向,用目标来指导自己的时间安排,从而科学地规划自己的人生,建立健康合理的生活秩序。这样的人,一般不会盲目沉迷于网络,而是充分利用网络的有用资源,自觉忽略网络的无用信息,努力抵制有害网站的诱惑。有明确人生目标的人,会把重要的时间用来做重要的事情,对放松娱乐的时间加以限制,一般不会长时间遨游于无用的网络聊天和网络游戏。

当然,有些大学生虽然也确立了自己的奋斗目标,也做了人生规划,但因个人意志力的薄弱,依然无法抗拒网络的强大诱惑,最终还是沉溺于网络不能自拔,当初确立的目标也随之化为泡影。对于这些大学生,就需要进行个人意志力的培养和训练,提高他们的自我约束力和自我控制力。

4. 限制上网时间,养成良好习惯

网络依赖和成瘾是个体不同程度地过度使用网络造成的,其主要表现是长时间在网上做没有意义的事情甚至是对自己身心有伤害的事情。如果大学生能合理安排和控制自己的上网时间,就能有效避免网络依赖和成瘾。首先,在上网之前要明确上网的目的,把上网要完成的具体任务列出来,根据任务的多少估计大概需要多长时间。为了按时完成任务,大学生上网后就会把注意力集中在与完成任务相关的内容上,而无暇浏览无关网站和玩游戏。其次,为了身体健康,要确保每次上网操作的时间不超过一小时,即使任务没有完成,也要休息10~15分钟,然后再继续操作。最后,如果是为了放松和娱乐上网,也要给自己规定时间限制和内容限制:第一,不涉猎黄色网站;第二,不玩有暴力倾向的游戏和容易上瘾的游戏;第三,设定下网时间提醒(如可设定闹钟等),准时下网,绝不拖延。自己坚持做到以上几点,就能养成良好的上网习惯。

5. 丰富日常生活,投身现实社会

大学生要使自己不沉迷于网络世界,就要积极地投身于现实生活。平时要多参加学校组织的学习活动、娱乐活动和其他各种有益的活动,在各种有益的活动中锻炼和展现自己的能力;多和身边的同学、教师、家人、亲友进行交往和交流,在现实社会中寻找友情和爱情;注意培养自己良好的兴趣、爱好,发展自己的特长,从中获得身心愉悦,寻找自我价值的实现。这样,就会减少大学生对网络世界的过分关注,预防网络心理问题的发生。

对于大学生的网络心理问题,预防的作用永远大于治疗的作用。如果大学生都能做到上述几方面,就能有效预防心理问题的发生,对于一般的网络焦虑和网络依赖问题,也能起到调节和控制作用。当一个人不管出于什么原因已经产生了自己无法解决的、严重的网络心理问题(如网络成瘾)时,一定要积极主动地寻求专业人员的帮助。

案例分析

女大学生约会网友遭杀害

案例一

2016年10月3日,一名女大学生在衡阳市蒸湘区呆鹰岭镇失联。5日上午,衡阳蒸湘警方宣布此案已告破。但是不幸的是女学生已经死亡,经初步检验,死者受到性侵,颈部有扼痕及指甲印痕,可能在反抗过程中遭嫌疑人暴力勒颈致窒息死亡。

经查,当晚住在事发房间的廖某某(男,24岁,衡阳县人)有重大作案嫌疑,廖某某系遇难女生网友。10月4日民警将其抓获,审讯中,廖某某对杀害女大学生一事供认不讳。据悉,女生系湖南交通工程学院学生,年仅18岁。

分析: 大学生处在强烈的情感需求阶段,渴望友情和爱情,网络的隐匿性给网恋蒙上了一层神秘而浪漫的面纱,对大学生有着强烈的吸引力,尤其是一些在现实人际交往中情况不如意的学生更是跃跃欲试,但是网络始终是一个虚拟的世界,它存在太多的虚假、欺骗、危险,尤其女生要树立安全意识,不要轻易相信网友的说辞,更不要单独约会网友,谈恋爱更是要千万慎重。

网店明星

案例一

周雄,一名爱好音乐的在校大学生,玩乐队之余,利用互联网开起了专卖帆布鞋的"鞋神"网店,经过三年的奋斗,现已有50多个下级代理,客户信誉度已达双钻,开店3年来赚过、赔过、被骗过,也走过许多弯路,也经历过风雨,终究凭借"坚持"二字取得了今天的成就,他也成了众多同学、朋友眼中的"明星人物"。

分析:技术是一柄锐利的双刃剑,网络是工具还是玩具关键看个人,周雄同学业余时间没有沉迷网络游戏,而是利用互联网平台进行创业,所以,只要树立正确的网络观念,用好这个工具,它可以成为学习的好助手、创业的好平台。

究竟该不该上网

案例二

小刘同学带着美好的憧憬进入了大学,本想在大学里通过努力奋斗实现自己的梦想。开始他学习很努力,成绩也还不错。但不久,他看到许多同学都在上网,于是,他也禁不住诱惑进入网吧,立即就被网络世界的五彩缤纷所吸引。不知不觉,一天的时间就过去了,他发现自己这一天要做的事情都没有做完,想到这些就非常后悔和内疚,下决心以后再不去网吧上网了。

但是,没过几天,他又禁不住网络的诱惑,再一次陷入网络之中,将该做的事情抛之脑后,之后,又是自责后悔,如此反复。小刘为此非常苦恼。

分析:小刘同学禁不住网络的诱惑,已经上网成瘾了,在大学校园里有很多个"小刘",每天耗费了大量时间在网络游戏、网络聊天、网络购物、网络影视上,荒废了学业,知道自己这样做是错误的,但是就是意志不坚定、无法自拔,非常自责烦恼,建议寻求专业心理老师进行辅导,争取早日摆脱网瘾的烦恼。

自我测试(扫一扫做测试)

本测试共20个题目,请根据自己的情况进行选择。

1. 你会发现上网时间常常超出原先计划的时间吗?(　　)
   A. 几乎不会　　B. 偶尔　　C. 有时候　　D. 大多时间　　E. 总是
2. 你不顾家事而将时间都用来上网吗?(　　)
   A. 几乎不会　　B. 偶尔　　C. 有时候　　D. 大多时间　　E. 总是
3. 你觉得上网时的兴奋更胜于伴侣之间的亲密感吗?(　　)
   A. 几乎不会　　B. 偶尔　　C. 有时候　　D. 大多时间　　E. 总是
4. 你常在网上交新朋友吗?(　　)
   A. 几乎不会　　B. 偶尔　　C. 有时候　　D. 大多时间　　E. 总是

5. 你会因上网浪费时间而受到他人的抱怨吗？（   ）
   A. 几乎不会   B. 偶尔   C. 有时候   D. 大多时间   E. 总是
6. 你会因上网浪费时间而产生学习和工作的困扰吗？（   ）
   A. 几乎不会   B. 偶尔   C. 有时候   D. 大多时间   E. 总是
7. 你会不由自主地检查电子信箱吗？（   ）
   A. 几乎不会   B. 偶尔   C. 有时候   D. 大多时间   E. 总是
8. 你会因为上网而使工作表现（或成绩）不理想吗？（   ）
   A. 几乎不会   B. 偶尔   C. 有时候   D. 大多时间   E. 总是
9. 当有人问你在网上做什么的时候你会有所防卫或隐藏吗？（   ）
   A. 几乎不会   B. 偶尔   C. 有时候   D. 大多时间   E. 总是
10. 你会因为现实生活纷扰不安而在上网后感到欣慰吗？（   ）
    A. 几乎不会   B. 偶尔   C. 有时候   D. 大多时间   E. 总是
11. 再次上网前，你会迫不及待地想提前上网吗？（   ）
    A. 几乎不会   B. 偶尔   C. 有时候   D. 大多时间   E. 总是
12. 你会觉得"少了网络，人生是黑白的"吗？（   ）
    A. 几乎不会   B. 偶尔   C. 有时候   D. 大多时间   E. 总是
13. 当有人在你上网时打扰你，你会叫骂或是感觉受到妨碍吗？（   ）
    A. 几乎不会   B. 偶尔   C. 有时候   D. 大多时间   E. 总是
14. 你会因为上网而牺牲睡眠时间吗？（   ）
    A. 几乎不会   B. 偶尔   C. 有时候   D. 大多时间   E. 总是
15. 你会在离线时间对网络念念不忘或一上网便充满"遐想"吗？（   ）
    A. 几乎不会   B. 偶尔   C. 有时候   D. 大多时间   E. 总是
16. 你上网时常说"再过几分钟就好了"这句话吗？（   ）
    A. 几乎不会   B. 偶尔   C. 有时候   D. 大多时间   E. 总是
17. 你有过想缩减上网时间却无法办到的体验吗？（   ）
    A. 几乎不会   B. 偶尔   C. 有时候   D. 大多时间   E. 总是
18. 你会试着隐瞒自己的上网时间吗？（   ）
    A. 几乎不会   B. 偶尔   C. 有时候   D. 大多时间   E. 总是
19. 你会选择把时间花在网络上而不想与他人出去走走吗？（   ）
    A. 几乎不会   B. 偶尔   C. 有时候   D. 大多时间   E. 总是
20. 你会因为没上网而心情郁闷、易怒、情绪不稳定，而一上网就百病全消了吗？（   ）
    A. 几乎不会   B. 偶尔   C. 有时候   D. 大多时间   E. 总是

评分标准：

该量表共有20个题目，每个题目有5种答案。受试者根据自己的实际情况选择一种适当的答案。"A""B""C""D""E"五种答案依次记为1、2、3、4、5分，测试者所有题目得分之和即为该次测试的总分。

评价参考：

总分为20~23分：网络行为正常。上网者仅将网络作为获得信息或休闲的一种工具，不存在对网络的精神依赖行为。

总分为 24~49 分:轻度网络成瘾。尚没有形成网络依赖,在上网时间的把握上有时候稍微滞后,但在总体上仍能够自我控制。

总分为 50~79 分:中度网络成瘾。网络使用后已经出现一些社会适应问题,如对时间控制减弱,网络耐受性增强,人际关系趋向敏感,生活秩序正在打乱,情绪开始出现一些较为明显的不稳定特征,上网者正面临来自网络的问题。

总分为 80~100 分:重度网络成瘾。上网者已经完全被网络所控制,网络成为上网者的精神寄托场所。在网上,用户长时间地分享巅峰体验,在线下,用户则长时间陷入抑郁、恐慌、悔恨等多种负性情绪体验中。上网者的社会交往功能正在逐步退缩,网络已经引起严重的生活问题。上网者需要很强的意志力,甚至需要求助于心理医生才能恢复正常。

实践训练

E 路上有你

【活动目的】 通过活动使学生能觉察自己上网的目的,了解网络的多元性功能,协助成员找出不正确的网络使用行为,建立正确的上网态度。

【暖身活动】

(1)指导者请学生用形容词来形容自己上网的感觉,例如:开心的、轻松的、自信的、刺激的、有趣的、冒险的、邪恶的、想入非非的、迷幻的、虚假的,等等,并一一书写下来。

(2)检视这些形容词,若属于正向的、积极的,用圆圈圈起来;若属于负面的、有害健康的,用方形框起来。

(3)讨论每个人的形容词是正向多还是负向多。

【主要活动】

(1)分组:将学生分成"游戏""聊天""查数据"三组。

(2)收集问题:发给每位学生三张小纸条,以不记名方式,每人写三件上网遇到的烦恼事情,然后将小纸条收集集中。

(3)讨论交流:每人随意抽出一项问题,并针对所抽到的问题谈谈自己的感受、看法及解决方法。

【总结结束】

通过总结,指导学生纠正不正确的网络行为,建立正确的上网态度。

心理影视

1.《社交网络》

导演:大卫·芬奇。

编剧：阿伦·索尔金、本·麦兹里奇。

主演：杰西·艾森伯格、安德鲁·加菲尔德、贾斯汀·汀布莱克。

上映日期：2010年9月24日。

剧情简介：2003年秋，哈佛大学，恃才放旷的天才学生马克·扎克伯格被女友甩掉，愤怒之际，马克利用黑客手段入侵了学校的系统，盗取了校内所有漂亮女生的资料，并制作名为"Facemash"的网站供同学们对辣妹进行评分。他的举动引起了轰动，一度使哈佛的电脑网络服务器几近崩溃，马克因此遭到校方的惩罚。正所谓因祸得福，马克的举动引起了温克莱沃斯兄弟的注意，他们邀请马克加入团队，共同建立一个社交网站。与此同时，马克也建立了日后名声大噪的"Facebook"。经过一番努力，Facebook的名气越来越大，马克的财富与日俱增。然而各种麻烦与是非接踵而来，昔日的好友也反目成仇……

2.《中国的网瘾少年》

导演：Shosh Shlam 、Hilla Medalia。

编剧：Shosh Shlam 、Hilla Medalia。

类型：纪录片。

语言：英语、汉语。

上映日期：2014年9月15日。

片长：90分钟。

剧情简介：这是一个关于中国的纪录片，讲的是戒网瘾的事。这个纪录片探访北京一个戒网瘾中心，讲述三位网瘾少年的戒除经历。

阅读思考

常与电脑打交道的人不善交际

国外心理学专家研究发现，经常与电脑打交道的人，由于长时间面对没有生命的电脑屏幕，不但会在不知不觉中生出一张表情淡漠、冷峻的"电脑脸"，而且会影响日常的人际交往，进而产生心理和精神上的障碍。

日本的精神内科医生经常遇到这样的患者，他们多是缺乏丰富的社会实践，从学校毕业后即从事计算机基础设计或软件开发，后进入管理层工作的公司职员，他们对电脑虽早已驾轻就熟、操作自如，但面对新的工作，特别是在处理人际关系时屡屡受挫，感到无所适从，由此产生程度不同的心理障碍。

专家们研究认为，通常的计算机操作大多是采用会话形式，只要对计算机下达指令，计算机便会言听计从。习惯了与计算机交流的人，往往很难体谅对方，他们对于自己的观点要么执意坚持要么全盘放弃，陷于一种非此即彼的思维定式之中。但在社会交往中，处理人际关系要比与电脑交流复杂得多，即使你的要求是合理和正确的，也不一定会马上被人接受。而这些人的思维方式和处理问题的方法简单，无法与他人达成妥协和谅解，在实际工作中，他们经常是既无法很好地汇总部下的意见,又不能有效地协调与其他部门的工作,以至于无论干什么事都畏缩不前,最终对自己失去信心。时间一长,将会导致内心烦躁、身心疲惫、精神沮丧。

专家们指出,为克服常用电脑者在人际交往中产生的心理障碍,一是要注意丰富自己的日常生活,注意自我心理调整;二是学会处理好复杂的人际关系,勿将与电脑交流的准则引入人际交往中。尽量创造一个宽松的工作环境也是很重要的一个方面。对于已经出现心理偏差者,为缓解其症状,可适当调整一下他们的工作,以减轻身心疲劳,必要时可辅以一定的药物治疗。

网络成瘾综合征

网络成瘾综合征(internet addiction disorder,简称IAD)于1994年由纽约的一位精神医生Goldberg提出,临床上是指由于患者对互联网过度依赖而导致明显的心理异常症状以及伴随的生理性受损的现象。

青少年网络成瘾症是指青少年过度使用互联网而导致的一种心理疾病。使青少年成为网络成瘾症的高发群体的主要原因包括个性心理因素及社会因素,表现为一系列的精神和心理症状、躯体和生理症状以及其他不良社会行为,这既严重危害青少年的身心健康,也影响社会、学校和家庭教育的正常开展。

2008年11月8日,由总后勤部卫生部医疗局组织有关专家,对北京军区总医院医学成瘾科(北京军区总医院青少年心理成长基地)主任陶然牵头的课题组研究制定的《网络成瘾临床诊断标准》(以下简称《标准》)进行了论证。专家一致认为:该诊断标准制定过程科学、严谨,符合循证医学要求,具有良好的信度和效度,可在临床试行。

曾几何时,《魔兽世界》这样的网络游戏竟令众多青少年深陷其中不能自拔,网络成为他们精神世界和现实生活中唯一的寄托。更令人恐惧的是,青少年犯罪中有相当一部分是网络成瘾者。

专家表示,网络成瘾问题被心理医生和社会认识已久,这一《标准》通过专家论证结束了我国医学界长期以来无科学规范网络成瘾诊断标准的历史,为今后临床医学对网络成瘾的预防、诊断、治疗及进一步研究提供了依据。同时,网络已经成为现代人工作生活不可缺少的一部分,将网瘾纳入精神疾病范畴并不是说上网就会得精神病,上网者无须盲目自危,《标准》制定了严格的诊断依据用于指导医生治疗,只有符合症状的人才有可能被确诊。

尽管网瘾这个词早已被大家熟知,但仅限于心理医学名词范畴,国家正式精神病诊断标准中并没有网络成瘾症这样的疾病。以往很多被网瘾困扰的青少年都是以网瘾作为病因,以其身体和精神的主要表现来确诊并治疗,如抑郁症、焦虑症、失眠等。因此,尽管网瘾病人与日俱增,但没有一例病人被确诊为网络成瘾症。此次《标准》明确了网瘾的症状、治疗原则,它将有效地指导医生对网瘾患者进行系统治疗,而非"头疼医头,脚疼医脚"。

网络成瘾(IAD)与强迫症、病态性赌博、购物狂属于同一类型病症,为非物质成瘾,在精神医学分类中列在"冲动控制疾患"类,不仅有极大危害而且不易治疗。目前国际上对网瘾的诊断治疗也有分歧,《标准》参考吸取了国际上很多文献及其研究资料的精髓,并结合我国国情制定,其中首次明确了网瘾的分类、症状及其治疗方法和过程,今后《标准》还将根据临床实际继续修订完善,并要写入中国精神疾病诊断标准,成为网络成瘾症的法定确诊依据。《标准》将网瘾分为五类：网络游戏成瘾，网络关系成瘾，网络色情成瘾，网络信息成瘾、网络交易成瘾。其中以网络游戏成瘾者居多，其次是网络关系成瘾，如网恋、网婚等。网瘾患者临床症状的共同特点是：对网络存在强烈的沉迷和渴求，不断增加上网的时间和投入程度；停止或减少上网时出现烦躁、易怒等戒断反应，严重者甚至出现冲动、攻击、毁物等行为；长时间人机交流，只愿意与在线朋友沟通，和现实世界逐渐脱离，变得害怕与人交往等。成人同样被"魔兽"左右，网瘾人群不再仅是少年。

调查显示，我国13至17岁的青少年网民网瘾比例最高，大学生网络成瘾率达到9%以上，辍学的大学生多为网瘾者。另一项调查数据也显示了网瘾的巨大危害：北京市青少年犯罪中76%与网络有关，其中，玩游戏成瘾中以沉迷于《魔兽世界》的人居多，很多患者到了难以与真实世界区分的程度。另外，近年来国内很多心理疾病诊疗中心统计显示，成年人因网瘾犯罪、离婚、失业的越来越多，已经占到网瘾人群的1/10以上。分析认为，这主要与现代人工作生活压力大、缺乏精神寄托、心理长期紧张有关。

无论是青少年还是成年人，上网成瘾完全可以治疗，越早治疗效果越好。一般通过药物、心理、工娱和物理综合治疗3个疗程能见到效果。药物治疗主要是平衡神经内分泌系统，比如改善自主神经，还有的需要有针对性地治疗心理疾病的身体反映，如功能性胃肠病；心理疗法是矫正网瘾患者的心理障碍，比如性格内向、孤僻、怪异、不合群、自制力差；工娱疗法主要是培养他们的兴趣，离开单纯的网络爱好，转移患者的兴奋点，比如打篮球、健身可以增加交际能力、团队合作精神等。另外，在治疗过程中家庭的配合也非常重要，家长、配偶都应该尊重和理解网瘾患者，学会与他们平和地交流，让他们内心有一片崭新、美好的世界。

网瘾绝不是单纯心理问题，更是社会问题。事实上，网瘾之所以对社会构成危害，其根源在于网游产业良莠不齐、泥沙俱下，种种色情、暴力的元素涉及其中，让心智不健全的青少年容易受到心灵"侵蚀"。因此尽管医学专家制定了网瘾诊断标准，但网瘾已绝不是单纯的医学问题，它已经是一个严重的社会问题，在医院积极收治网瘾患者的同时，有关部门也必须积极地"收治"诸如《魔兽世界》之类的网络游戏，对其进行"病理分析"，以有力的全程监管来进行科学"治疗"，最终使其成为健康有益的大众娱乐消遣方式。现在很多有识之士都在建议国家出台完整的游戏分级体制，提高对游戏厂商和网络的监管，完善未成年人保护法规等。欧美一些国家已经动用经济手段进行合理调节，政府开始对网络游戏产业链征收高额税，作为"拯救网瘾"的成本。

【思考题】

1. 网络对大学生的积极意义有哪些？
2. 如果发现自己存在网络心理障碍，应该如何进行心理调适？

第十章

长风破浪会有时
——压力管理与挫折应对

　　大路有高山阻挡，大海有巨浪相伴。生命之途注定有数不清的荆棘和暗礁。一个有勇气的人，一个有胆识的人，一个有担当的人才能驰骋于人生之途，扬帆于生命之海。

故事导入

挣扎就是奋斗

> 塞曼小时候读书的自觉性并不高,成绩也一直平平。塞曼的母亲看到儿子的这种表现,心里十分着急。
>
> 一天,她把儿子叫到跟前,注视着他的眼睛,神情激动地说:"儿啊,早知道你是一个平庸无能之辈,我当初真不该在波涛中挣扎!"接着,她向默默呆立的塞曼忆起往事:在塞曼快要降生的时候,家乡突然遭到洪水的袭击,她死里逃生,好不容易才登上了一只小船,塞曼就降生在这只小船上,母亲望着滔滔洪水和刚刚临世的小生命,想起了荷兰人的一句古训——我要挣扎,我要探出头来!
>
> 听完妈妈的回忆,塞曼才知道母亲所经历过的艰难,心灵受到强烈的震撼,暗暗发誓要发奋攻读,绝不辜负妈妈的厚望。功夫不负有心人,他终于以优异的成绩受到学校当局的赏识,被学校聘为助教。当他满怀喜悦去见母亲的时候,母亲已身染重病,奄奄一息了。在弥留之际,她用深情的目光注视着塞曼,嘴唇在艰难地颤动着:"挣扎,再——挣——扎!"留下这句遗言后溘然长逝。
>
> 挣扎就是奋斗。挣扎,再挣扎,就是不满足于现状,永远拼搏。塞曼把妈妈的话铭刻在心。他将嵌有母亲遗像的金制小镜框一直挂在胸前。遇到困难和挫折时,他便凝视着母亲的遗像,回想母亲的谆谆教诲,以增加自己克服困难的勇气。塞曼在科学的道路上挣扎,再挣扎!终于攀上了一般人难以企及的高峰,1902年塞曼获得了诺贝尔物理学奖。

理论指导

大学生在成长的过程中总会遇到这样或者那样的心理挫折,挫折对于大学生来说,消极性和积极性同时存在,他们遇到挫折时可能产生不安、焦虑、愤怒等消极情绪,也可能产生攻击、幻想、偏执等行为反应,这体现了挫折的消极性。而安逸又舒适的生活往往使大学生安于现状,挫折和磨难却可以提高个体的心理承受能力,使人经受住锻炼和考验。大学生遇到挫折并不可怕,只要能妥善地应对,就一定能拥有美好的大学生活。

一、认识挫折

(一)挫折的含义

什么是挫折?《现代汉语词典(修订本)》解释为:失败、失利。《辞海》的解释为:失利、挫败。挫折的心理学含义是指一个人在从事有目的的活动时遇到了障碍或干扰,导致其无法实现、需要不能满足而产生的紧张状态和情绪反应。

挫折由三个因素构成。一是挫折情境,即指对人们有动机、目的的活动造成内外障碍或干扰的情境状态或条件。构成刺激情境的可能是人或物,也可能是各种自然、社会环境。二是挫折认知,即指对挫折情境的知觉、认识和评价。挫折认知既可以是对实际遭遇到的挫折情境的认知,也可以是对想象中可能出现的挫折情境的认知。三是挫折反应,即指个体在挫折情境下所产生的烦恼、困惑、焦虑、愤怒等负面情绪体验或攻击、退缩、逃避等行为反应。其中,挫折认知是核心因素,挫折反应的性质及程度,主要取决于挫折认知。正如巴尔扎克所说:"世上的事情,永远不是绝对的,结果完全因人而异。苦难对于天才来说是一块垫脚石,对于能干的人是一笔财富,而对于弱者是一个万丈深渊。"

(二)产生心理挫折的一般原因

一般而言,心理挫折产生的原因有以下几点:

1. 外部事件

挫折产生的外部事件又称外因,是指导致人们动机或目标不能实现的各种外部因素,包括自然事件和社会环境。自然事件包括人们无法预料和克服的某些自然灾害、伤残疾病、意外变故等因素,如在临近高考时,一位学生因家庭发生变故而经受了极大的心理创伤,导致他在高考中发挥失常,名落孙山。社会环境包括社会生活中的政治、经济、军事、宗教、风俗习惯、道德观念等因素,如由于当今就业竞争加剧,许多大学生在求职就业中屡屡碰壁。

2. 动机冲突

在日常生活中,人们经常会同时产生两个或两个以上的动机。如果这些动机无法同时得到满足或者相互对立,就会使其产生强烈的动机冲突。动机冲突主要分为双趋冲突、双避冲突、趋避冲突三种形式。

(1)双趋冲突。双趋冲突是指当人们面临两种同样强烈的愿望而只能选择其中一种时所产生的动机冲突,即人们常说的"鱼和熊掌不可兼得"。例如,一个人同时收到两个具有同等吸引力的工作邀请,对其中任何一项的选择就意味着对另一项的放弃,使得这个人身陷一种犹豫不决的心理冲突中。

(2)双避冲突。双避冲突是指当两个目标同时对一个人具有威胁,而他迫于情势必须选择其中一个而避免另一个时所产生的心理冲突,即人们常说的"两害相权取其轻"。

(3)趋避冲突。趋避冲突是指人们既想达到某个目标又不想付出代价而产生的心理冲突。例如,一个人想谈恋爱又害怕受到伤害,一个人喜欢吃零食又担心会发胖等。

3. 个人特点

一个人的生理特征、心理特征、人格特点、社会经验以及能否正确地应对压力是他是否容易产生挫折感的重要因素。一般来说,对挫折感的承受力是个体在适应后天生活环境的过程中习得的。社会阅历不同的人,其挫折承受力也不同。经历挫折多、体验深、应对技巧多的人,更能应对逆境、战胜困难;而社会阅历不足、适应能力差的人,对于挫折的承受力则较弱。

此外,一个人是否觉得受到挫折与他自己对成功所定的标准有密切关系。抱负水平是指一个人对自己所要达到的目标规定的标准。规定的标准高,即抱负水平高;规定的标准低,即抱负水平低。抱负水平高的人比抱负水平低的人易产生挫折感。常遇情况:甲、乙、丙三名同学考试都是80分,甲非常满意,乙觉得和自己预料的差不多,而丙同学感到失败。丙同学抱负水平最高,乙次之,甲相比较最低。

二、大学生常见的心理挫折

大学生虽在生理上已基本成熟,但由于社会经验的缺乏,他们在心理发展、人格发展、为人处世上远远未达到完善的程度。因此在当今社会,大学生在适应、学习、人际交往、恋爱、职业规划等方面遇到一些挫折是不可避免的。

1. 学习挫折

学习挫折是大学生最常遇到的挫折。大学生学习挫折的具体表现为:不适应学习环境,学习目标不明确;学习方法不当,学习效率低;对所学专业缺乏兴趣,学习动力不足,表现出厌学的情绪;不能合理安排学习时间,未形成良好的学习习惯;因忙于社会工作或沉迷于网络,使学业受到严重的影响。

2. 人际交往挫折

人际交往对大学生而言是仅次于学业发展的一项重要的社会需要。大学生都希望获得更广泛的良好人际关系,从而作为维系个人发展与社会需要之间的纽带。但是,由于性格或者成长经验的影响,在人际交往中,往往难以达到理想效果。要么难以抛开自尊、自傲和矜持的面具,要么以错误的方式伸出橄榄枝,反而引起别人的误解,导致人际交往挫折。

3. 恋爱挫折

对爱情的渴望也常常折磨着大学生。大学生在身体发育上已经成熟,已进入性成熟阶段。在心理上,大学生普遍对爱情充满憧憬,渴望拥有浪漫的爱情。但由于社会经验较少、人际沟通技巧有所欠缺、没有稳定的经济收入、毕业后去向不定等因素,大学生在恋爱方面经常会遇到困扰。有些大学生一旦失恋,不仅会失去情感上的依恋对象,而且会使自尊心受到巨大的伤害。有些大学生会因此而否定自己,对自己能否被爱、被认可产生怀疑。

4. 择业挫折

求职就业是每个大学生在毕业时都要面临的问题。当今社会竞争日益激烈,逐年加大的就业压力,给大学生带来的隐性压力不言而喻。双向选择、自主就业的制度给大学生提供了发展的空间,也给他们提出了更大的挑战。因此,对即将毕业的大学生来说,择业更是一种现实的挫折。有的大学生不能正确评价自己,缺乏自信,不敢竞争,错失良机;有的大学生盲目自大,结果高不成低不就;有的大学生盲目冲动,片面追求高待遇,最终陷入失败的泥潭。

三、大学生心理挫折的应对策略

(一)挫折的防御机制

挫折防御机制是指在人遇到挫折时,有意无意地寻求摆脱由挫折产生的心理压力、减轻精神痛苦、恢复正常情绪和心理平衡的自我调节和自我保护的方式。一般可以分为两大类:积极心理防御和消极心理防御。

1. 积极心理防御

积极防御方式是正视挫折,承认挫折,正确分析挫折产生的主客观原因,总结经验教训,争取积极的行为方式,最后战胜挫折。主要表现为:坚持、认同、补偿、升华和幽默。

1) 坚持

坚持是指个体发现目标难以达到，要求自己付出加倍努力，并要求通过个体的不断努力，使目标最终实现。美国电影《阿甘正传》中的主人公阿甘就是一位智商并不高的人，他面对挫折的方法就是忽视它并坚持不懈地努力，最后赢得人们的尊重，赢得了自己的事业，也获得了自己的生活。正如有的学者所说：成功就在最后的坚持之中。

2) 认同

认同是指个体在现实生活中无法获得成功时，将自己比拟为某一成功者，借以在心里减弱挫折产生的痛苦；或者迎合能满足自己需要的人，按照他们的希望去支配自己的思想、行动来冲淡自己的挫折感，并以此求得内心的满足。例如，大学生常以一些历史名人、科学家，或小说中所欣赏的人物、老师甚至同学作为自己效仿的对象，建立自己心中的榜样，并依照榜样进行积极的自我激励与自我暗示。

3) 补偿

补偿是指当个体行为受挫时，或因个人某方面的缺陷而使目标无法实现时，往往以新的目标代替原有目标，以其他方面的成功来补偿因失败而丧失的自尊与自信。这就是人们常说的"失之东隅，收之桑榆"。如某大学生没有当上班干部，无机会表现自己的能力，于是便努力使自己的成绩名列前茅。又如，某大学生恋爱失败，便积极参加文体活动，用成功来补偿失恋的痛苦。

4) 升华

升华是指用一种比较崇高的具有创造性和建设性的目标作为替代，借以弥补因受挫而丧失的自尊与自信，减轻痛苦。升华是最积极的行为反应，从古至今演绎出绵绵佳话，如屈原放逐而赋《离骚》，左丘失明而写《左传》，孙膑跛脚而修《兵法》，司马迁受辱而著《史记》。现实中一些其貌不扬的大学生最初在社交活动中受到制约，于是他们在学问、个人思想道德修养上下功夫，使得学习成绩出类拔萃，品德优秀，为同学所瞩目。

5) 幽默

幽默是指以幽默的语言或行为来应付紧张的情境或表达潜意识的欲望。这种积极的行为反应，不是所有人都能达到的，必须有积极的生活态度，表现出睿智与从容。不能拿别人开玩笑，要学会自嘲。一个人要是会自嘲了，说明他的心理成熟，也说明他认识了自己，社会适应能力强。例如，有的同学失恋了，他就自嘲说："只谈过一次恋爱的小子，不要羡慕他！"幽默很容易缩短你与周围人的距离，而且能够帮助你有效地寻求社会支持。

2. 消极心理防御

消极心理防御是指当大学生遭受挫折后所表现出来的带有强烈情绪色彩的非理性行为。常见的情绪行为方式有攻击性行为、退化、固执、逆反、文饰、求得注意等。

1) 压抑

压抑是最基本的消极防御机制，是指将自我不能接受的心理内容压抑到潜意识中，不去回忆，主动遗忘。这是一种动机性遗忘，与自然遗忘不同。压抑有其正面的社会作用，对于维持人际关系和社会关系有重要的作用。但是压抑有其负面作用，因为不想不做不等于不存在。一旦有机会，就会爆发。弗洛伊德也最反对压抑，认为过分压抑就是病态，容易形成强迫型人格。

2) 否认

否认就是我不承认，不承认就不会痛。这是属于儿童期的一种自我防御，但是在成人中也常见,尤其是受到重大打击的人群中。例如,不承认亲人的逝去,一直在等待亲人归来。

3) 退行

退行也叫倒退,当遇到挫折无法应付时,有些人心理会出现退行,即把自己的心理返回到年幼时期的状态,借以躲避冲突。例如,受到挫折时把自己关在屋里,或者现实不顺利,沉迷于游戏,这都是退行。老人也常出现退行的心理,在遇到冲突时像个孩子似的表现自己。

4) 合理化

合理化是指把错误的事情合理化。就是骗骗自己,骗骗别人。例如上班迟到了,把原因推给堵车,或者吃不到葡萄就说葡萄酸,这都是合理化心理防御机制在起作用。

5) 投射

投射有时叫作投影,就是把自己有的真实但不能接受的念头归于其他人或者其他事情上。"我想主动对他示好"的念头会引起焦虑和紧张,于是变换成"他想和我要好"。骗子认为世界上每个人都会骗别人,就是一种投射。但投射也有好的一面,例如表现在共情上,或者例如认为别人不幸福,自己也不幸福,所以要对别人好。前面提到的都是外向投射,投射也有内向投射。例如恨别人但是惩罚自己,就是内向投射。

6) 逆反

逆反用通俗的语言来说就是"你要我朝东我偏朝西"。一般来说,个人的行为方向和他的动机方向应当是一致的。但是,当个体遭到挫折后,如果不仅是一意孤行,而且对正确的方面盲目地持反抗、抵制与排斥态度,这种行为便是逆反。例如,某大学生因为上课时受到教师的批评,他便采取逃课或不理睬教师的教学等方式来表现自己的不满。持逆反心理的人为了排除内心的不满,往往会采取一些不符合社会规范、不被允许的行为,产生一些反社会性行为。

消极的心理防御只能起暂时平衡心理的作用,不能解决问题,有时会使当事人在一种自我欺骗中与现实环境脱节,降低适应能力,形成一些恶习,埋下心理病患的种子,影响其身心健康和全面发展。积极的心理防御有助于大学生适应挫折、化解困境,利于他们的成长。大学生应该树立积极的心理防御机制,增强自己的耐挫力,以适应社会的发展。

(二)大学生积极应对挫折的方法

1. 端正认识,直面人生挫折

1) 挫折不会仰人鼻息

当代大学生独生子女居多,按照中国传统的家庭教养方法,除非家庭条件有限,一般都会得到父母的格外照顾和宠爱。但由此容易让大学生滋生一种盲目的优越感,形成一种"自己永远是生活的宠儿、世界应该围绕我而转"的错觉。这种态度在大学生的人际交往中表现得尤其明显。但是,挫折不会因人而异,更不会仰人鼻息。社会的真实含义是别人不会迁就你,以你为中心,人生道路不可能永远由自己的父母去铺平。对从小生活条件优越且较少经历过挫折的大学生,我们的建议是:正确面对并深刻体会社会的复杂性和人生的曲折,也许是首先需要解决的问题。

2) 挫折是人生的宝贵财富

任何事物都具有两面性。挫折尽管让我们难受,使我们的学习和发展受阻,但是它同时又是人生的宝贵财富,是促使我们成长的必要条件。认识到这一点,我们才有勇气和信心去勇敢地面对挫折。古语云:"保剑锋从磨砺出,梅花香自苦寒来。""不经一番寒彻骨,哪得梅花扑鼻香。"没有挫折的人生是苍白虚幻的人生,不经过挫折的磨炼,也就没有成功的喜悦和人生的幸福。快乐不是平坦笔直的康庄大道,或者无忧无虑的锦衣玉食,而是经过奋力攀登后踏在脚下的高峰,用自己的坚韧和勤劳换来的硕果。任何人都不可能避免挫折,挫折是促进大学生成长的积极因素,它可以磨砺我们的意志、丰富我们的经验、增长我们的能力。

3)挫折是可以克服和战胜的

挫折是不可预知的,也是必然的。但是,挫折却不是不可战胜的。古今中外,无数杰出的人以他们自身的人生经验,诠释着人类意志的力量。我国古代统治者为了维护剥削和压迫,鼓吹天命观,但荀子提出"人定胜天"的思想。人类祖先敢于和大自然抗争,所以人类才能逐渐成为地球上的主宰;劳动人民敢于抗争,才能掀起一次又一次的革命战争,争取社会进步和人民的解放;科学家、艺术家勇于探索科学和艺术的真谛,才使得人类创造出灿烂的文化……历史长河中,无数人以他们坚强不屈的精神改变着自己的命运,也改变着人类的命运。

2. 修身养性,提高心理素质

除了对挫折要有正确的认识之外,我们还必须具备良好的心理素质,面对挫折能够泰然处之。这种心理素质只能靠修炼而得。

1)适应与调整

外界环境和条件的变化,不以个人的主观意愿而转移。我们原来设想好的目标,往往因为客观条件而出乎意料地改变而成了镜中花、水中月。面对意外情况的出现,我们必须及时调整自己的心态和目标,以适应这种改变。这种适应和调整,主要通过降低自我期望和改变行为目标而实现。研究表明,挫折感的强度,与自我期望相关。高自我预期导致较强的挫折感,较低的自我期望形成较弱的挫折感。

2)忍耐和控制

遇到挫折即有情绪和行为反应,这本是人之常情。但是并不是任何反应都有利于事情的发展,尤其是当我们所面对的挫折情境是自己不能马上控制的、解决的,忍耐就成为必要的一种策略。所谓"小不忍则乱大谋"说的就是这个道理。凡人生事业取得成功的人,无不在逆境和挫折情境中善于忍耐。以下两种情况,需要大学生学会忍耐:一是当我们还不清楚事情的前因后果,没有充分掌握相关信息的时候,冲动很可能造成误会和不可弥补的伤害;二是挫折源力量强大,我们尚不能控制的时候,不满和愤怒的反应不利于事情的解决。

3)放松训练

忍耐和控制并没有消除内在的紧张,因此还需要对消极情绪进行疏导宣泄,如采取心理学的放松训练法等。

3. 平心静气,改善社会关系

人总是生活在现实的社会关系网络之中的。当我们遇到挫折的时候,既要充分利用社会关系,寻求社会支持,也要主动改变不利的社会关系,以克服困难,战胜挫折。

4. 积极奋斗,改变客观条件

环境对我们心理和行为的影响作用是相当大的。对挫折情境的理解,既不能否认人们认知上的差异,更不能否认和无视外部环境的作用。大学生除了要正确地看待挫折,学会自我调适之外,更重要的是要充分发挥自己的创造力和能动性,主动创造条件,为意志行为目标的顺利实现营造良好的外部环境。

四、大学生的心理压力及压力管理

生活在竞争激烈的现代社会,每个人都要面对来自工作、生活、学习和情感等多方面的压力。

(一)认识压力

压力在西方文献中也称为应激(stress),压力是一般意义上使用的概念,应激则是临床使用的概念。压力这个概念首先由加拿大心理学家谢尔耶提出。他认为压力是产生于个体无能力、无资源应对"外在需求"时的一种非特定的生理反应。我国学者普遍认为压力有三种含义:①指那些使人感到紧张的事件或环境刺激,如失业、天灾、贫困等;②指某种具有威胁性的刺激引起的生理或心理反应;③指刺激与反应的交互关系。

(二)压力反应

当人们面临压力时会产生一系列压力反应,通常表现在心理反应和生理反应两方面。这些反应在一定程度上是机体主动适应环境变化的需要,它能够唤起和发挥机体的潜能,增强人体抵御疾病的能力。但是,如果反应过于强烈或持久,超过了机体自身调节和控制的上限,就可能导致心理或生理功能的紊乱而致病。

1. 压力反应的表现

压力反应一般表现在心理反应和生理反应两个方面。

(1)生理反应。压力会使得人体的内分泌系统、神经系统、循环系统、消化系统以及肌肉和皮肤的机能发生改变。近年来,在美国、西欧和日本,有四种失调症已经变得非常突出,被称为文明的苦恼,它们是心脑血管疾病、癌症、关节炎和呼吸系统疾病(包括支气管炎和肺气肿)。压力和紧张也会影响到免疫系统。

(2)心理反应。压力的心理反应从知、情、行(意)三个方面表现出来。认知功能:可能降低或提高注意力、工作能力和逻辑思考能力。情绪反应:包括焦虑、不安、恐惧、易怒、攻击、无助、工作成就感降低。行为反应:生产力降低或升高、行为慌乱、易发生意外事件。

关于压力的生理反应和心理反应还有一个有趣的性别差异,美国一项重要的研究结果显示,面对压力,男性多以生理疾病的形式表现,如心肌病和溃疡等;而女性却多是表现在情绪上,譬如焦虑、沮丧等。而且,压力情况下男女大脑反应不同:男性左脑血液充足,启动"攻击、逃跑"机制,他们想要独处;女性启动情绪机制,更想找人聊一聊。

2. 压力反应的阶段

谢尔耶认为人的压力反应可以分为三个阶段。

(1)警觉阶段:感知压力源。大脑和身体暂时失衡,稳定状态稍微倾斜,心跳加速、体温和血压降低,调动身体中储存的物质和能量,收集对方的相关信息,自己充分准备人力、物力、组织、构思,以便应对危机的来临。

(1)抗拒阶段:适应性资源被动员起来抵挡压力源。先前的症状逐渐消失,内分泌系统开始发挥作用,脑垂体腺与肾上腺皮质分泌大量激素,增加对压力来源的抗拒力,用实际行动尝试解决问题。

(3)衰竭阶段:个体已经无法适应长期的压力,脑垂体腺和肾上腺皮质无法再连续分泌激素,可能导致对身体的伤害,若发展下去,可能产生极端衰竭,甚至死亡。

（三）压力的双重作用

1. 压力对健康的积极作用

一般单一性社会压力有益于健康，它使人生活得充实，人生变得有意义，这类压力称为良性压力。事实上完全没有压力的生活是不可想象的，也是不真实的。

心理学的研究表明，早年的心理压力是促进儿童成长和发展的必要条件。经受过生活压力的青少年在以后的生活和工作中更容易适应环境，更容易取得成功；反之，早年生活条件太好，没经历过挫折和压力，则如温室里成长的花朵，经不起生活的风吹雨打。对于大学生而言，适度的压力是维持正常身心功能活动，激发大学生的积极性和主动性，锻炼和培养良好意志力品质的必要条件。

2. 压力对健康的消极影响

继时性压力和破坏性压力，容易成为人们健康的杀手。继时性压力使人处于慢性心理应急状态，时间一久便容易引发一系列的身心症状。病人会产生呼吸困难、易疲劳、心悸和胸痛等生理症状。此外，还有紧张性头痛、焦虑、抑郁、强迫行为等心理症状，是为慢性应激障碍。

破坏性压力，比如地震、战争等，则容易使人患上创伤后压力失调，或创伤后应激障碍，造成感知、情绪、行为等方面的系列问题，是为急性应激障碍。比如女性被强暴后会变得呆滞、心因性记忆丧失、回避社会活动、失去安全感，等等。强大自然灾害的心理反应则比创伤后压力失调更为严重，产生灾难症候群。

（四）压力管理

压力无处不有，无可逃避，为了能很好地适应大学乃至今后的学习、生活和工作，大学生宜进行有效的压力管理，提高自己的压力适应能力。所谓压力管理，是指针对可预见的压力源进行必要的干预，维护身心健康，提高问题处理的效率，保证学习生活目标顺利实现的管理活动。压力应对具有事后性和被动性，而压力管理则带有一定程度的主动性和积极性特征，它包含压力应对。大学生可从以下几个方面着手进行压力管理。

1. 构建自己的社会支持系统

当一个人独自面对压力的时候，其应激反应的消极作用远远大于社会支持的效果。因此，要想不在压力面前孤立无助，最好构建自己的社会支持系统，这其中包括自己的亲人、朋友、同学、老师等。社会支持系统可以在你需要的时候给你情感安慰、行动建议，帮助你渡过难关。强大的社会支持让你不再感到孤立无援，可以迅速恢复你的信心和勇气，面对挑战，解决问题。

2. 直面问题，解决问题

直接面对问题，而不是逃避、压抑、转嫁或迁怒于无关的人或事；理性地评价、选择解决问题的方案；解决问题的策略要与现实相符，其出发点是对问题的真实估计，而不是自我欺骗或自暴自弃。先找来纸笔，将你面临的核心问题写下来，接下来你需要围绕着这个问题逐步回答：这个问题是如何产生的？这个问题真的与我有关吗？这个问题真的就是一种威胁吗？这个问题真的就不能解决吗？通过如此反复逐层深入的自我辨析，厘清问题症结所在，从而减轻对压力情境认识的模糊或者夸大威胁而产生的焦虑。

3. 学会经常进行放松训练

放松训练是通过一定的练习程序，学习有意识地控制和调节自己的身心活动，以达到降低机体唤醒水平,调整因紧张而紊乱的身心功能,从而使机体内环境保持平衡与稳定的过程。

(1) 坚持适当和必要的体育锻炼。当感到有压力的时候,需要做的不是坐在那里发愁或者抱怨,而应该出去活动、慢跑。慢跑的过程中,呼吸缓慢而有节奏,让神经和身体彻底放松。体育活动是非常有效的减压方式,可以迅速改善某些生理系统及其功能,让你充满生命活力,找回控制感,从而有效减轻你的心理压力。

(2) 置身于文艺世界。可以看电影、听音乐、欣赏书画作品,任何让你真正能够感受到美的东西,你都可以尝试。在欣赏和感受美的过程中,让你找回人性的光辉、世界的美好和生活的希望。

(3) 郊游或者远足。可以根据你的时间表和你的经济条件,把自己交给大自然。请记住:大自然永远是人类最宽宏慈爱的母亲!当你面对她的时候,你可以完全抛开你在社会中因为防御需要带上的层层面具,重新思考过去没有考虑到的东西,真实面对自己。

(4) 阅读书籍,吸取榜样的力量。当你面对压力感到不知所措的时候,可以从榜样身上寻找力量。杰出人物毫无疑问经历了无数的挫折与压力,那么他们是怎么做的?去看看人物传记吧。

如果上述方式都无济于事,那么,我们建议你寻求专业人士的帮助。你需要进行心理咨询,让专业人士引导你排除压力。

案例分析

"挂科"的恐惧

案例一

某高校二年级男生,向心理咨询老师主诉:"来到大学之后,我现在最缺乏的是自信。我的成绩一直不太好,从大一就开始'挂科'。第二学期我下功夫学,可还是挂了一科。这样下去,我担心自己拿不到毕业证,就不想再读下去了,干脆退学算了。但又不敢跟家里说,觉得对不起父母亲!再说,我也舍不得离开朝夕相处的同学们。我现在很烦恼也很迷茫,不知该怎么办。"

分析:该生学习基础较差,来到大学,由于几门考试"挂科",学业受挫,担心毕不了业,产生了恐惧心理,内心压力很大,有退学想法;但由于对父母的愧疚和对同学的不舍,又犹豫不决,很难决断,内心冲突。要改变这种状况,首先应解除对"挂科"的恐惧心理。"挂科"虽然不好,但如果因为部分课程"挂科"而放弃整个学业,则是因噎废食的做法。其次,要知道"挂科"还可以有补救措施,那就是补考,如果积极面对、认真复习,争取补考通过,并不影响毕业。

"压力山大"的小曹

案例二

小曹,某大学在校生,总是看不进书,坐在教室里东想西想,精神不能集中,对自己的行为很不满意,很烦,非常担心自己一直是这种状态。近来想尝试着改变自己,但不知从何做起,更不知道自己的问题到底是什么。心情越来越坏,越来越胡思乱想,小曹的对任何事情好像都提不起兴趣,吃饭经常没有胃口。去医院检查过,医生说没什么问题。小曹的父母均为下岗工人,生活水平低,尤其是为了小曹昂贵的读书费用,小曹的父母亲平时总是省吃俭用,生活十分拮据。父母把未来的希望全寄托在小曹身上,对他的期望值很高。同时父母对小曹要求也非常严格,有时话语会伤害到小曹的自尊心。而小曹对自己的要求也比较高,没考虑毕业后的就业问题,他大学毕业后的唯一目标是考研究生。所以小曹感到压力很大,平时不愿回家,内心总不愿意面对,整个人感觉像背负一座山。

分析:"你有压力,我有压力",当今社会,压力几乎无处不在,大学生的压力也越来越多,学习压力、人际关系压力、生活压力、就业压力……各种压力排山倒海而来,压力不仅损害心理健康,也影响生理健康,可能引发多种身心疾病。大学生只有了解压力,进而学会管理压力,才能顺利度过大学这段人生关键时期,将来才能在充满竞争和压力的社会里游刃有余。

我是贫困生

案例三

男生小许,某大学新生,来自一个农村家庭,家里经济困难。听说他家境贫寒,辅导员曾建议他申请特困生补助,然而他竟拒绝了。小许曾对大学生活充满了好奇和新鲜感,头脑中编织了一幅幅大学生活的美好画面。办完入学手续后,他主动帮同宿舍的同学送亲人去火车站,谁知钱包被人偷了,还不明不白地被人当票贩子打骂了一通。军训期间,小许因动作不标准,常被教官纠正,他感到有些同学投来嘲笑的目光。在宿舍里,他又因满口的家乡话,穿着、举止动作土气,常惹得同学们哄堂大笑,被认为没见过世面。他感到自己处处不如人,心里很不是滋味,常常为了一点小事有意跟同学争执。由于经济窘迫,小许很少参加同学之间的聚会,有些同学又讥讽他"小家子气""不够潇洒"。现在他连学习的劲头儿也没了,经常无故迟到、旷课,也不交作业。晚上很难入睡,白天又看不进书,每天惶惶不可终日。

分析:小许同学的心理障碍主要是由家境不良、经济窘迫所引起的,再加上家乡亲人的厚望产生的压力、自尊心受伤害产生的委屈感、受辱感和不公平感等,形成了现在的综合反应。要帮助小许同学渡过难关,一是要调整他现在的认知结构,二是要帮助他调整行为方式并创造一个良好的心理环境。

自我测试(扫一扫做测试)

你有压力吗?

虽然仅凭 20 个题目很难确切地测量出你是否有压力及压力水平,但它的确可以帮助你更了解自己现在的生活状况。请阅读以下每一个句子,在"同意"或"不同意"上画圈,然后计算同意的个数,并根据最后的解释判断当前的压力水平。

1. 晚上我入睡困难。 同意 不同意
2. 我肌肉紧张,或有偏头痛。 同意 不同意
3. 我担心自己的财务状况,怕收支失衡。 同意 不同意
4. 我希望我每天拥有更多的笑容。 同意 不同意
5. 我经常因为工作不吃早饭或午餐。 同意 不同意
6. 如果我能够改变我的工作状况,我愿意去做。 同意 不同意
7. 我希望拥有更多的个人时间来休闲娱乐。 同意 不同意
8. 最近我失去了一位好朋友或家庭成员。 同意 不同意
9. 最近我的感情状况不佳或刚分手。 同意 不同意
10. 我好长时间没有好好放假了。 同意 不同意
11. 我希望自己的人生有清晰的意义和目标。 同意 不同意
12. 我一周要在外面吃三顿以上。 同意 不同意
13. 我有慢性疼痛。 同意 不同意
14. 我没有很亲密的朋友圈子。 同意 不同意
15. 我没有定期锻炼(每周三次以上)的习惯。 同意 不同意
16. 我在吃抗抑郁药。 同意 不同意
17. 我的性生活不尽如人意。 同意 不同意
18. 我的家庭关系不尽如人意。 同意 不同意
19. 我的自尊水平较低。 同意 不同意
20. 没有时间冥想或内省。 同意 不同意

计分和解释:

同意计 1 分,不同意计 0 分。

低于 5 分:你的压力水平低,保持良好的应对措施。

5~10 分:你有中度的压力。

10~15 分:你的压力水平较高。

高于 15 分:你的压力水平极高。

实践训练

小鸡的成长

【活动目的】 使学生在游戏过程中体验到挫折和成长,对于即将面临的学习生活做好适应准备。

【操作步骤】

(1) 介绍游戏规则,用肢体语言代表小鸡成长的四个阶段,分别是"蛋—刚出壳的小鸡—单腿鸡—鸡"四个阶段(蹲着的是鸡蛋,半蹲并双手搭成塔尖状的是小鸡,单腿直立的是半成年鸡或叫单腿鸡,双腿直立的是成年鸡。为了使大家产生更直观的认识,可以请出四名同学示范)。

(2) 所有同学抱膝蹲下围成一圈,做"蛋"状,用"剪子包袱锤"两两对决,胜利的成长一级,失败的后退一级(如小鸡赢了就长成了半成年鸡,输了就退回到鸡蛋;鸡蛋输了还是鸡蛋)。长成成年鸡后退到边上观看别人的成长。在成长的过程中,每个人根据其他人肢体语言表现的成长状态,寻找和自己同一阶段的进行"剪子包袱锤"两两对决,胜利的成长,失败的后退。

(3) 等场上变成"鸡"的同学达到一定比例之后喊停,请一直在蛋的状态和变成单腿鸡以后又退回蛋的,以及最终变成鸡的三类同学代表谈谈体会。

分享:成长过程不是一帆风顺的,有挫折也有反复;只要肯坚持和努力,都会有收获并不断成长……

心理影视

1.《肖申克的救赎》

导演:弗兰克·德拉邦特。

编剧:弗兰克·德拉邦特、斯蒂芬·金。

主演:蒂姆·罗宾斯、摩根·弗里曼、鲍勃·冈顿。

上映日期:1994 年 09 月 10 日。

剧情简介:20 世纪 40 年代末,小有成就的青年银行家安迪因涉嫌杀害妻子及她的情人而锒铛入狱。在这座名为肖申克的监狱内,希望似乎虚无缥缈,终身监禁的惩罚无疑注定了安迪接下来灰暗绝望的人生。未过多久,安迪尝试接近囚犯中颇有声望的瑞德,请求对方帮自己搞来小锤子。以此为契机,二人逐渐熟稔,安迪也仿佛在鱼龙混杂、罪恶横生、黑白混淆的牢狱中找到属于自己的求生之道。他利用自身的专业知识,帮助监狱管理层逃税、洗黑钱,同时凭借与瑞德的交往在犯人中间渐渐受到礼遇。表面看来,他已如瑞德那样对那堵高墙从憎恨转变为处之泰然,但是对自由的渴望仍促使他朝着心中的希望和目标前进。而关于其罪行的真相,似乎更使这一切朝前推进了一步……

2.《爱拼北京》

导演:康博。

编剧:文霞。

主演:杨菲洋、季晨、贾乃亮、赵柯、李九霄。

地区:中国。

上映时间:2013年10月29日。

剧情简介:28岁的长沙小伙儿盛超(季晨饰)为了工作便利,将贷款购买的一套两居室租给从小一块长大的李晓雯(赵柯饰),自己则在单位附近与上海男孩王子修(李九霄饰)拼租了一套两居室,李晓雯则当起了二房东,将另一间房租给了她的大学室友、做电台DJ的北京女孩梅紫苏(杨菲洋饰)。

盛妈正式退休并要来京小住一月的消息让盛超措手不及,为了不让盛妈担心自己把房子租给别人而自己却跟男性友人合住另一套房子,盛超决定收回自己的房子,无奈梅紫苏不同意搬家,最终李晓雯想到一个"良策":换房。于是,盛超搬回自己的房子住进了之前李晓雯住的房间,李晓雯则搬进了盛超的房间,成了王子修的临时"拼客"……

阅读思考

战胜残疾的巴雷尼

巴雷尼小时候因病成了残疾,母亲的心就像刀绞一样,但她还是强忍住自己的悲痛。她想,孩子现在最需要的是鼓励和帮助,而不是妈妈的眼泪。母亲来到巴雷尼的病床前,拉着他的手说:"孩子,妈妈相信你是个有志气的人,希望你能用自己的双腿,在人生的道路上勇敢地走下去!好巴雷尼,你能够答应妈妈吗?"

母亲的话,像铁锤一样撞击着巴雷尼的心扉,他"哇"的一声,扑到母亲怀里大哭起来。从那以后,妈妈只要一有空,就帮巴雷尼练习走路、做体操,常常累得满头大汗。有一次妈妈得了重感冒,她想,做母亲的不仅要言传,还要身教。尽管发着高烧,她还是下床按计划帮助巴雷尼练习走路。黄豆般的汗水从妈妈脸上淌下来,她用干毛巾擦擦,咬紧牙,硬是帮巴雷尼完成了当天的锻炼计划。

体育锻炼弥补了残疾给巴雷尼带来的不便。母亲的榜样作用,更是深深教育了巴雷尼,他终于经受住了命运给他的严酷打击。他刻苦学习,学习成绩一直在班上名列前茅。最后,以优异的成绩考进了维也纳大学医学院。大学毕业后,巴雷尼以全部精力,致力于耳科神经学的研究。最后,终于登上了诺贝尔生理学和医学奖的领奖台。

【思考题】

1. 你有压力吗?你的压力主要来源于哪里?
2. 面对竞争激烈的社会,你将如何提高自己的挫折承受力?

第十一章

我的未来不是梦
——生涯规划与择业心理

选择比努力更重要,正确的选择可以造就你,错误的选择可能毁掉你。

故事导入

两兄弟爬楼

有对兄弟,他们住在80层楼,有一天,他们外出旅行回家,发现大楼停电了,虽然他们背着大包行李,但看来没别的选择,于是,哥哥对弟弟说:"我们就爬楼梯上去。"于是他们背着大包行李开始爬楼梯!

爬到20楼的时候,他们开始累了,哥哥说:"包包太重了,不如这样吧!我们把包包放在这里,等来电之后坐电梯来拿。"于是他们把行李放在20楼,轻松多了,继续向上爬!

他们有说有笑地往上爬,但是好景不长,到了40楼,两人实在太累了,想到还只爬了一半,两人开始互相埋怨,指责对方不注意大楼停电的公告,才落得如此下场,他们边吵边爬,就这样一路爬到60楼!

到了60楼,他们累得连吵架的力气都没有,弟弟对哥哥说:"我们不要吵了,爬完它吧!"于是他们默默地继续爬楼,终于到了80楼!

兴奋地来到家门口,兄弟俩才发现他们的钥匙留在20楼的包包里了……

有人说,这个故事其实反映了我们的人生:

20岁之前,我们活在家人、老师的期望下,背负着很多压力和包袱,自己也不够成熟,能力不足,因此,步履难免不稳。

20岁之后,离开了众人的压力,卸下了包袱,开始全力以赴地追求自己的梦想,就这样愉快地度过20年。

到了40岁,发现青春已逝,不免产生许多的遗憾和追悔,于是开始遗憾这个,惋惜那个,抱怨这个,嫉妒那个……就这样在抱怨中度过了20年。

到了60岁,发现人生已所剩不多,于是告诉自己不要抱怨了,就珍惜剩下的日子吧!于是默默地走完了自己的余年。

到了生命的尽头,才想起自己好像有什么事没有完成……原来,我们所有的梦想都留在20岁的青春岁月里,还没来得及完成。

耐人深思……

理论指导

古语有云:凡事预则立,不预则废。大学生提前做好职业规划是十分必要也是极其重要的。我们每个人都是自己人生和事业的耕耘者、规划者和设计师。人生在世,要干成一番事业,只有树立了明确的目标,才能向着目标的方向努力,创造有利条件,使你的事业尽快获得成功。因此,在这个瞬息万变的社会中,应及早做好职业生涯规划,这样才能正确把握人生方向,创造成功的人生。

一、职业生涯规划的意义

(一)什么是职业

职业(vocation)的概念由来已久,对职业概念的界定主要是从社会学和经济学角度进行的。从社会学角度出发的职业含义包括四个方面的内容:第一,职业是社会分工体系中的一种社会位置;第二,职业是一种模式;第三,职业与权利、利益紧密相连;第四,职业是国家确认和认可的。从经济学角度对职业含义的解释也包含了四个方面的内容:第一,职业是社会分工体系中劳动者所获得的一种劳动角色;第二,职业是一种具有社会性的活动;第三,职业具有持续性和稳定性;第四,职业具有经济性。综合而言,职业是参与社会分工,利用专门的知识和技能,为社会创造物质财富和精神财富,以获得合理报酬作为物质生活来源,并满足精神需求的活动。

(二)大学生职业生涯规划的意义

职业生涯规划是指一个人对其一生中所承担职务相继历程的预期和计划,包括一个人的学习、对一项职业或组织的生产性贡献和最终退休。

美国哈佛大学有一项关于"目标对人生的影响"的跟踪调查,其调查对象为一群智力、学历、环境等条件大体相同的年轻人。调查结果是:3%的人有清晰的长期目标,且25年中从未改变过,25年后他们成为创业者、行业领袖和社会精英;而27%的无目标的人,他们生活在社会底层,常失业,靠救济为生,常常抱怨社会。

1. 增进自我了解,促进潜能开发

首先,职业生涯规划能够激发大学生自我实现的需要,培养积极上进的人生观。在我国,自我实现有时可以被理解为"事业有成,功成名就",而事业有成必须以正确的职业选择与发展为前提。因此,大学生应该以科学的方法来正确地、全面地认识自我,了解社会对人才的需要,找出自己在知识、能力等方面与社会需要的差距,确定自己的发展方向与目标。为了成就自我、实现人生目标,大学生有必要对大学生涯进行科学合理的规划,并通过规划采取实际的具体行动。

2. 树立规划意识,提高规划能力

其次,职业生涯规划能够引导大学生树立职业生涯规划意识,提高规划能力。可以通过引导大学生对自己的专业特长、兴趣爱好、性格特征、待人接物的能力、擅长的技能做充分的、全面的分析,帮助他们对自己进行正确评估,迅速准确地为自己定位,明白自己更适合什么样的工作,自己将来有可能在哪些方面获得成功,逐渐厘理生涯的发展方向,形成较明确的职业意向,并提升自己的生涯自主意识和责任感,为今后事业发展做全面而长远的打算。

3. 适应社会需要,明确职业目标

再次,职业生涯规划能够促进大学生树立明确的职业目标和职业理想。职业生涯规划有助于大学生通过对自己的综合优势与劣势进行对比分析,通过对外部职业世界的了解和分析,树立明确的职业发展目标与职业理想;通过评估个人目标与现实状况之间的距离,学会运用科学的方法,采取切实可行的步骤和措施,不断增强自己的职业竞争力,实现自己的职业目标与理想。

4. 提升竞争能力,实现个体价值

最后,职业生涯规划能够增强大学生在就业中的核心竞争力。好工作不是靠运气得来的,对于大学毕业生而言,它是多种因素共同作用的结果。职业生涯规划就像一座灯塔,指引着自己在追求人生目标的道路上前进。它在总结了无数前辈智慧结晶的基础上,告诉我们做人做事的基本道理,向我们指明怎样才能事半功倍;使我们少走弯路,找到其中的捷径;还有,当我们在前进的道路上遇到困难,坚持不住而想放弃之时,生涯规划会使我们产生源源不断的动力,让我们坚定地走下去,直到成功的终点。

二、大学生职业规划的步骤

每个人都渴望成功,但并非都能如愿。了解自己、有坚定的奋斗目标,并按照情况的变化及时调整自己的计划,才有可能实现成功的愿望。这就需要进行职业生涯的自我规划。职业生涯规划的步骤如下。

(一)职业生涯自我评估

职业生涯自我评估包括对自己的兴趣、特长、性格的了解,也包括对自己学识、技能、智商、情商的测试,以及对自己思维方式、思维方法、道德水准的评价等。自我评估的目的是认识自己、了解自己,从而对自己所适合的岗位和职业生涯目标做出合理的决策。

(二)职业生涯机会评估

职业生涯机会评估,主要是评估周边各种环境因素对自己职业生涯发展的影响。在制订个人的职业生涯规划时,要充分了解所处环境的特点,掌握职业环境的发展变化情况,明确自己在这个环境中的地位以及环境对自己提出的要求和创造的条件等。只有对环境因素充分了解和把握,才能做到在复杂的环境中避害趋利,使你的职业生涯规划具有实际意义。环境因素主要包括学校环境、社会环境、经济环境等。

(三)职业生涯发展路线选择

在职业目标确定后,向哪一路线发展,是走科研路线,还是走管理路线,是走科研+管理即科研管理路线,还是先走科研路线、再走管理路线等,此时要做出选择。由于发展路线不同,对职业发展的要求也不同。因此,在职业生涯规划中,必须对发展路线做出抉择,以便及时调整自己的学习、工作,确保各种行动措施沿着预定的方向前进。

(四)制订职业生涯行动计划与措施

在确定了职业生涯的终极目标并选定职业发展的路线后,行动便成了关键的环节。这里所指的行动,是指落实目标的具体措施,主要包括工作、培训、教育、轮岗等方面的措施。对应自己的行动计划可将职业目标进行分解,即分解为短期目标、中期目标和长期目标。其中,短期目标可分为日目标、周目标、月目标、年目标;中期目标一般为三至五年;长期目标为五至十年。分解后的目标有利于跟踪检查,同时可以根据环境变化制订和调整短期行动计划,并针对具体计划目标采取有效措施。职业生涯中的措施主要指为达成既定目标,在提高工作效率、学习知识、掌握技能、开发潜能等方面选用的方法。行动计划要对应相应的措施,要层层分解、具体落实,细致的计划与措施便于进行定时检查和及时调整。

（五）评估、反馈与调整

影响职业生涯规划的因素很多，有的变化因素是可以预测的，而有的变化因素难以预测。在此状态下，要使职业生涯规划行之有效，就必须不断地对职业生涯规划执行情况进行评估。首先，要对年度目标的执行情况进行总结，确定哪些目标已按计划完成，哪些目标未完成。然后，对未完成目标进行分析，找出未完成原因及发展障碍，制订相应解决障碍的对策及方法。最后，依据评估结果对下一年的计划进行修订与完善。如果有必要，也可考虑对职业目标和路线进行修正，但一定要谨慎考虑。

三、大学生职业规划的方法

职业生涯规划的方法众多，以下是近年比较热门的两种方法。

（一）SWOT 决策分析法

SWOT 分析是市场营销管理中经常使用的功能强大的分析工具：S 代表 strength（优势），W 代表 weakness（弱势），O 代表 opportunity（机会），T 代表 threat（威胁）。其中，S、W 是内部因素，O、T 是外部因素。

SWOT 分析是一个非常有用的职业决策工具。如你对自己做个细致的 SWOT 分析，那么，你会很明了地知道自己的个人优点和弱点在哪里，并且你会仔细地评估出自己所感兴趣的不同职业道路的机会和威胁所在。

一般来说，在进行 SWOT 分析时，应遵循以下四个步骤。

1. 评估自己的长处和短处

我们每个人都有自己独特的价值观、性格、兴趣和能力，在当今分工非常细的市场经济里，每个人擅长于某一领域，而不是样样精通。有些人不喜欢整天坐在办公桌旁，而有些人则一想到不得不与陌生人打交道时，心里就发麻，惴惴不安。可以列表写出你自己喜欢做的事情和你的长处所在。同样，通过列表，你可以找出自己不是很喜欢做的事情和你的弱势。找出你的短处与发现你的长处同等重要，因为你可以基于自己的长处和短处做两种选择：一是努力去改正你常犯的错误，提高你的技能；二是放弃那些对你不擅长的技能要求很高的职业。列出你认为自己所具备的很重要的强项和对你的职业选择产生影响的弱势，然后再标出那些你认为对你很重要的强项、弱势。

2. 找出你的职业机会和威胁

我们知道，不同的行业（包括这些行业里不同的公司）都面临不同的外部机会和威胁，所以，找出这些外界因素对于成功地找到一份适合自己的工作是非常重要的，因为这些机会和威胁会影响你的第一份工作和今后的职业发展。如果公司处于一个常受到外界不利因素影响的行业里，很自然，这个公司能提供的职业机会将是很少的，而且没有职业升迁的机会。相反，充满了许多积极的外界因素的行业将为求职者提供广阔的职业前景。请列出你感兴趣的一两个行业，然后认真地评估这些行业所面临的机会和威胁。

3. 提纲式地列出今后 5 年内你的职业目标

仔细地对自己做一个 SWOT 分析评估，列出你从学校毕业后 5 年内最想实现的三个职业目标。这些目标可以包括：你想从事哪一种职业，或者你希望自己拿到的薪水属于哪一级别。请时刻记住：你必须竭尽所能地发挥出自己的优势，使之与行业提供的工作机会完满匹配。

4. 提纲式地列出一份今后 5 年的职业行动计划

这一步主要涉及一些具体的东西。请你拟出一份实现上述第三步列出的每一目标的行动计划,并且详细地说明为了实现每一目标,你要做的每一件事,何时完成这些事。如果你觉得你需要一些外界帮助,请说明你需要何种帮助和你如何获取这种帮助。举个例子,你的个人 SWOT 分析可能表明,为了实现你理想中的职业目标,你需要进修更多的管理课程,那么,你的职业行动计划应说明你何时进修这些课程。你拟订的详尽的行动计划将帮助你做决策。诚然,做此类个人 SWOT 分析会占用你的时间,而且还需认真地对待,但是,详尽的个人 SWOT 分析却是值得的,因为当你做完详尽的个人 SWOT 分析后,你将有一个连贯的、实际可行的个人生涯策略供你参考。在当今竞争白热化的市场经济社会里,拥有一份挑战和乐趣并存、薪酬丰厚的职业是每一个人的梦想,但并不是每一个人都能实现这一梦想。因此,为了使你的求职和个人职业发展更具有竞争性,请花一些时间界定你的个人优势和弱势,然后制订一份策略性的行动计划,务必保证有效地完成它,你的职业成功并不是遥不可及的!

(二) 决策平衡单法

"决策平衡单法"(decision-making balance sheet)经常被应用于问题解决模式和职业咨询中,用以协助咨询者有系统地分析每一个可能的选项,判断分别执行各选项的利弊得失,然后依据其在利弊得失上的加权计分排定各个选项的优先顺序,以执行最优先或偏好的选项。其在职业咨询中实施的程序主要有下列步骤:

(1) 列出可能的职业选项:咨询者首先需在平衡单中列出有待深入评量的潜在职业选项三至五个。

(2) 判断各个职业选项的利弊得失:平衡单中提供咨询者思考的重要得失,集中于四个方面,分别是:自我物质方面的得失、他人物质方面的得失、自我赞许(精神方面)的得失、他人赞许(精神方面)的得失。咨询者可依据重要的得失方面,逐一检视各个职业选项,并以"+5"至"-5"的十一点量表(+5,+4,+3,+2,+1,0,-1,-2,-3,-4,-5)来衡量各个职业选项。

(3) 各项考虑因素的加权计分:咨询者在各个方面的利弊得失之间,会因身处于不同情境而有不同的考量。因此,在详细列出各项考虑层面之后,须再进行加权计分,即对当时个人而言,重要的考虑因素分数可乘以一至五。

(4) 计算出各个职业选项的得分:咨询者须逐一计算各个职业选项在"得"(正分)与"失"(负分)的加权计分与累加结果,并计算各个职业选项的总分。

(5) 排定各个职业选项的优先顺序:最后,依据各职业选项在总分上的高低,排定优先次序。职业选项的优先次序即可作为咨询者职业生涯决策的依据。

平衡单中的得失层面。

(1) 自我物质方面的得失(utilitarian gains and losses for self):

① 经济收入;

② 工作的困难度;

③ 工作的兴趣程度;

④ 选择工作任务的自由度;

⑤ 升迁机会;

⑥ 工作的稳定、安全;

⑦ 从事个人兴趣活动的时间(休闲时间);

⑧ 其他(如社会生活的限制或机会、对婚姻状况的要求、工作上接触的人群类型等)。

(2) 他人物质方面的得失(utilitarian gains and losses for others)：
①家庭经济收入；
②家庭社会地位；
③与家人相处的时间；
④家庭的环境类型；
⑤可协助组织或团体(如福利、政治、宗教等)；
⑥其他(如家庭可享有的福利)。

(3) 自我赞许(精神方面)的得失(self－approval or disapproval)：
①因贡献社会而获得自我肯定感；
②工作任务合乎伦理道德的程度；
③工作涉及自我安全的程度；
④工作的创意发挥和原创性；
⑤工作能提供符合个人道德标准的生活方式的程度；
⑥达成长远生活目标的机会；
⑦其他(如乐在工作的可能性)。

(4) 他人赞许(精神方面)的得失(approval or disapproval from others)：
①父母；
②朋友；
③配偶；
④同事；
⑤社区邻里；
⑥其他(如社会、政治或宗教团体)。

案例：刘大有的生涯决策平衡单。

基本情况：高校三年级，计算机专业。他心里很矛盾，既希望工作稳定，收入也稳定，又希望工作能有挑战性，充分发挥自身长处。他的个性外向、活泼，对人热情，善于人际交往，长期担任学生干部，工作能力强。目前考虑的职业方向有三，分别是软件公司设计员、软件公司销售员、自主创业。

决策平衡单

考虑因素	选择项目 加权分数	重要性的权数 (1~5倍)	选择一:设计员		选择二:销售员		选择三:自主创业	
			＋	－	＋	－	＋	－
个人物质方面的得失	1. 工作稳定							
	2. 收入理想							
	3. 社会地位较高							
	4. 符合自己目前处境							
	5. 生活方式较理想							

续表

考虑因素	选择项目 加权分数	重要性的权数 （1～5倍）	选择一：设计员		选择二：销售员		选择三：自主创业	
			＋	－	＋	－	＋	－
他人物质方面的得失	1. 社会资源较多							
	2. 经济条件好，能更好照顾家人							
个人精神方面的得失	1. 符合自己的兴趣							
	2. 符合自己的价值观							
	3. 符合自己性格							
	4. 未来发展空间广阔							
	5. 有利于恋爱和交友							
他人精神方面的得失	1. 符合家人期望							
	2. 多些时间陪伴家人和女友							
	加权合计							
	加权后得失总分							

四、大学生择业心理误区

心理误区是指人在心理上特别是认识和人格上陷入无出路而又不能自拔，且本人对此又缺乏意识的状态。青年大学生由于涉世不深、经验不足、自我调节能力较弱及自我期望值过高等特点，面对日益激烈的市场竞争与复杂的择业环境，不可避免地会因心理矛盾的扭曲和沉积而表现出困惑和不适应，从而导致心理误区。具体表现如下。

（一）职业需求模糊

一个大学生，经过十余年的学校生活，从学校走向社会，一开始根本没有考虑到事业发展会怎么样,在找工作时一个是看哪个单位的牌子大,再有就是哪个单位的地方好,第三就是挑哪家单位待遇高,而并没有考虑到自身的发展问题。事实上,大学生很难一毕业就明确干什么,因为学生刚刚踏入社会,很多想法都与社会现实有相当距离。必须要经历现实生活的磨炼,才能正确地看待自己、看待别人、看待社会,这时候定位才有意义和价值。

大学生首先要解决的是个人独立思考的问题,即我要不要为自己负责。我们从小到大在父母、老师的搀扶下走过来,很多人生的重要决定是父母、老师代做的。重要的是你要跟着你的心走,只有你想做的事情你才能做得最好。

你自己到底需要什么?这需要每一个走向社会的学生冷静地思考,而且是个性化的,合适于别人的未必一定合适于你。

有的学生问:我学这个专业有什么用?专业定向与职业定向相关但并非一定要匹配,人才市场瞬息万变,今年的热门专业明年也许并不热门,对这一点一定要有清醒的认识。人生就是一个不断选择不断前进的过程。

(二)职业期望过高

大学生只是潜人才,是毛坯,要培养成适销对路的产品还需要时间的磨炼,我们的学生普遍存在这样的误区:对自己的估计过高而对用人单位估计过低,习惯性地将用人单位的门槛放得很低,将自己看得较高。比如,大学生经常会问用人单位:"你们提供什么样的待遇给我?""你们单位是否有利于我的发展?""能为我提供什么样的发展平台?""收入如何?"很少有学生会讲"我能为你们做些什么",事实上一个单位选择大学生主要是考虑你能为单位创造什么样的效益。

当然,职业期望过低也不是一件好事。如果你职业期望太高,不仅对择业不利,就是你将来工作了,也会有很强的失落感,职业满意度会下降,因为你心中的期望太高。每个学生拥有的家庭资源、个人资源、个人潜能、职业理想等不尽相同,这就要求个性化地考虑自己的职业期望。比如有的同学缺乏个人资源,家庭又寄托很高的期望,而你又只顾自己奋斗,比如考研,考不取不就业再考,此时你就应当考虑自己的家庭背景,不能一味强调自己的未来。

(三)职业起点偏高

很多大学生认为:一个人的起点非常重要,如果毕业时站位不合适,那么将来调整起来就非常困难。有的大学生强调即使不就业也要追求高起点,高起点包括地域优势、收入优势、专业优势,总之一个都不能少。当然,一个人如果站在凹地里,他要走到平川需要付出巨大的代价,如果一直处于劣势中,可能会变成井底之蛙,这便是鸡头与凤尾的关系,学生宁做凤尾不做鸡头,这也是一对矛盾。大城市潜藏着巨大的机遇,你有多大的能力就可以有多大的平台,这也并非说明在大城市一定是一件好事。因为大城市竞争的压力、生存的压力、发展的压力都非常巨大,这就要求每位学生根据自己的情况适度考虑,不要盲目、盲从、盲行,要审时度势,根据自身的情况去考虑,构成世界的既需要山的伟岸也需要小草的点缀,有时候"背靠大树好乘凉",但另外一句话是"大树底下不长草"。

(四)职业准备不足

进行正确的职业选择,是大学生迈向人生的第一步。尽管大学生会面临各种各样的选择,但与以往的选择相比,这次选择的意义重大。尽管目前职业流动速度加快,但首次的职业选择尤为重要。对大学生而言,他们的职业生活的第一次体验将影响其日后的事业走向与人生发展。然而,世界上的职业千千万万,而社会环境却又相当复杂多变,要做出正确的职业选择会多么不易。雄心万丈步入人才市场的大学生们在择业时遇到的并非都是鲜花与笑脸,更有可能遭遇到的是冷落甚至拒绝,这可能就是真实的社会。每当此时,部分大学生就会产生困惑、忧虑,甚至是逃避、失落等心理。大学生内心承受不了是因为自己的心理准备不足,特别是女生。就业难成为一个无法不面对的问题时,大学生应当有这样的勇气:当你100次被拒绝,你要有第101次站起来的勇气!其次,积累你的优势,别人长一寸,你长一尺!职业生涯的成功永远属于那些不畏困难向前走的人们!

也有的学生看到人才市场的需求过旺,开始待价而沽,沾沾自喜,感觉颇好,感觉自己是皇帝的女儿不愁嫁,开始漫天要价,甚至今天签约明天就毁约,在用人单位心中缺乏良好信誉;有的学生手中握着数个单位,比较着、衡量着却迟迟不决策,等到自己想决策的时候机遇已经不在。

五、困扰大学生择业的几种常见心理现象

大学生在择业中出现的矛盾心理以及心理误区,如不能得到及时的疏导宣泄,则可能发展成为影响择业的心理障碍。这种不良的心理障碍一旦形成,就会严重困扰大学生的日常学习、生活乃至择业。一般地说,大学生择业中出现的心理障碍多属适应过程中的轻度心理障碍。

(一)焦虑

焦虑是由心理冲突或挫折而引起的,是紧张、不安、焦急、忧虑、恐惧等感受交织成的情绪状态。绝大多数大学生在择业过程中,都会或多或少地出现焦虑。优秀学生焦虑的问题是能否找到实现人生价值的理想单位;学业成绩不理想的学生焦虑没有单位选中自己怎么办;来自边远地区的同学为不想回本地区而焦虑;恋人们为不能继续在一起而焦虑;女同学为用人单位"只要男性"而焦虑;还有一些大学生优柔寡断,竟因不知自己毕业后向何处去而焦虑。

(二)自负

自负心理是过高地估计个人的能力,失去自知之明。一部分学生自认为是"天之骄子",什么都懂,什么都会,应得到优待,于是在择业过程中,总是抱有洋洋自得、自负自傲的心理。面试时,夸夸其谈,海阔天空,给用人单位留下浮躁、不踏实的印象,用人单位难以接受。在自负心理的支配下,部分大学生的择业观念不正确,心理定位偏高,只看到自己的优点,看不到自己的弱点,表现出非常强的优越感,往往不切实际地追求高工资、高名利的单位,而对一般的工作单位百般挑剔,甚至提出过高的要求。由于自负的大学生不能审时度势地认清自己,缺乏自知之明,其结果必然会高不成低不就,迟迟不能落实单位。

(三)自卑

自卑心理表现为对自己的能力评价过低,看不起自己。这一消极有害的心理在不少大学生身上存在,严重影响他们的就业。一些大学生性格比较内向,不善言辞,成绩平平,面对择业市场,常常产生自卑心理,不敢大胆推荐自己,认为自己竞争力不够。有些大学生不能客观地认识自己,在择业中他们缺乏自信心,勇气不足,例如认为自己相貌不好,怕用人单位以貌取人,更害怕用人单位拒绝而无地自容。自卑心理源于他人对自己的不客观评价和自己对自己

的消极暗示。反复消极暗示可能导致认知功能的丧失,尤其是对于一些自我意识发展不健全的大学生、部分择业困难的女大学生以及性格内向或有生理缺陷的大学生来说,强烈的自卑心理会成为他们择业乃至生活的最大障碍。

(四)怯懦

怯懦者害怕面对冲突,害怕别人不高兴,害怕丢面子。所以在择业时,因怯懦,他们常常退避三舍,缩手缩脚,不敢自荐。在用人单位面前他们唯唯诺诺,不是语无伦次,就是面红耳赤、张口结舌。他们谨小慎微,生怕说错话,害怕问题回答不好而影响自己在用人单位代表心目中的形象。在公平的竞争机遇面前,由于怯懦,他们常常不能充分发挥自己的才能,以至于败下阵来,错失良机,于是产生悲观失望的情绪,导致自我评价和自信心的下降。

(五)依赖

在择业中,有的大学生对自己缺乏清醒的认识,择业信心不足,犹豫观望,择业依赖父母,依赖社会关系,依赖学校和老师。在人才市场上,父母代替子女、朋友代替自己与用人单位洽谈的场面屡见不鲜,好像不是大学生自己求职,而是父母亲属在求职。这些大学生缺乏自我选择、决断能力,不能积极主动地去竞争,去推销自己。依赖心理是普遍存在的,但人们并没有给予足够的重视。

(六)冷漠

当一些大学生因在择业中受到挫折而感到无能为力、失去信心时,会出现不思进取、情绪低落、情感淡漠、沮丧失落、意志麻木等反应。他们自认为看破了红尘,决计听天由命,任凭自然发落。冷漠是遇到挫折后的一种消极的心理反应,是逃避现实、缺乏斗志的表现。这种心理是与就业的竞争机制不相适应的。

(七)问题行为

问题行为即违背社会行为规范的适应不良行为。毕业前一些大学生因某些主体需要不能满足或强度较大的挫折感,加之平日缺乏应有的品德与个性修养,可能发生各种各样的问题行为。常见的有逃课、损坏东西、对抗、报复、迁怒于人、进行不良交往、过度消费、嗜烟、嗜酒等。问题行为的存在,不仅影响学生的顺利就业,严重的还可能导致违纪与违法。

(八)躯体化症状

躯体化症状是由于心理压力和生活方式而导致的异常的生理反应。毕业前的大学生,由于心理应激水平高、心理冲突强度大、挫折体验多,加之一部分大学生性格上本来就不十分健全,因此容易导致某些躯体化症状,如头痛、头昏、血压不正常、消化紊乱、背痛、肌肉酸痛、口干、心慌、尿频、饮食障碍或睡眠障碍等。这些症状若不及时排除,则会危及学生的身体健康和心理健康。

从以上种种反应可以看出,大学生在求职择业中产生的心理障碍,具有适应性障碍的特征,主要是因大学生面对求职环境的应对不良而引起,故有的焦虑急躁,有的自卑怯懦,有的冷漠逃避,有的孤傲目空一切,有的全身不适,有的食欲不振,这都说明,他们对求职环境缺乏一种良好的适应。但这种现象只属于发展过程中的适应不良,只要大学生主动适应就业环境,各方面引导得法,这些心理障碍就会随着时间的推移而逐渐消失,大多数不会形成心理疾患。

六、大学生怎样成功求职

择业十六字方针
择己所爱　择己所长　择己所利　择世所需

（一）做好充分的心理准备

求职的过程不会是一帆风顺的，难免会遇到挫折和打击，因此应做好充分的心理准备，增强承受挫折、化解冲突和矛盾的能力，及时调整自己的心理状态，促使心理健康，成功求职。

1. 充满信心

知人为聪，知己为明；知人不易，知己更难。大学生应该对自己有充分的认识，把主观愿望和客观条件结合起来，强化自信心理。一些大学生在求职过程中，由于怯于出头，羞于表现，常常给人以唯唯诺诺、缺乏能力的感觉，不能给自己提供施展才华的机会。面对日益激烈的人才竞争，大学生应该抛弃自卑心理，树立自信意识，充满自信。在平时就应注意培养自己良好的人格品质，改变那些不适应发展的不良的人格品质，培养自信乐观、自强不息、宽容豁达、开拓创新等品质，树立自信心。在求职遇到挫折困境时，要相信自己的能力，不被暂时的困难所吓倒，正视现实，放眼未来，要相信未来是美好的、前途是光明的，对自己抱有合理而坚定的信心，定能到达理想的彼岸，找到自己满意的工作，同时要适时调整自己的不良心理。对求职的期望适度，保持实事求是、知足常乐的心理。有理想、有抱负的青年大学生，更应该怀着一腔热血，到祖国最需要的地方去建功立业、奉献青春。

2. 正视现实

人是社会之人，是现实之人。正视社会现实是大学生择业必备的健康心态之一。我国目前的生产力还比较落后，供需形势不平衡，教育结构不合理，社会为大学生提供的工作岗位不可能使人人满意。另外我国的大学生就业市场还需要进一步完善，不正之风还有可乘之机，用人单位自主权扩大以后，对大学生要求更加严格。所以，大学生要从实际出发，更新择业观念，面对人才市场，必须勇于竞争，以便被社会承认和接受。正视社会现实，还需要大学生认清社会需求，根据社会需要选择适合自己的工作，而不应好高骛远、脱离实际。

3. 独立自强

社会并不把大学生当作学生或未成熟的青年看待，社会要求大学生对自己行为负完全的责任。因此，大学生在校期间有意识地培养自己的独立意识是十分重要的。首先，要培养自己独立生活的能力。从纷繁琐碎的日常小事开始，训练独立处理问题、发展各种基本生活技能的能力，摆脱家庭的关怀呵护，学会自立。其次，要注重培养独立学习、生活、工作的能力。最大限度地发挥自己的创造性，而不是在老师的安排和指导下去做，要学会顺应环境、改变环境。第三，要在思想上和心理上走向独立。思想上意识到大学生要走自己的路，要有自己独立的见解，寻求自己的奋斗目标，独立处理面对的各种问题，不断完善自己的思想体系；而心理上的独立，很重要的一方面是要有自信心，无论成功与否，身在顺境还是逆境都能坦诚地对待自己，都相信自己的能力，做到自尊、自爱、自信、自强，保持乐观进取、积极健康的心态。

4. 无惧挫折

挫折是试金石，心理健康的人，勇于向挫折挑战，百折不挠；心理不健康的人，知难而退，甚至精神崩溃、行为失常。大学生在求职过程中应保持健康稳定的心理、积极进取的态度,遇到挫折,不要消极退缩,要认真分析失败的原因,是主观努力不够,还是客观要求太高,是主观条件不具备,还是客观条件太苛刻,经过认真分析,才能心中有数,调节好心态。遇到挫折,要敢于向挫折挑战,知难而进,百折不挠。因为通向成功的道路不会是平坦的,只有坚强不屈、顽强拼搏,才能到达光辉的顶点。

(二)方法及技巧

大学生在择业时,积极的心理准备和心理调适固然重要,但掌握一定的方法与技巧也是必不可少的。

1. 自荐的方法和技巧

大学生为顺利求职,需要通过各种途径和方法正确地宣传、展示和推销自己。自荐在很大程度上决定了自己能否进一步获得面试的机会,是一次不见面的"面试",因此,作为大学生要注意以下几个方面。

1)选择恰当的自荐方式

常见的自荐方式有口头自荐、书面自荐、广告自荐等多种。选择何种自荐方式,对每一位求职者而言,无疑是至关重要的,大学生应当从自身的实际情况出发,选择恰当的自荐方式。对谈吐自如、反应敏捷且具有一口流利普通话的求职者,选择口头自荐,较能发挥自己的优势;能写一手隽秀的字体和漂亮文章的求职者,选择书面自荐更能显示出求职者的魅力。在人才竞争日益激烈的情况下,选择哪种自荐方式还要看用人单位的需要,同时,自荐材料的递送方式也很重要,求职者向用人单位当面呈送自荐材料,可加深用人单位的印象,增强求职成功的可能性。

2)自荐材料准备充分

自荐材料包括自荐信、个人简历、证明材料和学校推荐表等。自荐材料应当完整齐全。自荐信主要是进行自我情况的介绍,展示个人的能力和特点;个人简历主要让用人单位了解自己过去的经历;证明材料是个人所取得的成绩;学校推荐表反映学校对自己的认可情况。自荐材料的准备,一要实事求是,恰如其分;二要突出重点,强调个人的专长和特点;三要文笔流畅,字迹端正;四要措辞谦虚,不用可能引起别人反感的话语。有时,自荐材料用多种文字书写对求职也有帮助。如你在少数民族地区择业,用民族文字和汉语撰写自荐信会取得良好效果;如前住外事、旅游、合资企业工作,可另准备一篇外文自荐信,让用人单位了解你的外文水平。

3)掌握自我介绍的技巧

灵活掌握自我介绍的技巧有利于帮助大学生顺利打开求职的大门。自我介绍时,要积极主动,自信大方;要突出重点,有针对性地强调自己的专业特长、知识面和兴趣爱好;要实事求是,不要文过饰非;要有的放矢,针对用人单位的具体要求来介绍自己的能力。

4)赢得好感的技巧

赢得用人单位的好感也就达到了求职目标的一半,为了赢得用人单位的好感,自荐时可从四个方面把握。第一,应聘时着装应整洁大方、干净利落,女同学切忌浓妆艳抹、穿着过分透明或穿性感的裙装。第二,自荐时要充满信心,落落大方,交谈时从容不迫,声音适度。第三,自荐时以礼待人,举止得当,在面试场合,无论男生还是女生都不宜将手插进兜里或倒背、叉腰,而吞云吐雾、指手画脚都不会给人留下良好印象。第四,要注意言语平实、客观,避免锋芒太露、夸夸其谈,回答问题要切题,要注意文明用语,不使用油腔滑调、格调低下的俗话。建立良好第一印象的方法(SOLER)值得重视:S——坐或站要面对别人;O——姿势要自然开放;L——身体微微前倾;E——目光前倾;R——放松。

2. 面试的方法

在择业过程中,用人单位常通过面试来决定是否录用应聘者。面试不仅能考核一个人的综合能力,还可以使招聘者通过观察,了解应聘者是否具备从事某种工作的能力。面试是大学生择业的一个重要环节,应当予以充分重视。

1) 面试的准备

为了面试时能从容应战,大学生在面试前应从三个方面做好准备:

(1) 了解用人单位的情况。大多数招聘者都会提出与本单位有关的问题,因此,求职者对用人单位的情况应有所了解,以缩小双方的距离,增加招聘者对你的好感。在面试前,应通过网络、报纸、电视等媒体或熟人介绍等方式去搜集用人单位的信息,如历史、规模、主要业务、用人特点与要求等,从而在面试时能有的放矢。

(2) 进行模拟问答。用人单位在面试过程中常会提出这样或那样的问题,求职者应对用人单位在面试中可能提出的问题做出预测,并进行模拟问答。招聘者要求回答的问题通常有四个方面:一是介绍自己;二是选择该单位的理由;三是对时事政策的了解和看法;四是如被录用将以什么样的抱负和姿态投入工作。事先准备好应聘单位可能的问题及其回答,将有助于应聘者的在面试中表现出良好状态。

(3) 保持良好的精神状态。在参加面试前要适当放松,调整自己的心态,应注意休息,以便有充沛的精力参加面试。

2) 面试的基本礼仪

在日常社交中,礼仪是不可少的,在面试时,求职者更应注意讲究礼仪,否则就会让招聘者觉得你缺乏修养。面试时要遵守时间,一般可提前5~10分钟到达面试地点。衣着应整洁,不要给人不修边幅之感。举止要自信文雅,表情要自然,动作要得体,坐和立都要保持良好的姿态。对方讲话时要注意聆听,向对方介绍时,眼睛要注视对方,不要东张西望,也不要眼睑低垂。

3) 面试的语言应用

面试时的语言表达也是十分重要的。面试者回答问题时口齿要清晰,注意控制说话速度,保持语言流畅,答话要简练完整,注意不要用口头语和不文明语言,注意语调和速度的正确运用。面试时,谈话要含蓄,遇到难以回答的问题,机智、幽默的语言会增加轻松愉快的气氛,有助于化险为夷。在面试交谈中要随时注意听者的反应,要根据对方的反应,适时地调整语气、语调、音量及内容。发现对方无兴趣,马上转移话题;发现对方侧耳倾听,说明音量太小,要适当提高声音。

4) 回答问题的技巧

面试中,掌握答问技巧对应聘者十分重要。回答时要抓住重点,言简意赅,切忌长篇大论,让人不得要领。对招聘者提出的问题不可简单地用"是"或"否"作答,应讲清原因和理由,进行适当的解释。如对招聘者提出的问题一时摸不到边际或难以理解,可陈述自己对问题的理解,待对方确认后,有的放矢,切忌答非所问。回答问题时要有个人独特的见解,但也不必为此而标新立异。面试时遇到自己不知、不懂、不会的问题,不要不懂装懂,牵强附会,应诚恳坦率地承认自己的不足,虚心向对方请教,反而会引起主试的信任和好感。

3. 笔试和签约

笔试是应聘考核的辅助方式,近年来受到用人单位的重视,也反映大学生的心理素质与职业素质,主要的方法有:心理测验,用来测试应聘者的心理健康状况与职业兴趣、职业能力、态度和个性、气质等;专业考试,主要是检验求职者的专业知识与相关能力;命题写作,反映求职者驾驭语言文字的能力和分析解决问题的能力。

签约是求职的最后环节,也是职业选择的最后一步。协议书规定了学校、学生和用人单位三方的权利与义务。因而作为一种合同,大学生一定要慎重对待就业协议,认真考虑合同条款并做最后决定。

总之,职业生涯发展与心理健康密切相关,心理健康的人在将来的职业生涯中更拥有主动权,心理健康的人在未来社会的激烈竞争中拥有更多的机遇。

案例分析

临乱不惊,随机应变

案例一

小李、小张是某高校同班同学,都是市场营销专业应届毕业生,他们在一次应聘时都通过了笔试,并同时收到了面试通知。

面试时,他们被分在两个不同的会议室。主考官问了他们一些关于市场营销的问题,二人的回答都很顺利,主考官表示十分满意。就在面试要结束时,主考官对他们说出同样的话:"对不起,公司的电脑出错了,最后确定的参加面试的名单里没有你,非常抱歉!"不过,是在不同的会议室里说这句话的。

胜利在望的小李听了主考官的话后,马上变得没有风度了。他生气了,质问主考官怎么会发生这样的事,他这么优秀的一个人,怎么会因为电脑问题而丢了他的名字,让他白忙一场,这是公司成心耍他。这时,主考官对他说:"你别生气,其实,我们的电脑没有出错,你是以第一名的成绩进入面试名单的,刚才的插曲不过是我们给你出的最后一道题,你感到惶恐和不满是正常的,但是你的心理承受能力实在太差,市场营销是全公司最有可能经历挫折和风险的部门,作为这个部门的工作人员,必须有良好的心理素质。"

小李愣住了:没想到这是一道考题,他前功尽弃!

在另一间会议室,小张面对同样的情况,他面带微笑,从容镇定地说:"我对贵公司发生的这个错误深感遗憾,但是今天我既然来了,说明我和贵公司有缘,不妨给我一次机会吧,也许由于电脑的失误,令公司错失一名优秀员工。"主考官听了,露出满意的笑容:"小伙子,真不错!这个机会给你了。"

分析:良好的心理素质是求职就业的必备条件。在竞争激烈的求职场上,用人单位越来越重视求职者的心理素质。如果心理脆弱,就算专业再好也会错失良机。所以,平时要注重提高心理素质,在面对各种突发事件时能从容应对,抓住机会。

专业不对口

案例二

王某,男,某高校工商管理专业应届毕业生。该生最近一个月四处求职却处处碰壁,感到很受打击和深深的挫败感,心里特别灰心。自己也不知道到底找什么工作,因为学的是工商管理专业,在找工作的过程中发现人才市场里需要这方面专业的单位往往对人才的学历要求很高,而他只是专科生,首先学历就够不上,其他的条件则更加达不到。如果放弃本专业去找其他方面的工作又觉得挺可惜的,毕竟自己学了几年专业,心里觉得不甘心。

分析:小王应注意调整心态,适当降低期望值,善于根据实际情况灵活对待,不妨先就业,再择业。一步一步来,保持乐观心态,前途是光明的,道路是曲折的。

期望值过高

药学专业毕业生小王来自韶关,直到当年6月份他还未落实工作单位。当时韶关有一家制药厂要人,专业对口,又是家乡,然而他本人的择业意向却是:单位地点必须在广州市,至于到广州的什么单位、具体做什么工作都无关紧要,除此以外,什么单位都不考虑。在这种心态下,结果自然难以如愿。

分析:小王的思想在当前毕业生的择业过程中具有一定的代表性。不少毕业生过于向往经济发达地区,尤其是沿海地区的中心城市,他们只注重经济文化发达、工作环境优越的一面,而忽视了人才济济、相对过剩的一面,择业期望值居高不下,甚至还有逐年上升的趋势,从而导致主观愿望与现实需求之间的巨大落差。

不要放弃任何一次机会

案例四

某毕业生赶到杭州某人才市场时,已是下午3点多钟,此时,许多单位已录满人员撤摊而去,剩下的单位也在整理材料考虑收场,他抱着试试看的心态向自己感兴趣的某单位递了最后一份材料,并诚恳地说明了自己晚来的原因。谁知刚过两天他就收到了该单位的面试通知,一周之后便签订了正式协议,真是山重水复疑无路,柳暗花明又一村。

分析:外出参加人才招聘,一般来说应赶早不宜迟,但有些客观因素是无法预测的,在这种情况下要随机应变,要沉着、有耐心。有时,耐心等到最后,好戏就在后头。总之,要么赶早,给对方留下深刻的第一印象,要么耐心等到最后压轴,同样也会给单位以深刻的印象。

自我测试（扫一扫做测试）

测测自己适合的职业

对于下面的问题，你只需要回答"是"或者"不是"即可。

1. 读侦探小说或者看侦探片时，喜欢跟随小说的描述分析推测谁是间谍或凶手。（　　）
2. 更喜欢听舒缓的乐曲，不太喜欢听节奏强烈的乐曲。（　　）
3. 拼读外文或拼音时的速度很快。（　　）
4. 如果装饰品，如字、画或工艺品没有挂正地方，心里会不舒服。（　　）
5. 爱读说明文而不喜欢读小说。（　　）
6. 影视或读物的情节或台词能记得清楚。（　　）
7. 我认为做一件事可以尝试用不同的方法。（　　）
8. 喜欢棋类而不喜欢扑克或麻将。（　　）
9. 我会借钱买急用的书。（　　）
10. 见到一种新的东西（如发动机、音响等），想知道它的机械原理。（　　）
11. 喜欢富有变化的生活。（　　）
12. 空闲时宁愿蹦蹦跳跳也不愿意读书。（　　）
13. 提起数学就有困难的感觉。（　　）
14. 愿意和比自己年龄小的人在一起。（　　）
15. 能列举出几乎所有朋友的姓名。（　　）
16. 比较喜欢节日和热闹的聚会。（　　）
17. 厌倦要求精细的工作。（　　）
18. 看书速度很快。（　　）
19. 我同意"一个槽子拴不住两头驴"的说法。（　　）
20. 怕生，不太有兴趣了解新知识、结识新朋友。（　　）

评分标准：

数一下1~10题有多少"是"，再数一下11~20题有多少"是"，然后将两组进行对比。

评价参考：

（1）如果前10题的"是"多于后10题的"是"，说明你是一个紧张的人，适合做学者、机械师、技术员、修理工、医生、哲学家、工程师及专攻一术者。

（2）如果前10题的"是"少于后10题的"是"，说明你是公关类型的人，适合做助理、公关员、演员、推销员等。

（3）如果前10题的"是"与后10题的"是"不相上下，说明你既适合做集中精力的事，又适合做处理人际关系的工作，如教师、画家、翻译、文秘、办公室工作等。

实践训练

价 值 拍 卖

【活动目的】 (1)激发学生思考自己的价值观念,学会抓住机会,不轻易放弃。
(2)帮助学生体验和澄清自己的人生态度。

【活动时间】 大约需要25分钟。

【活动道具】 足够的道具钱、不同颜色的硬纸板、拍卖槌。

【活动场地】 室内。

【活动程序】

1. 事前准备

将拍卖的东西事先写在硬纸板上(最好是不同的颜色),以增加拍卖的趣味性及方便拍卖进行。

2. 宣布游戏规则

每个学生手中有5000元(道具钱),它代表了一个人一生的时间和精力。每个人可以根据自己对人生的理解随意竞买以下物品。每样东西都有底价,每次出价都以500元为单位,出价高者得到东西,有出价5000元的,立即成交。

①爱情	500	⑫金钱	1000
②友情	500	⑬欢乐	500
③健康	1000	⑭长命百岁	500
④美貌	500	⑮豪宅名车	500
⑤礼貌	1000	⑯每天都能吃美食	500
⑥名望	500	⑰良心	1000
⑦自由	500	⑱孝心	1000
⑧爱心	500	⑲诚信	1000
⑨权力	1000	⑳智慧	1000
⑩拥有自己的图书馆	1000	㉑名牌大学录取通知书	500
⑪聪明	1000	㉒冒险精神	1000

3. 举行拍卖会

(1) 由主持人或学生主持拍卖。

(2) 按游戏方式进行,直到所有的东西都拍卖完为止,然后请学生认真考虑买回来的东西。

4. 讨论交流

(1) 你是否后悔你买到的东西?为什么?

(2) 在拍卖的过程中,你的心情如何?

(3) 有没有同学什么都没有买?为什么不买?

(4) 你是否后悔自己刚才争取的东西太少?

(5) 争取过来的东西是否是你最想要的?

(6) 钱是否一定会带来快乐?

(7) 有没有一种东西比金钱更重要或比金钱带来更大的满足感呢?

(8) 你是否甘愿为了金钱、名望而放弃一切呢?有没有比上面所说的这些更值得追寻的东西呢?

【注意事项】

(1) 拍卖过程中,要注意纪律不能太乱,否则活动就成为乱哄哄的滑稽表演。

(2) 有的同学可能会重复使用自己手中的道具钱,主持人应注意提醒这些学生购买所付出的钱不能超过5000元。

1. 《穿普拉达的女王》

导演:大卫·弗兰科尔。

编剧:艾莲·布洛什·麦肯纳。

主演:安妮·海瑟薇、梅丽尔·斯特里普、艾米莉·布朗特、斯坦利·图齐、西蒙·贝克。

上映日期:2007-02-27(中国),2006-06-30(美国)。

剧情简介:初涉社会的安德丽娅·桑切丝(安妮·海瑟薇饰)来到了著名时尚杂志《RUNWAY》面试,以聪明得到了主编米兰达·普雷斯丽(梅利尔·斯特里普饰)的特许,让她担任自己的第二助理。开始的时候安德丽娅感到十分委屈,就算自己多努力工作也无法得到赞赏,经一位老前辈的指点便重新改造自己。安德丽娅工作越来越顺,甚至取代了第一助理在米兰达心中的地位,米兰达决定带着这个聪明的女孩前往法国。可安德丽娅的改变让她失去了男友及朋友的爱,令她非常矛盾。

到达法国后,她得知了米兰达的地位不保,没想到米兰达竟然牺牲自己多年的好搭档保住了自己的地位,此事令安德丽娅深感失望,有了抽身离去的想法,到底安德丽娅会何去何从?

2. 《杜拉拉升职记》

导演:徐静蕾。

主演:徐静蕾、黄立行、莫文蔚、吴佩慈、李艾、王菁锳、罗异。

编剧:王芸。

上映日期:2010年。

剧情简介:

杜拉拉(徐静蕾饰)是个初入职场的小白领,由于前任老板总是对她性骚扰,所以她决定跳槽,进入了著名跨国企业DB。DB的销售部金牌经理王伟(黄立行饰)与HR副总监玫瑰(莫文蔚饰)是一对地下情人,但是由于两人的工作压力都很大,以至于谁也无暇顾及家庭,双方大方分手。杜拉拉刚来 DB,遇到了互相斗法的伊娃(李艾饰)和海伦(吴佩慈饰)。因为一次巧合,在电梯里邂逅了患有幽闭恐惧症的王伟,两人从此熟识。因为总公司高层要来中国分公司视察,因此中国区总经理和 HR 主管商量要重新装修公司。然而玫瑰却在此时患病需要动手术,其他人也避之不及,唯有初出茅庐的杜拉拉勇挑重担,并以其坚强不屈完成了这个重大的任务,受到了上司的赏识。而且,公司还在泰国举办了庆祝派对,其间杜拉拉与王伟擦出了爱情的火花,但是这段办公室恋情却遭遇了重重的阻力……

阅读思考

新生活是从选定方向开始的

比塞尔是西撒哈拉沙漠中的一个小村庄,它靠在一块 1.5 平方公里的绿洲旁,可是在肯·莱文 1926 年发现它之前,这儿的人没有一个走出过大沙漠。肯·莱文作为英国皇家学院的院士,当然不相信这种说法。他用手语向这儿的人问其原因,结果每个人的回答都是一样:从这儿无论向哪个方向走,最后都还是要转到这个地方来。为了证实这种说法的真伪,他做了一次实验,从比塞尔向北走,结果三天半就走了出来。

比塞尔人为什么走不出来呢?肯·莱文非常纳闷,最后他只得雇一个比塞尔人,让他带路,看看到底如何。他们带了半个月的水,牵上两匹骆驼,肯·莱文收起指南针等现代化设备,只挂一根木棍跟在后面。10 天过去了,他们走了数百英里的路程,第 11 天的早晨,一块绿洲出现在眼前。他们果然又回到了比塞尔。这一次肯·莱文终于明白了,比塞尔人之所以走不出沙漠,是因为他们根本没有认识北斗星。

在一望无际的沙漠里,一个人如果凭着感觉往前走,他会走出许许多多、大小不一的圆圈,最后的足迹十有八九是一把卷尺的形状。比塞尔村处在浩瀚的沙漠中间,方圆上千公里没有一点参照物,若没有认识北斗星又没有指南针,想走出沙漠,确实是不可能的。

肯·莱文在离开比塞尔时,带了一位叫阿古特尔的青年,这个青年就是上次和他合作的人,他告诉这位小伙子,只要白天休息,夜晚朝北面那颗最亮的星走,就能走出沙漠。阿古特尔跟着肯·莱文,3 天之后果然来到了大漠的边缘。

现在比塞尔已是西撒哈拉沙漠中的一颗明珠,每年有数以万计的旅游者来到这儿,阿古特尔作为比塞尔的开拓者,他的铜像被竖在小城中央。铜像的底座上刻着一行字:新生活是从选定方向开始的。

要有勇气敲门

那年我大学毕业刚到深圳,就兴冲冲地抱着简历去参加人才交流会。整个会场人如潮涌,唯独沃尔玛公司的展台前冷冷清清,与会场的气氛形成鲜明的对比。

我好奇地走了过去,一看沃尔玛公司招聘启事上的内容,当即吓了我一跳,招聘20名业务代表,指明要名校的毕业生,并且还要有3年以上的从事零售业的工作经验,条件那么苛刻,难怪没有人敢贸然应聘。

我暗自揣摩了一番,虽然没一条够得上,可沃尔玛公司业务代表的工作对我很有吸引力,我把心一横,决定试试,真要被拒绝,就当是一次锻炼好了。

我径自走到应聘席前坐下,那位中年主管看了我一眼,面无表情地指了指招聘启事问:"看过了吗?"我点点头说:"看过了,不过很遗憾,我既不是名校毕业,也没有从事过零售工作,只有大专文凭。"

那位主管看了我好半天,才说:"那你还敢来应聘?"

我微微一笑:"我之所以还敢来应聘,是因为我很喜欢这个工作,而且相信自己有能力胜任这份工作。"停了停,我又说:"如果求职者真要具备启事上的所有条件,那他肯定不会应聘业务代表,至少是公司主管了。"说完我把自己的简历递过去,那位主管竟然没有拒绝,而是微笑着收下了。第二天,我接到通知,被录用了。后来才知道,那些苛刻的条件只不过是公司故意设置的门槛罢了,其实当我和主管谈完那番话之后,我就已经通过了公司的两项测试:勇于挑战条款的信心和勇气,以及分析问题的能力。

作为一名业务代表,每天都要与形形色色的商家打交道,如果那天我没有勇气去敲沃尔玛公司的大门,又岂能有勇气去敲那一个个商家的门?

有时候阻碍我们前行的,既不是缺乏实力,也不是那些所谓的条条款款,而是我们自己的勇气和信心。

跳　　槽

A对B说:"我要离开这个公司。我恨这个公司!"B建议道:"我举双手赞成你跳槽,这家公司一定要给它点颜色看看。不过你现在离开,还不是最好的时机。"

A问:"为什么?"

B:"如果你现在走,公司的损失并不大。你应该趁着在公司的机会,拼命去为自己拉一些客户,成为公司独当一面的人物,然后带着这些客户突然离开公司,公司才会受到重大损失。"

A觉得B说得非常有理,于是努力工作,事遂所愿,半年多的努力工作后,他有了许多的忠实客户。再见面时B对A说:"现在是时机了,要跳赶快行动哦!"A淡然笑道:"老总跟我长谈过,准备升我做总经理助理,我暂时没有离开的打算了。"

【思考题】

1. 根据自我了解,你认为自己适合哪种类型的工作?
2. 对于未来职场,你打算做好哪些心理准备?

第十二章

心锁还需心钥开
——心理咨询

不要让沙尘混乱你的思绪，让春风拂去你心中的阴霾；不要让魔鬼窥探你的灵魂，让天使来叩开你心灵的天窗。

故事导入

忘了回去的路

中午,某高校心理健康咨询中心的张老师正准备去吃饭,电话就响了,传来非常急促的声音:"我是某某学院的学生,我的一个同学从餐厅出来,突然就不认识回宿舍的路了,而且连我们几个同班同学也不认识了,现在正急得哭呢。"张老师连忙安慰说:"别着急,你先安抚好他,我马上就来。"

张老师赶到餐厅门口,看见一个女生正在哭泣,看着她那双焦虑无助的眼睛,张老师立即意识到这个女生一定是遇到了什么突发事件。她身边的同学告诉张老师:"她好像什么都不记得了。"张老师走到女孩身边问她:"你叫什么名字?""我叫蓝玲。"女生回答。"那她们呢?""她们都说是我的同学,可是我想不起来,我好像很多事情都记不起来,我的头好痛啊,我好害怕,老师你一定要帮我啊。"女生一边哭泣,一边回答。

经过了解,当天上午课间时,辅导员通知蓝玲有四科要补考,蓝玲当时就蒙了,接下来的两节课就开始发呆,下课后像游魂一般跟着同学去餐厅吃饭,其间一言不发,走出餐厅门口,突然就什么都不记得了。

根据蓝玲的状况,张老师初步判断是"癔症性遗忘"。随即带她去医院做了相关检查,排除了生理疾病,接着做了相关心理测试,经过与蓝玲商量,制订了干预计划。经过张老师的帮助,蓝玲很快恢复了记忆,重新正常学习和生活了,张老师引导她以理性成熟的态度对待困难和挫折,并教会她一些应对的策略和方法,鼓励她自信、自强,不断完善人格。此后,蓝玲经过努力,通过了补考科目,而且从此没有"挂科",癔症也再没有复发过。

理论指导

一、什么是心理咨询

所谓心理咨询,是指运用心理学的方法,对在心理适应方面出现问题并企求解决问题的求助者提供心理援助的过程。

(一)心理咨询的五个不等式

如今许多原来不把心理问题当回事的人已意识到自己可能有心理疾患,并产生了主动求助于心理医生的愿望。但不少人对心理咨询的认识仍有一定的局限性,甚至产生了一些曲解,使心理问题不能较好地得到解决。

1. 心理问题≠精神病

心理问题与精神病是两个不同的概念。心理问题是日常生活中经常会遇到的，就这些问题求助于心理咨询并不意味着有什么不正常或有见不得人的隐私，相反，这表明了个体具有较高的生活目标，希望通过心理咨询更好地自我完善，而不是回避和否认问题，混混沌沌虚度一生。有相当一部分人认为精神病就是疯子，其实他们所说的精神病严格地来讲是重性精神病，如精神分裂症、躁郁症等，它与一般的心理问题和轻度心理障碍有很大区别。绝大部分精神病人对自己的疾病没有自知力，更不会主动求医。

2. 心理学≠窥见内心

两个久未谋面的老同学在路上不期而遇，其中一个知道对方是心理治疗师，就让他猜一猜自己现在心中想些什么。许多来访者也有类似的心态，他们不愿或羞于吐露自己的心理活动，认为只要简单说几句，咨询者就应该能猜出他心中的想法，要不就表明咨询者水平不高。其实心理治疗师也是人，他们没有什么特异功能能窥见他人的内心世界，他们只是应用心理学的理论和方法，对来访者提供的一定信息进行讨论和分析，并进行咨询与治疗。因此，来访者需详尽地提供有关情况，才能帮助医患双方共同找到问题的症结，有利于治疗师做出正确的诊断并进行恰当的治疗。

3. 心理咨询≠无所不能

许多来访者将心理咨询神化，似乎咨询者无所不会、无所不能，就像一个"开锁匠"，什么样的心结都能一下打开，所以常常来诊一两次，没有达到所希求的"豁然开朗"的心境，就大失所望，再也不来了。实际上，心理咨询是一个连续的、艰难的改变过程。心理问题常与来访者的个性及生活经历有关，就像一座冰山，积封已久，没有强烈的求助、改变的动机，没有恒久的决心与之抗衡，是难以冰消雪融的，所以来访者需有打"持久战"的心理准备。

4. 心理医生≠救世主

一些来访者把心理医生当作"救世主"，将自己的所有心理包袱丢给医生，以为医生应该有能耐把它们一一解开，而自己无须思考、无须努力、无须承担责任。多年来传统的生物医学模式就是，病人看病，医生诊断、开药、治疗，一切由医生说了算，要求病人绝对服从、配合，因此来访者自然而然地把这种旧的医学模式带进心理咨询。然而，心理咨询与心理治疗是新的生物—心理—社会医学模式的产物，心理医生只能起到分析、引导、启发、支持、促进来访者改变和人格成长的作用，他无权把自己的价值观和愿望强加给来访者，更不能替来访者去改变或做决定。来访者需认识到，"救世主"只有一个，那就是自己。只有改变自己、战胜自己，最终才能超越自我，达到理想目标。倘若把自己完全交给医生，消极被动，推卸责任，只会一事无成。

5. 心理咨询≠思想工作

来访者中还有另一种极端的认识，就是认为心理咨询没多大用处，无非是讲些道理，因而忽视或未意识到心理问题是需要治疗的。一女孩因强迫观念痛苦异常前来就诊，家人反对并干涉："你就是死钻牛角尖，想开点就会好的。"亦不让患者服药。患者得不到家人的理解支持，内心很绝望，从而影响到治疗的连续性和效果。心理咨询作为医学中的一门学科，有着严谨的理论基础和诊疗程序，它与思想工作是有本质区别的。思想工作的目的是说服对方服从、遵循社会规范、道德标准及集体意志，而心理咨询则是运用专门的理论和技巧寻找心理障碍的症结,予以诊断治疗,咨询者持客观、中立的态度,而不是对来访者进行批评教育。另外,某些心理障碍同时具有神经生化改变的基础,需要结合药物治疗,这更是思想工作所不能取代的。

(二)心理咨询与心理治疗的异同

心理咨询和心理治疗是两个相近的概念,二者既有相同之处,又有所区别。

相同点表现在:

(1)所采用的理论方法常常一致。

(2)在强调帮助求助者成长和改变方面,二者是一致的。心理咨询和心理治疗都希望通过帮助者和求助者的互助,达到使求助者改变和成长的目的。

(3)二者都注重建立与求助者之间的良好的人际关系,认为这是帮助求助者改变和成长的必要条件。

不同之处表现在:

(1)心理治疗的工作对象主要是心理障碍者,如神经症、人格障碍、性变态等,帮助求助者消除精神症状、改变病态行为并重整人格。大学心理咨询机构的服务对象主要是人格健全的学生,着重处理大学生在人际关系、学习成才、恋爱交友、成长择业等方面的适应与发展问题。

(2)心理咨询所着重处理的是正常人所遇到的各种问题,主要问题有日常生活中人际关系的问题及职业、学业问题等;心理治疗的适应范围则主要为某些心理障碍、行为障碍、心身疾病等。

(3)心理咨询一般用时较短,而心理治疗费时较长,治疗由几次到几十次,甚至更长的时间。

(4)心理咨询工作的目标是针对某些具体问题,而心理治疗工作不仅针对具体问题的改善,而且注重人格成长。

二、几种主要的心理治疗方法

心理咨询的理论流派很多,方法多样,如精神分析疗法、冲击疗法、厌恶疗法、系统脱敏疗法、模仿法、生物反馈法、合理情绪疗法、来访者中心疗法、森田疗法、贝克认知疗法等,下面着重介绍心理咨询中几种比较常用的方法。

(一)系统脱敏疗法

系统脱敏疗法(systematic desensitization)又称交互抑制法,利用这种方法主要是诱导求治者缓慢地暴露出导致神经症焦虑的情境,并通过心理的放松状态来对抗这种焦虑情绪,从而达到消除神经症焦虑习惯的目的。

1. 理论基础

系统脱敏疗法是最早应用的行为治疗技术之一。行为疗法理论认为:人的行为,不管是功能性的还是非功能性的、正常的或病态的,都经学习而获得,而且也能通过学习而更改、增加或消除。其主要理论基础是:

(1)巴普洛夫(Pavlov)的经典条件反射学说有关实验性神经症模型的理论,强调条件化刺激和反应的联系及其后续反应规律,解释行为的建立、改变和消退。

(2)斯金纳(Skinner)的操作条件反射学说,阐明"奖励性"或"惩罚性"操作条件对行为的塑造。

（3）华生（Watson）及班杜拉（Bandura）的学习理论，前者认为任何行为都是可以习得或弃掉的，后者强调社会性学习对行为的影响。

2. 治疗原理

系统脱敏疗法是由美国学者沃尔帕创立和发展的。沃尔帕认为，人和动物的肌肉放松状态与焦虑情绪状态，是一种对抗过程，一种状态的出现必然会对另一种状态起抑制作用。例如，在全身肌肉放松状态下的肌体，各种生理生化反应指标，如呼吸、心率、血压、肌电、皮电等生理反应指标，都会表现出同焦虑状态下完全相反的变化。这就是交互抑制作用。而且，能够与焦虑状态有交互抑制作用的反应不仅是肌肉放松，即使进食活动也能抑制焦虑反应。根据这一原理，在心理治疗时便应从能引起个体较低程度的焦虑或恐怖反应的刺激物开始进行治疗。一旦某个刺激不会再引起求治者焦虑和恐怖反应时，施治者便可向处于放松状态的求治者呈现另一个比前一刺激略强一点的刺激。如果一个刺激所引起的焦虑或恐怖状态在求治者所能忍受的范围之内，经过多次反复的呈现，他便不再会对该刺激感到焦虑和恐怖，治疗目标也就达到了。这就是系统脱敏疗法的治疗原理。

3. 方法步骤

采用系统脱敏疗法进行治疗应包括三个步骤：

（1）建立恐怖或焦虑的等级层次，这是进行系统脱敏疗法的依据和主攻主向；

（2）进行放松训练；

（3）要求求治者在放松的情况下，按某一恐怖或焦虑的等级层次进行脱敏治疗。

（二）合理情绪疗法

合理情绪疗法是20世纪50年代由阿尔伯特·艾利斯（A. Ellis）在美国创立的。合理情绪疗法是认知心理治疗中的一种疗法，因它也采用行为疗法的一些方法，故被称为一种认知-行为疗法。

1. 理论基础

合理情绪疗法的基本理论主要是 ABC 理论，在 ABC 理论模式中，A 是指诱发性事件；B 是指个体在遇到诱发性事件之后相应而生的信念，即他对这一事件的看法、解释和评价；C 是指特定情境下，个体的情绪及行为结果。通常人们认为，人的情绪的行为反应是直接由诱发性事件 A 引起的，即 A 引起了 C。ABC 理论指出，诱发性事件 A 只是引起情绪及行为反应的间接原因，而人们对诱发性事件所持的信念、看法、理解 B 才是引起人的情绪及行为反应的更直接的原因。人们的情绪及行为反应与人们对事物的想法、看法有关。在这些想法和看法背后，有着人们对一类事物的共同看法，这就是信念。合理的信念会引起人们对事物的适当的、适度的情绪反应；而不合理的信念则相反，会导致不适当的情绪和行为反应。当人们坚持某些不合理的信念，长期处于不良的情绪状态之中时，最终将会导致情绪障碍的产生。

2. 治疗原理

合理情绪疗法认为，人们的情绪障碍是由人们的不合理信念所造成的，因此简要地说，这种疗法就是要以理性治疗非理性，帮助求治者以合理的思维方式代替不合理的思维方式，以合理的信念代替不合理的信念，从而最大限度地减少不合理的信念给情绪带来的不良影响，通过以改变认知为主的治疗方式,来帮助求治者减少或消除他们已有的情绪障碍。

3. 方法步骤

(1) 向求助者指出,其思维方式、信念是不合理的;帮助他们弄清楚为什么会变成这样,怎么会发展到目前这样子,讲清楚不合理的信念与他们的情绪困扰之间的关系。这一步可以直接或间接地向求助者介绍 ABC 理论的基本原理。

(2) 向求助者指出,他们的情绪困扰之所以延续至今,不是由于早年生活的影响,而是由于现在他们自身所存在的不合理信念所导致的,对于这一点,他们自己应当负责任。

(3) 通过以与不合理信念辩论(disputing irrational beliefs)方法为主的治疗技术,帮助求助者认清其信念的不合理性,进而放弃这些不合理的信念,帮助求治者产生某种认知层次的改变。这是治疗中最重要的一环。

(4) 帮助求助者学会以合理的思维方式代替不合理的思维方式,以避免再做不合理信念的牺牲品。

这 4 个步骤一旦完成,不合理信念及由此而引起的情绪困扰和障碍即将消除,求助者就会以较为合理的思维方式代替不合理的思维方式,从而较少受到不合理信念的困扰了。

(三) 森田疗法

森田疗法是由日本东京慈惠会医科大学森田正马教授于 1920 年创立的适用于神经质症的特殊疗法,是一种顺其自然、为所当为的心理治疗方法,具有与精神分析疗法、行为疗法相提并论的地位。森田教授根据患者症状把神经质症分成三类:普通神经质症、强迫神经质症、焦虑神经质症。

1. 理论基础

森田学说的理论体系不是出自某种理论的延伸或实验室的结论,而是来自森田先生自身的神经症体验和他多年的临床实践经验的总结。

森田疗法的核心理论是精神交互作用。森田认为:"所谓精神交互作用,是指对某种感觉如果注意集中,则会使该感觉处于一种过敏状态,这种感觉的敏锐性又会使注意力越发集中,并使注意固定在这种感觉上,这种感觉和注意相结合的交互作用,就越发增大其感觉,这一系列的精神过程,称为精神交互作用。"

2. 治疗原理

森田疗法的治疗原理就是顺其自然,顺其自然就是接受和服从事物运行的客观法则,它能最终打破神经质病人的精神交互作用。而要做到顺其自然就要求病人在这一态度的指导下正视消极体验,接受各种症状的出现,把心思放在应该去做的事情上。这样,病人心理的动机冲突就排除了,他的痛苦就减轻了。

3. 治疗方法

(1) 不问过去,注重现在。

森田疗法认为,患者发病的原因是有神经质倾向的人在现实生活中遇到某种偶然的诱因而形成的。治疗采用"现实原则",不去追究过去的生活经历,而是引导患者把注意力放在当前,鼓励患者从现在开始,让现实生活充满活力。

(2) 不问症状,重视行动。

森田疗法认为，患者的症状不过是情绪变化的一种表现形式，是主观性的感受。治疗注重引导患者积极地去行动，"行动转变性格"，"照健康人那样行动，就能成为健康人"。

(3) 生活中指导，生活中改变。

森田疗法不使用任何器具，也不需要特殊设施，主张在实际生活中像正常人一样生活，同时改变患者不良的行为模式和认知。在生活中治疗，在生活中改变。

(4) 陶冶性格，扬长避短。

森田疗法认为，性格不是固定不变的，也不是随着主观意志而改变的。无论什么性格都有积极面和消极面。神经质性格特征亦如此。神经质性格有许多长处，如反省强、做事认真、踏实、勤奋、责任感强；但也有许多不足，如过于细心谨慎、自卑、夸大自己的弱点、追求完美等。应该通过积极的社会生活磨炼，发挥性格中的优点，抑制性格中的缺点。

(四) 来访者中心疗法

来访者中心疗法由人本主义心理学家罗杰斯(C. R. Rogers)开创，是人本主义疗法中的一个主要代表。

1. 理论基础

来访者中心疗法的理论基础是人本主义的人性观，认为任何人在正常情况下都有着积极的、奋发向上的、自我肯定的、无限的成长潜力。如果人的自身体验受到闭塞，或者自身体验的一致性丧失、被压抑、发生冲突，使人的成长潜力受到削弱或阻碍，就会表现为心理病态和适应困难。如果创造一个良好的环境使他能够和别人正常交往、沟通，便可以发挥他的潜力，改变其适应不良行为。

2. 治疗原理

心理咨询的目的，不在于操纵一个人的外界环境或其消极被动的人格，而在于协助来访者自省自悟，充分发挥其潜能，最终达到自我的实现。使来访者对他的有机体的经验更加开放；养成对有机体这个敏于生活的工具的信赖感；接受存在于个人内部的评价源；在生活中不断学习，主动参与到一个流动的、前进的过程中去，并从中不断地发现自己的经验之流中新的自我的生成与变化。

3. 方法步骤

来访者中心疗法的主要技术包括三方面：①真诚交流的技术；②无条件积极关注的技术；③促进共情的技术。具体步骤如下：

(1) 来访者前来求助。

(2) 咨询师向来访者说明咨询和治疗的情况。

(3) 鼓励来访者情感的自由表现。

(4) 咨询师要能够接受、认识、澄清对方的消极情感。

(5) 来访者成长的萌动。

(6) 咨询师对来访者的积极情感要加以认识和接受。

(7) 来访者开始接受真实的自我。

(8) 帮助来访者澄清可能的决定及应采取的行动。

(9) 疗效的产生。

(10)进一步扩大疗效。
(11)来访者的全面成长。
(12)治疗结束。

三、学校心理咨询的作用与原则

学校心理咨询是学校心理咨询人员运用心理学的原理和方法,对在校学生的学习、适应、发展、择业等问题给予直接或间接的指导、帮助,并对有关心理障碍或轻微精神疾患进行诊断、矫治的过程。

(一)学校心理咨询的作用

(1)向来访的学校教师、行政人员以及学生家长提供有关的信息和指导。
(2)依据一定的心理学原理对来访学生的心理和行为问题提供帮助。
(3)贯彻预防为主的方针,推行和实施学校心理卫生计划。
(4)对心理异常学生进行诊断和鉴别。

(二)学校心理咨询的原则

1. 来访自愿原则

所谓来访自愿原则是指每一次咨询都是以来访者愿意使自己有所改变为前提的,咨询员不能以任何形式强迫来访者接受或维持心理咨询。有人也将这一原则叫作"来者不拒,去者不追"原则,还有人将这一原则通俗地概括为"咨询员不主动"原则。

2. 价值中立原则

价值中立原则是指在咨询过程中,咨询员要尊重来访者的价值信念体系,不要以自己的价值观念为准则,对来访者的行为准则任意进行价值判断。尽管人们对这一原则的理解会不太一致,但咨询心理学家都一致同意尊重来访者的价值准则,咨询员不能以任何方式向来访者强行灌输某一价值准则,或强迫来访者接受自己的观点、态度。

3. 信息保密原则

信息保密原则是指未经来访者同意,咨询员不能以任何方式向任何人或机构透露来访者的一切咨询信息。几乎所有的咨询员都同意信息保密原则是心理咨询工作中最重要的原则,有的甚至称它为心理咨询的"生命原则"。有违这一原则,咨询工作将毁于一旦。

4. 方案守法原则

方案守法原则是指在咨询过程中,咨询员和来访者共同制订的咨询方案不能包括直接或间接损害他人或社会利益的内容。

四、大学生心理咨询的内容与形式

(一)大学生心理咨询的内容

高校心理咨询涉及的内容十分广泛,主要是有关大学生的适应、交往、学习、恋爱、自我、就业等方面的问题,少部分涉及神经官能症、人格与性心理障碍等内容。具体如下:

1. 适应和发展

刚进大学的新生就好比一匹久困囚笼的千里马,陡然被置身于莽莽大草原上,昂首嘶叫,却不知奔向何方！学习方式变了，交往群体变了，生活环境变了，评价标准变了，身份地位变了，理想与现实、独立与依赖、自卑与自尊、价值多元与一元等矛盾相互交织，叫他们如何是好？在变化和矛盾中求适应，在适应中求发展。

2. 自我问题

自我认识、自我评价、自我悦纳对二十岁左右的大学生来说不是件容易的事。"自以为是"者有之，"自以为非"者也大有人在。要么"不知道自己不知道（糊）"，要么"不知道自己知道（虚）"，而"知道自己不知道（醒）"和"知道自己知道（熟）"者往往得"道"多助，早一步成长，早一天超越自我。

3. 人际沟通与交往

没有人故意跟你过不去，只是交流与沟通的问题。因交往障碍和人际关系不良而寻求心理帮助者屡见不鲜。"热闹是他们的，我什么也没有。"身处闹市却倍感孤独与凄凉。

4. 学习问题

为什么要学习？为什么有人不想学习？为什么有人一天到晚学习是为了追求成功，有人学习是为了逃避失败，真有这回事吗？学习不好是因为你笨吗？老师的原因？恐怕也未必吧！大学生要树立自主学习观、终身学习观、选择学习观，你能接受吗？既要搞学习又要当干部，这两者不可调和吗？

5. 情绪调节问题

人非草木，孰能无情？喜、怒、哀、乐，人皆有之。成功也好，失败也罢；乐极生悲，否极泰来；大丈夫处世，生死沉浮，何必大喜大悲？平平淡淡才是真！月有阴晴圆缺，人有悲欢离合，心中倘有千千结，何不一泄了之！

6. 恋爱问题

求爱不是乞求爱情，每个人都有表达爱慕的权利，何必要单相思呢？多情反被无情恼。不管是"欲之爱""情之爱"还是"灵之爱"，人生不能没有爱。情爱、性爱、友爱、恩爱，人生不同时期有不同的爱的主题。爱不只是甜蜜，更多的是烦恼与责任，你能承受和承诺吗？有相恋就会有失恋，爱得越深，伤得越痛。现代人的恋爱是"谈"出来的，别老想着占别人便宜。好马可吃回头草，天涯处处有芳草。

7. 择业与就业

"自主择业，双向选择"，过去的"包办婚姻"变成了"自由恋爱"，有喜也有忧哇！你有选择的自由却必须预计选择之后果并对其负责，所以说这是一种令人向往又使人逃避的自由。

8. 人格与性心理障碍

"自由之思想，独立之人格。"可有些人也太离谱了：有人一天到晚横眉冷对，有人动不动就拳脚相加，有人敏感多疑、固执死板，有人自吹自擂、装腔作势，有人喜怒无常、难以捉摸……凡此种种，均非"一日之功"，可谓"江山易改，本性难移"。

（二）大学生心理咨询的形式

1. 门诊心理咨询

门诊心理咨询主要是个别咨询，工作方式主要采用咨询者和来访者直接面谈。这是心理咨询最主要、最有效的形式，毕竟面谈效果最好。

2. 电话心理咨询

通过电话进行交谈,具有方便、快捷、及时的特点。

3. 互联网心理咨询

QQ、Email、视频目前很常见。

4. 信件咨询

这在 20 世纪比较常见,目前基本不用了。

5. 专栏心理咨询

专栏心理咨询是通过报纸、杂志、电台、电视等传播媒体,介绍心理咨询、心理健康的一般知识,或针对一些典型问题进行分析、解答的一种咨询方式。

6. 团体咨询

团体咨询也叫集体咨询,通过报告、讲座、看录像、交流、讨论等方式,解决共性的心理问题。它是在团体情境中提供心理帮助与指导的一种心理咨询形式,是通过团体内人际交互作用,促使个体在交往中通过观察、学习、体验,认识自我、探讨自我、接纳自我,调整和改善与他人的关系,学习新的态度与行为方式,以发展良好的生活适应的助人过程。

一般而言,团体咨询是由 1 名～2 名指导者主持,根据求助者问题的相似性,组成小组,通过共同商讨、训练、引导,解决成员共有的发展课题或心理问题。团体的规模因参加者的问题性质不同而不等,少则 3 人～5 人,多则十几人到几十人。

五、高校的朋辈心理咨询

(一)朋辈心理咨询的含义

随着心理咨询与学校教育的结合程度的不断提高,各种有效的心理咨询模式层出不穷,改变了以往学生只是心理咨询的对象,只有少数专业的心理咨询师才能开展助人活动的状况,让全体学生成为心理咨询工作的主体与原动力成为一股强大的改革浪潮。

朋辈心理咨询就是一种实施方便、推广性强、见效快的学校心理咨询模式,对促进我国学校教育的改革具有重要意义。这种心理咨询的过程是在同辈及朋友之间进行的。咨询的开展很大程度上有赖于学生本身的相互信赖程度,咨询员和来访者可以在咨询的起始阶段很快建立起互动关系,咨询员可以更好地深入来访者内心去体验他的情感、思维,咨询所能达到的效果非常明显。

朋辈心理咨询是指年龄相当者对周围需要心理帮助的同学和朋友给予心理开导、安慰和支持,提供一种具有心理咨询功能的帮助,它可以理解为非专业心理工作者作为帮助者在从事一种类似于心理咨询的帮助活动。因此,有时它被称为"准心理咨询"或者"非专业心理咨询"。

在这里"朋辈"包含了"朋友"和"同辈"的双重意思。"朋友"是指有过交往的并且值得信赖的人,而"同辈"是指同年龄者或年龄相当者,他们通常会有较为接近的价值观念、经验,共同的生活方式、生活理念,具有年龄相近、性别相同或者所关注的问题相同等特点。

(二)高校开展朋辈心理辅导的意义

大学生处在青春期,心理发展趋向成熟但又未真正成熟。现代社会生活节奏较快,而有些大学生自我调节能力较差,有些学生常会感到无助、迷茫,对自己失望,缺乏安全感。当他们面临来自社会、学校、家庭、工作等各方面的压力,这些压力又超过自身所能承受的限度时,心理危机就会产生。朋辈心理辅导员的设置,意味着开始了最基层的心理危机干预。朋辈心理辅导的过程可分为四个阶段:

1. 观察了解,发现问题

心理危机干预工作的难点之一是及时发现出现心理异常的个体。处于危机之中的学生在平时的生活和学习中都会有一些具体的异常表现,朋辈辅导员和其他同学朝夕相处、共同生活,如果具备相关技能,通过细致入微的观察,就有可能及时了解和发现同学中存在的心理问题,掌握解决问题的主动权。当然,这就要求朋辈辅导员定期接受相关专业培训,了解心理危机的成因、表现、简单干预技术和流程等,在各种"危机情境"演示过程中逐渐掌握相关技能。

2. 及时报告,建立反馈

朋辈辅导员可以有效参与到心理危机干预的预警工作中。朋辈辅导员平时要向周围同学宣传普及心理健康知识、心理援助途径,更要深入观察并及时反映周围同学的心理动态。教师不可能顾及每一个学生的每一时刻,启动朋辈危机干预恰能够弥补这一不足,真正起到防范监督作用。朋辈辅导员需要定期收集周围同学关心的或遇到的心理问题,以书面形式向心理健康教育机构反馈。这就可以增强学校心理危机干预工作的针对性、实效性,保障学校心理健康教育机构的优质资源能最大限度地关注学生迫切需要解决的或困扰学生的普遍性心理问题,把某些可能发生的问题解决于萌芽状态。这是预防学生心理危机产生的关键。

3. 采取措施,做好保护

在心理危机事件中,朋辈辅导员的首要目的是保证心理危机当事人的安全,同时也要注意危机干预者自身的安全,如防止当事人独处,去除可能导致其轻生的危险物品。朋辈辅导员可临时成立监护小组对危机当事人进行监护和心理疏导。

首先,朋辈辅导员应与危机当事人建立联络和初步信任关系。因为处于青春期的学生更渴望向同龄人打开心扉、倾诉烦恼。朋辈辅导员可以运用语言及行为上的支持、理智的分析及真诚的安慰来稳定当事人情绪。来自同龄人的安慰、鼓励、劝导和支持对处于困境中的学生非常重要。

其次,要通过适当的抚慰和给当事人提供宣泄机会,帮助其适当释放情绪,恢复心理平静。朋辈辅导员专注的倾听有助于身陷困境的学生恢复思考力和判断力、缓和过激情绪。沟通与交流的目的就是让求助者知道并相信"这里确实有人很关心我"。

第三,如果可能的话,要为当事人提供有关事件的信息。陷入危机的人需要了解真相,许多人可能是不了解真相,夸大了危机情境。朋辈辅导员必须采取适当的方式和手段,传递温暖和力量,恰当地帮助当事人发现事实的真相,正视现实;同时,为当事人提供一些可供其选择的应对措施,提高其应对挫折的能力和解决问题的灵活性。

4. 延伸关注,提供帮助

当事人危机的急性期过去后,学校还需要对其进行关注和进一步帮助,对一些心理问题较严重的学生还需做好后期跟踪与援助工作,帮助其恢复心理功能,建立良好的情感支持系统。此时,学校仍要充分利用朋辈辅导员这支队伍的力量。朋辈辅导员的学习和生活都是与同学在一起的,对同学的心理动态能了解得比较清楚,便于及时发现有关情况。朋辈辅导员可以给予有心理障碍的学生非常多且到位的帮助、支持,如鼓励当事人积极参加一些可行且对改善现状有帮助的活动,避免不良的应对方式,重建学习、生活秩序。如果由于一些不可控的因素导致危机事件发生,朋辈辅导员就需要配合相关人员做好学生群体的心理修复工作,为以后的危机干预提供可借鉴的经验。

为切实做好危机干预工作,高校需要努力推进朋辈心理辅导员协助的危机预防与干预工作研究,以利于形成全面有效的心理危机干预体系。当然,朋辈辅导在高校危机干预中还处于摸索、尝试阶段,存在不少需要深入思考和研究的问题,如:为提高朋辈危机干预的成效,高校如何加强对朋辈辅导员的选拔与培训工作,构建一套有效的培训体系;朋辈辅导员的培养周期较长,人员容易流失,高校如何建立和完善效果评估与激励机制,等等。

案例分析

忧郁的青春之花

案例一

南国的早春,冬意褪尽,春雨绵绵。学校的心理咨询室的门被一个面容姣好、身材瘦长、穿着朴素的女孩子推开了。她的脸上笼罩着一丝愁云,眉头也淡淡地拧锁着,手里的伞尖还在滴落着雨水,我顺手接过她手中的伞,在她坐定之后,开始了下面的对话。

"老师,我肯定是心理有问题了,我长得不好看吗?"

"为什么这么肯定地说呢?你对自己这么没有自信,我看你就很秀气。"

"那为什么身边的同学都不愿意与我交往?我感到自己各方面都不如人。"

"怎么说呢?"

迟疑之余,在我的耐心引导下,她又断断续续地向我述说了一段经历。她叫文雯,大学二年级的学生,在大学一年级第一学期元旦快到的时候,她偷偷地将一张贺卡交给了班上一位自己喜欢的男生,并在卡中表示了倾慕之意。他是系里的主要学生干部,学习成绩在班上也名列前茅,身材高大,眉清目秀,但文雯总觉得他长着一双忧郁的眼神,很是迷人。在这位男生收到她的贺卡之后,非但没有接受她的感情,而且通过另外一个同学回绝了她。文雯觉得自己的自尊心受到了很大的打击,整日无精打采,情绪低落,自己总在有意无意间回避着与他的接触和交往。

"这件事情对你的影响很大,是吗?为了这件事情,你就对自己没有信心了?"

她犹豫片刻,声音低沉地向我诉说了另外一个故事。

在偶然的一次接触中,文雯遇到了一个经常与自己在同一间教室上晚自习的外系的男生,斯文有礼的他给她留下了美好的印象。从此,自己又陷入了另外的一段单相思。文雯总是有事没事地接近他,没多久,这位男生发觉了其中的奥妙之后,拒绝了文雯。从此,他再也没有出现在文雯自修的那间教室里,文雯又再次把自己埋藏在深深的沉重之中,从此,自己学习疲乏感增强,自觉思考问题的能力也有了显著的下降……她顿了顿,表情木然地接着说道:"我觉得自己的生活是失败的。"我给她杯里倒上热水,为了帮助文雯,使我和她一起努力找出问题的症结,我接着问她:"怎么说呢?能与老师谈谈你的家庭与生活,谈谈你觉得失败的原因吗?"

原来,文雯随着母来到深圳这片热土已经五个多年头了。她的家乡在一个革命老区,父亲是原来地方上统计局的领导,后来在一次聚会中因脑溢血而死,这件事情对母亲和文雯的打击很大,母亲也由于种种原因不得不把她从家乡带到了深圳。母亲在一家建筑公司上班,由于知识水平不高,工作又非常辛苦,常常很晚才回家。但是母亲从不和文雯讲自己工作上的事情,母亲最大的愿望就是文雯能考上大学。文雯从小勤奋好学,果然不负众望,如愿以偿。文雯也曾经想通过自己的努力使母亲生活得好一些。

上了大学以后,学校的宿舍六人一间,她本想选个上铺,可系里偏偏安排了下铺。文雯是个爱干净的人,最讨厌别人坐她的床,为此没少与同学发生小摩擦。最让她受不了的是一个下铺的同学睡觉爱打呼噜,致使她入睡困难,睡后容易在噩梦中惊醒。在平时交往的过程中,同学们都觉得她很难相处,便渐渐地疏远了她,她便将自己所有的精力投入到学习中去,一个人独来独往,感觉到自己身边的朋友很少,甚是孤独与寂寞。当自己每天拖着疲惫的身躯回到宿舍时,常常已是宿舍熄灯前的十几分钟了。躺在床上时,文雯默默地听着其他五个女同学讨论着各自与男朋友交往时的一些乐事和趣事,自己也缺乏兴趣,不愿意跟人交谈,没有丝毫快乐的感觉。文雯总觉得有一种莫可言状的苦闷与忧郁,自己只有在黑夜中黯然神伤……由此,我想到了文雯前面讲述的两个故事。

"班上的同学没有主动与你交往吗?"

"有,但是我不愿意与他们交往。"

"后来你自己也就变得独来独往了,是吗?"

"是的,老师,我还有救吗?我感到非常苦闷,有时我真的想死,但是我如果走了,我妈妈会非常难过的,自己也下不了这个决心。"

"老师感觉你是戴着有色眼镜看世界,你现在来了,就说明你是知道自己有一些问题的,也就说明你有救。"我笑着对她说。文雯坐得挺直的姿势也缓和了些许。

"你做事提不起劲,记忆力衰退,反应迟钝,无缘无故感到沮丧,甚至对生命价值感到怀疑,对生活缺乏信心。身体瘦弱、睡觉经常失眠。再结合你的表述,我初步认为,你所患的是抑郁症,是神经症的一种。比如说,你睡不着觉不仅仅是因为同学打呼噜,更重要的是你自身的原因,也就是说问题来自于你本身,你必须学会应付生活中的各种诱发抑郁症的事件,如失恋等,必须学会通过自己的行动增加和强化生活的满意度,这样才能将你的心病治好。"

"当然了,这需要时间,绝非一天两天的事情。"

……

经过将近一个学期的治疗,文雯的抑郁情绪完全消失了。目前,她情绪稳定,生活能力及交际能力均正常。

一朵灿烂的青春之花又重新绽放在美丽的校园里。

分析:根据文雯陈述的症结,可以把她所患的心理疾病诊断为抑郁性神经症。抑郁症通常指的是情绪障碍,是一种以心境低落为主要特征的综合症。抑郁症一般可通过心理治疗、药物治疗等手段来治疗。如在治疗的初期,建议文雯配合一些药物,口服小剂量的

第十二章 心锁还需心钥开——心理咨询

安定药剂改善她的睡眠情况。在该个案中,首先建议文雯对自己的疾病不要急躁,对自己的病不要着急,治病需要时间。千万不要给自己制订一些很难达到的目标,正确认识自己的现状,正视自己的病情。同时建议她尝试着多与同学们接触和交往,不要自己独来独往,尽量多参加一些集体活动,尝试着做一些轻微的体育锻炼,培养看电影或听音乐的兴趣等。可以参加不同形式和内容的社会活动,如演讲、参观、访问等,但不要太多。此外,还建议文雯把她自己的感受写出来,然后分析、认识它,哪些是消极的,属于抑郁症的表现,然后想办法摆脱它,最终收到良好的效果。

风华正茂的大学生为何选择自杀?

案例二

晓丽是大一新生,军训时流露出自杀的念头,被送至学校心理咨询中心。在面谈中晓丽的情绪一直十分低落,低声哭泣,不愿说话。经咨询老师情绪处理后,她告诉咨询老师,父母常年在外打工,自己由奶奶带大。奶奶有重男轻女的思想,对自己缺乏疼爱。晓丽与奶奶很少交流,与父母联系也很少。即使在和父母团聚的日子里,晓丽也感觉不到亲情。她说同学都很自私,经常欺负和孤立她。她很孤独,认为活着没有意思。在军训中由于训练强度较大,条件比较艰苦,她感到很不适应,经常受到教官的批评。因为这些原因,她的情绪抑郁,整天不说一句话,经常晚上12点还不能入睡。早晨恋床,起床非常困难,浑身疼痛。白天无法集中注意力训练,心情糟糕透了。与晓丽面谈之后,咨询老师给晓丽进行了抑郁症量表测试,测试结果显示重度抑郁。经医院进一步诊断、治疗,晓丽开始服用抗抑郁的药物。3个月后的一天,晓丽将积攒的抗抑郁药物一次性服下,后经过医院洗胃脱离了生命危险。

分析:晓丽患的是典型的抑郁症。晓丽的生活经历使得她缺乏安全感、家庭温暖、社会支持,缺少倾诉对象,形成了抑郁、孤僻的性格。

他是不是"流氓滋扰者"?

小章,男,21岁,某大学三年级学生,来自农村,一年以前,他偶然从女生宿舍楼下经过,无意拾到一只从阳台掉下来的胸罩,颇为好奇,见左右无人,便捡起揣在衣兜里。晚上就寝时,他拉起床帘,反复观赏,同时产生性兴奋和性满足。此后,他常有意从女生楼走过,遇到掉落的女生内衣便捡起收藏,后来发展到溜进女生宿舍、水房偷拿女生晾晒的胸罩、内裤、丝袜等用品。后某日不慎,所藏女生衣物被同宿舍一男生发现,受到嘲笑和鄙夷。渐渐传到女生那里,有人背后骂他是"流氓",尽量回避他、远离他,这使他受到很大压力。其实,每次偷拿后他都很后悔、自责,犯罪感强;曾打过自己的耳光,对苍天发誓再也不做了。但又无法控制自己,为此严重地影响了学习和休息。他也说不清自己为什么这样做,就是不能克制对那些物品的兴奋和快感。不久后在一次潜入女生宿舍偷衣物时,被校保安抓获,在他的箱子里搜出许多女性用品。保卫部准备以"流氓滋扰"的性质对他予以处分。

分析:小章属于恋物癖,是以性行为异常为特征的心理障碍。患者主要把性兴趣集中在女性的某些特殊物品上(如胸罩、内裤、丝袜、饰品等)。他的行为是病态的性心理障碍,不是道德败坏的流氓。但这种行为长期下去会造成周围人的误解与鄙视,影响身心健康和正常生活,应及早治疗。

自我测试(扫一扫做测试)

焦虑自评量表 SAS

请注意:①请根据你一周来的实际感觉在适当的数字上画上"√",请不要漏评任何一个项目,也不要在相同的一个项目上重复地评定;②量表中有部分反向(即从焦虑反向状态)评分的题,请注意在填分、算分、评分时正确理解;③本表可用于反映测试者焦虑的主观感受,对心理咨询门诊及精神科门诊或住院精神病人均可使用,但由于焦虑是神经症的共同症状,故 SAS 在各类神经症鉴别中作用不大;④关于焦虑症状的临床分级,除参考量表分值外,主要还应根据临床症状,特别是要害症状(要害症状包括:与处境不相称的痛苦情绪体验、精神运动性不安、自主神经功能障碍)的程度来划分,量表总分值仅能作为一项参考指标而非绝对标准。

序号	题目	没有或很少时间有	有时有	大部分时间有	绝大部分或全部时间都有	评分
1	我觉得比平常容易紧张和着急(焦虑)。					
2	我无缘无故地感到害怕(害怕)。					
3	我容易心里烦乱或觉得惊恐(惊恐)。					
4	我觉得我可能将要发疯(发疯感)。					
*5	我觉得一切都很好,也不会发生什么不幸(不幸预感)。					
6	我手脚发抖打战(手足颤抖)。					
7	我因为头痛、颈痛和背痛而苦恼(躯体疼痛)。					
8	我感觉容易衰弱和疲乏(乏力)。					
*9	我觉得心平气和,并且容易安静坐着(静坐不能)。					

序号	题目	没有或很少时间有	有时有	大部分时间有	绝大部分或全部时间都有	评分
10	我觉得心跳很快(心慌)。					
11	我因为一阵阵头晕而苦恼(头昏)。					
12	我有晕倒发作或觉得要晕倒似的(晕厥感)。					
*13	我呼气吸气都感到很容易(呼吸困难)。					
14	我手脚麻木和刺痛(手足刺痛)。					
15	我因为胃痛和消化不良而苦恼(胃痛或消化不良)。					
16	我常常要小便(尿意频数)。					
*17	我的手常常是干燥温暖的(多汗)。					
18	我脸红发热(面部潮红)。					
*19	我容易入睡并且一夜睡得很好(睡眠障碍)。					
20	我做噩梦。					
总分统计						

评分方法：

SAS采用4级评分,主要评定症状出现的频度,其标准为:没有或很少时间有1分;有时有2分;大部分时间有3分;绝大部分或全部时间都有4分。20个条目中有15项是用负性词陈述的,按上述1～4顺序评分。其余5项(第5、9、13、17、19)注*号者,是用正性词陈述的,按4～1顺序反向计分。

分析指标：

SAS的主要统计指标为总分。将20个项目的各个得分相加,即得粗分;用粗分乘以1.25以后取整数部分,就得到标准分,或者可以查表(粗分、标准分换算表)做相同的转换。

结果解释：

按照中国常模结果,SAS标准分的分界值为50分,其中50～59分为轻度焦虑,60～69分为中度焦虑,70分以上为重度焦虑。

实践训练

团体辅导小活动:建立相互信任与彼此接纳的游戏。

【主题活动】 收获优点。

【活动设计】 我的优点你来说。

【活动目的】

(1) 学习发现别人的优点并加以欣赏,促进相互肯定与接纳;

(2) 增加个人自信心;

(3) 认识他人。

【活动时间】 50分钟。

【活动过程】

(1) 7人一组围圈坐。

(2) 请一位成员坐或站在团体中央,向大家介绍自己的姓名、个性、爱好等。

(3) 其他人轮流根据自己对他(她)的了解及观察说出他(她)的优点及对他(她)的欣赏之处(如性格、相貌、待人接物),然后被欣赏的成员说出哪些优点是自己以前察觉的,哪些是没有察觉的。每个成员到中央戴一次高帽。

【活动规则】

(1) 必须说优点;

(2) 夸别人的优点时态度要真诚,不能毫无根据地吹捧,这样反而会伤害别人;

(3) 参加者要注意体验被人称赞时的感受,用心去发现别人的长处,做一个乐于欣赏他人的人。

心理影视

1.《心理医生》

导演:水田伸生。

原著:亚树直。

编剧:伴一彦。

地区:日本。

类型:11集电视连续剧。

主演:竹野内丰、羽田美智子、西村雅彦、柴崎幸、内藤刚志。

年代:2002年。

剧情简介:在东京新桥某处老旧公寓里有一家精神科诊所,诊所的负责人是一个坚持不穿医生外套、不让病人感到有负担的年轻心理医生恭介(竹野内丰饰)。一天诊所来了一位求职不顺的年轻女孩浅井智子(柴崎幸饰),智子患有严重惧高症,之前面试之所以受挫就是因为在高楼接受面试导致智子情绪失控。恭介一心想要帮助智子,但暗恋恭介的女医生森三七子(羽田美智子饰)却担心恭介的治疗方式无法达到收支平衡。就在智子的病情尚未得到改善之际,智子接获一流企业的录用通知,只是排除众议录用智子的公司董事伊势(内藤刚志饰)故意借着参观公司的名义把智子带往 20 楼。忍受不了高处威胁的智子再次情绪失控,此时伊势却要求智子不再接受恭介的治疗,感觉事有蹊跷的恭介决定去找伊势一探究竟。

在科技发达、信息膨胀的今天,许多人也许身强体壮,心灵却不见得健全,本剧每集都有不同的病例,看帅哥医生如何抽丝剥茧找出治疗良方。

2.《打开你的心结》

《打开你的心结》是山东卫视 2011 年重磅推出的大型情感心理援助节目,也是全国首档现场全方位展示事件进展和治疗全过程的心理援助类节目,节目选取传奇、热点故事,将事件相关当事人请到演播室现场,汇集各种专业的心理治疗方式,产生很直接的援助效果,每周六晚 22 点 50 分播出。

阅读思考

他为什么爱"瞪"人

十年寒窗,小杨好不容易挤进了高校的大门,可他一个学期没读完,就难以读下去了:与人交往时,他心里特别紧张,目光不敢看人,不敢到人多的地方去,走路也怀疑别人在看着他、议论他,后来,连有人坐到他旁边,心都"砰砰"地跳,以致课也无法上下去。在申请休学时,班主任怀疑他是心理障碍,把他带进了心理咨询室。

他告诉心理老师,上高中时,由于他学习成绩一般,又来自农村,因而老师有些看不起,课堂提问、辅导几乎从没有他的份。他心里很反感老师,认为老师应该对学生一视同仁,时常用眼睛去"瞪"老师,以泄心头之"恨"。一次,他"瞪"老师时,与老师的目光不期而遇,老师随之走出了教室。"不好,老师看出了我恨他",他心里一阵紧张,以后他不敢再去"瞪"老师,但眼睛又不听指挥,总是要去"瞪",因而,只要见到老师就紧张不安,怕"瞪"老师被发觉而挨骂。后来,又发展到与其他人来往时,也要用眼睛去"瞪"别人,并觉得别人也都知道他在"瞪"人,做出各种反感、不友好,甚至是蔑视他的反应,以致他一与人交往就紧张不安,怕别人怀疑他对人有恶意,尤其是想控制自己不去"瞪"别人时,反而更要去"瞪",心里也更加不安,只有独处时,他才体会到一种轻松。

"你是患上了'社交恐惧症'。"详细地询问病史和心理测查后,心理老师肯定地对小杨说,"这是一种可以治好的心理障碍,但需要你的配合。首先,你不宜休学,休学后虽然减少了与人交往的烦恼,但这只能保护你的心病,使你越来越害怕与人交往,而且,孤独、前途渺茫等感觉又随之而来,成为你新的苦恼。其次,你要改变应付的方法,变相控制自己不去'瞪'人,对这种习惯不理睬、不对抗,任凭它出现和存在,并带着这种意念、忍受着痛苦去做你该做的事,去继续与人交往。因为在人的心理上有一个逆定律,越是不想出现的,就越是会出现,所以你越是想控制自己不去'瞪'别人,眼睛偏不听指挥而不自觉地要去'瞪',如果你能做到不理睬它、不去对抗它的话,慢慢地反而会习以为常。第三,你的苦恼主要来自于你认为别人知道你在'瞪'别人,对你做出反感、蔑视的反应。我认为这是你自己心中有'鬼'造成的。你'瞪'别人后,怕别人知道,特别在意和分析别人的言行,因而把别人有意无意的言行都与你自己联系起来,看成是对你不友好的表示。如你'瞪'了老师后,老师刚好出教室有事,你就以为是他发现了你'瞪'他,发现了你恨他。实际上,你眼睛瞬间的活动别人是不会很去注意的,你回去后向你的亲人、朋友做一个调查,看别人是不是看出你在'瞪'他了?另外,你的心理障碍肯定与你幼年时期的某些生活经历有关,你仔细回忆一下,下次我们再详细谈谈,以便找出你生病的根源。"

一个星期后,小杨再次面对心理老师。"老师,我这一周一直按照你的要求去听课,虽然仍然要用眼睛'瞪'别人,心里也很紧张,但我不再去克制它,确实觉得好受些。我也问过几个人,都说没发现我的眼神有什么异样,看来确实是我自己多疑了。"

"好!你的悟性不错,配合得不错。不知你今天能不能同我谈谈你的幼年生活经历?"

"小时候的事我已记得不是很清楚了。从小父亲对我很严格,动不动就骂我'不中用''笨脑壳',常常因为背书或考试而挨骂或遭责打。所以,我从小就胆子小、怕事,尤其是怕父亲。大约8岁时,一次家里来了两个客人,吃饭时说我额头方方的、嘴巴翘翘的,顿时羞得我脸面绯红,放下饭碗就离开了桌子。此后,只要家里来了客人,我都想办法躲开,尤其不敢与人同桌吃饭,怕被人笑话。以后随着年龄增长,我越来越注意自己的形象,觉得自己确实长相欠佳,感到自卑,性格也越来越内向。"

"从你的早年生活经历中不难看出,经常性地被贬低,以及长相欠佳被人讥笑,使你的自尊心受到伤害,形成自卑、内向等不良个性,这是你发病的心理基础。随着年龄的增长,自我意识的增强,你的自卑感愈来愈重,也更加注意别人对你的评价,并尽量减少与人的交往而保护自己的自尊。但与人交往又是生活、学习所必需的,是不可避免的,因而你就经常为此感到矛盾和焦虑。上高中后,理想使你专注于读书而减少了杂念,心理冲突得以暂时缓解。但想考上大学,又担心考不上的心理,同样给你造成了强大的心理压力。一般来说,这种压力是促使人努力学习、奋发向上的精神能量,但压力过大时,也容易以某一生活事件为契机,转而使这种外向的精神能量指向自己的身体,扰乱自己的心身。所以,你以怨老师、'瞪'老师为契机,重新把注意力引向了别人对自己的评价,并用自卑心理来臆测别人的言行,把别人有意无意的言行都同自己联系起来,认为是不友好的表示,产生了心理学上称之的'牵连观念'。"

"你讲的道理我明白了不少,但就是这眼睛为什么还要去'瞪'别人?"

"'瞪'别人这种现象,可能不会在短期内消失,因为它已在你的大脑里形成了'条件反射',但只要你对此不在乎、不理睬、不对抗,它逐渐地就会在你心理上淡化而自生自灭。我认为,要治好你的社交恐惧症,最关键的是要克服你的自卑心理,建立自信心。我有三点建议,一是你都是二十几岁的人,是一个大学生了,却还像小时候一样怕见人,怕别人评价,是不是很幼稚?是不是很好笑?通过悟出自己的'幼稚',嘲笑自己的幼稚行为,来加快自己的成熟。二是要从各个方面找出你的优点、长处来,不再像以前那样专看自己的不足。例如从长相方面,你看你的周围,还有不少人长得不如你,而且作为男子汉,重要的是要有内涵。也就是说,不要总拿自己同比你强的人比,应同各个层次的人、从不同的侧面都去比一比,才有利于平衡你的心理,重建自信。三是要学会'我行我素',不在乎别人的评价,不为别人的评价而左右,对别人的评价采取'有则改之,无则加勉'的态度。我想随着你自信心的建立,是不难做到这一点的。"

围绕着"自卑、牵连观念与怕见人的关系及心理行为的调适",心理老师与小杨进行了反复的讨论。3个多月后,小杨终于有了明显的进步,能自如地与人交往,高高兴兴地告别了心理老师。亲爱的同学,从小杨的故事中,你能悟到点什么吗?

【思考题】

1. 如何看待心理咨询的作用?

第十三章

绽放生命的绚烂
——生命教育和心理危机干预

生命是母亲的杰作,是血脉的延续,是人类历史的传承。请爱护生命、尊重生命,让生命绽放绚烂!

故事导入

最后的歌声

清晨的公园里,一个患有癌症的男孩在轻声歌唱,他歌唱生命。尽管他剩下的时间不多了,但他不恐惧,他不相信世上存在着永恒。他认为没有一样东西是永恒的,生命,也是一样的。"人总是要死的!"他常常自我安慰。

公园的那头,有一个女孩在跳着优美的舞蹈,如身后桃花的飘落——翩翩飞舞。

这天,男孩在无聊地闲逛。忽然他闻到一阵喷鼻的花香,这花香吸引他来到了一棵桃花树下,也看到了那女孩——她正在跳舞。男孩没打断她,一直在旁边静静地等她跳完。"你跳得真好,如你身后的桃花。""谢谢!"女孩羞答答地抬起头说道。这时,男孩看清了她的脸:一张美丽的面孔上镶着两颗无神的眼珠。男孩大吃一惊:"你是盲人?"这句话一出口,男孩就后悔了,他知道他说了一句不该说的话。"哦……对不起,我不是有意的。""没事。"女孩似乎很轻松。就这样,他们认识了。

他们相约在黄昏来到这儿,男孩歌唱,女孩伴舞。

……

像这样过了很久,直到那一天。

"桃花真美,像你一样。"男孩无意中说道。"可惜我看不到。"女孩说着低下了头。"对不起。"男孩的心如一阵刀绞地痛,他知道他又一次刺痛了女孩的心,尽管她不在意。一种强烈的欲望从男孩心中升起……

过了几天,女孩兴奋地告诉男孩,有人愿意献出眼珠了,她将看见光明,看见这美丽的花花世界了。男孩由衷地笑了。女孩哪里知道,那一对眼珠是男孩献出来的。

……

这一天的黄昏似乎更早到来,男孩对女孩说了很多:"曾经我不相信永恒,但我现在明白世上存在永恒,那便是友情。我要走了,永远都不回来了,我将永远珍藏我们的友谊。"女孩哭了。说完男孩唱起了生命里的最后一支歌,女孩依旧为他伴舞,但是带着一串泪珠……

他还是走了,走得那么轻松,没有遗憾,他把他生命里的最后一支歌献给了她,他无悔。女孩的手术成功,她看见了万物,也知道了真相。她来到了公园,奇怪的是今年的桃花没有开。

女孩的眼眶模糊了,一滴泪从她的脸颊落下,夕阳下,她似乎听见了男孩唱起的那一支歌……

理论指导

一、生命的内涵

（一）什么是生命

自人们进化到开始思索"生命"起，"什么是生命"这个问题就始终作为一个最关键的问题困扰着我们。19世纪下半叶，恩格斯首次对生命进行定义："生命是蛋白体的存在方式，这个存在方式的基本因素在于和它周围的外部自然界的不断的新陈代谢，而且这种新陈代谢一停止，生命就随之停止，结果便是蛋白质的分解。"这在一定程度上揭示了生命的物质基础——具有新陈代谢功能的蛋白体。之后100年里，这个定义一直是指导人们认识生命的思想武器。

20世纪50年代，人们从所有生命共同表面特征归纳出一个"生命"的定义：生命是具有与环境进行物质和能量交换（即新陈代谢）、生长繁殖、遗传变异和对刺激做出反应的特性物质系统。这个定义描述了生命活动的一般特征，但由于一些特例的存在，它仍表现出很大的局限性。

生命，特别是人的生命，应当由三个因素构成，即形体、心理（精神）和社会性。历史唯物主义认为，人的生命具有多重属性，其中最主要的是自然属性和社会属性，社会属性是人最主要、最根本的属性，它是决定人之所以是人的最根本的东西。生命的自然活动主要包括新陈代谢、生长、发育、遗传、变异、感应、运动等。生命的社会活动主要包括感知社会、角色扮演、人际交往、求学择业、社会竞争等。

人的生命可以分为以下几种形态。

首先是生物性生命，即人首先是作为自然生理性的肉体生命而存在的，这一点是和自然界的广大生物一样必须具有的基本属性。

其次是人的精神性生命。人之所以为人就在于人有高于动物的意识活动，有超越生物性生命的精神世界。人不但要思考如何活下来，还要思考如何更好地生活。只要人在世界上存在一天，大脑就不会停止思考，人类就要创造、就要超越，就要更好地认识世界、改造世界。

最后是人的价值性生命。每个人在一生中都要思考诸如"为何活着"的问题，这就是人对于生命意义发自内心的追问，是人对价值性生命的一种诉求。人的价值性生命为人的生存夯实了根基，加足了动力。

（二）生命的特性

1. 生命的神圣性

人类生命的第一大性质当然是其神圣性。

生命具有神圣性在古代世界各民族那里几乎都是不言而喻的真理。远古的人类一般都认为人之生命源于某种神秘的过程，或者是伟大的造物主赐予的，因而是神圣的。而若从直观的角度，人们一般也可体会到生命的神圣性：自己的生命小而言之来自父母，大而言之则源于天地自然。人间之男女为何有如此奇妙的性（爱情）与生育（繁殖）的功能呢？为何只有人从亿万种生物中脱颖而出,其生命成为天下之最"贵"呢?如果想从科学的角度对这些问题给予完整的和精确的回答是很困难的,但人们可以从中直接悟出:人在生命的层面上是上接之于"天"、下接之于"地"的,是自然大化精华的凝聚。正因为如此,人的生命才先验性地具备了神圣性。从本质上而言,所谓神圣性,指人类对某种对象发自内心的敬畏和崇拜;生命的神圣性,当指人类对自身生命的敬畏和崇拜。许多人因为无法体认自我生命的神圣性,故而过着一种人生品质极低的生活;许多人则认识不到他人生命的神圣性,而做出许多畜生不如的行为来,等等。这一切都告诉我们,虽然科学提高了我们改造世界的能力,理性提供给我们透视万物的正确途径,但是我们人类还是要保持对自然、宇宙,尤其是生命神圣性的体认。

2. 生命的唯一性

每个生命都是唯一的、独一无二的。这句话有两层含义,一是每个生命只有一次,不可重来。生命一去不复返,一个人不管权力多大,财富多多,学问多高,容貌多美,寿命多长,都只拥有一次生命,在这一点上,生命是绝对公平的。二是每个生命都只有一个,不可重复。正如世间没有两片完全相同的树叶,世间没有两个绝对完全相同的人,即便是孪生兄弟、相同的遗传基因,也因后天生活、环境、教育和实践活动的不同,而使人有不同的发展,形成不同的个性。所以,"在时间和空间的纵横扩展中,每个人都以其独立的个性存在着","都是作为无可替代的独立个性存在着"。

3. 生命的完整性

就个体的生命而言,现实的人都是完整的人。他们有躯体,也有思想;有物质需要,也有精神的追求。我们对人生命的理解,强调其生命构成的矛盾性,但这种矛盾不是对立分裂的两极,而是一个矛盾的统一体,矛盾的任何一方都必须和另一方相联系才有意义。完整不等于完善,完善是质的追求,完整是量的累积。生命随着年龄、成熟、自我实现等形式,逐步完善,但任何阶段的生命都是完整的。从学理上,我们可以对生命加以分解研究,如自然的生命、价值的生命、社会的生命等,但实际上,脱离了完整性,自然生命就不再是"人"的自然生命,而只是一块"肉体",人的精神、价值、社会性也无所寄托,无家可归,成为漫游的"鬼魂",而不再是人的生命的组成部分。生命的完整性是人存在的一个基本特征,任何对人的生命的解读和以生命为对象的实践,都必须建立在这一完整性的基础上。

4. 生命的自主性

人的生命具有开放性和不确定性,"自然没有做出关于他的最后决定,而是在某种程度上让他成为不确定的东西。因此,人必须独自地完善他自己。"面对这种不确定性,人的生活道路只能由人自己去筹划、去选择、去确立,人正是通过自主的活动,促成了自我的发展。所以,人的生命是自为的,是自己创造的,因而也是自由的。任何压抑生命自主和自由的行为,必然违背生命的特性,是对生命的摧残。

5. 生命的超越性

生命是有限的,但人要追求无限;生命是现实的,但人要在对未来的追求中否定现实。人正是在这种自我的否定中,实现着生命的超越。人渴望超越,也必须超越,超越人的肉身存在,超越生命的有限性,超越现实的存在,生命正是在超越中实现着价值的不断跃迁和提升,不断地走向新的解放,生成新的自我。因此超越性是人生命的独特本质。德国哲学家马克斯·舍勒指出,"人,只有人——倘使他是人本身(person)的话——能够自己作为生物超越自己",因此他给人的定义是:人是超越的意向和姿态。

二、什么是生命教育

(一)生命教育的起源

生命教育是20世纪60年代开始兴起的一种教育思潮。1968年,美国知名作家、演说家、作曲家、摄影家杰·唐纳·华特士出版了《生命教育》一书,探讨必须关注人的生长发育与生命健康的教育真谛,接着又在加州北部内华达山脚下的丘陵地带,正式创建了"阿南达村"学校,以实践其生命教育的思想。1979年在澳大利亚悉尼成立的"生命教育中心"(Life Educational Center, LEC),则明确提出"生命教育"的概念。1987年英国的生命教育中心也开始宣传生命教育的理念,希望借此唤起人们对生命的热爱。日本1989年修改的新《教学大纲》中针对青少年自杀、欺侮、杀人、破坏自然环境、浪费等现象日益严重的现实,明确提出以尊重人的精神和对生命的敬畏之观念来定位道德教育目标,具有很强的针对性和现实性。后来,生命教育在全球逐渐推广,成为一种新的教育思潮。我国的台湾和香港受国外影响较多,因此也在20世纪90年代开始开展生命教育。20世纪90年代初,生命教育在台湾一些学校和个别地区推行。从1997年起,民间机构连同台湾教育主管部门再度关注生命教育的发展,制订了一连串的计划,包括课程计划。2000年,台湾教育主管部门成立生命教育委员会,并把2001年定为生命教育年。香港也很重视生命教育,1995年开始实施"生命教育行动计划",2002年,香港教育学院公民教育中心明确提出以生命教育整合公民教育及价值教育,并在多所学校推广正规和非正规的教育课程,让学生体会生命的意义,增强抵抗逆境的能力。

(二)生命教育的含义

生命教育是在生命活动中进行教育,是通过生命活动进行教育,是为了生命而进行教育。从事生命教育的肖敬在《浅谈生命教育读本》中认为生命教育是以生命为核心,以教育为手段,倡导认识生命、珍惜生命、尊重生命、爱护生命、享受生命、超越生命的一种提升生命质量、获得生命价值的教育活动。让青少年认识生命和珍惜生命成为这一活动的重中之重。

生命教育既是一切教育的前提,同时还是教育的最高追求。因此,生命教育应该成为指向人的终极关怀的重要教育理念,是在充分考察人的生命本质的基础上提出来的,符合人性要求,它是一种全面关照生命多层次的人本教育。"生命教育不仅只是教会青少年珍爱生命,更要启发青少年完整理解生命的意义,积极创造生命的价值;生命教育不仅只是告诉青少年关注自身生命,更要帮助青少年关注、尊重、热爱他人的生命;生命教育不仅只是惠泽人类的教育,还应该让青少年明白让生命的其他物种和谐地同在一片蓝天下;生命教育不仅只是关心今日生命之享用,还应该关怀明日生命之发展。"

三、大学生生命教育目标

(一)珍爱生命

这一目标要求大学生既能珍惜自己的生命,又能珍爱他人的生命,还包括宇宙间万物之生灵,懂得人的生命是可贵的,它是一切情感、智慧、美好事物的载体。人不同于动物,就在于人活着是有意义的,动物为活着而活着,无理想,无追求,只有本能的满足,但人是有意识的动物,为意义而存在。

没有生命的存在,谈不上生命的意义。所以,世间最最宝贵的是什么?是生命,而且只有生命。我们反对脱离生命空谈"意义",反对以生命的牺牲为代价而赞叹死的光荣。

大学生珍爱自己的生命应做到:其一,了解自己的身体构造及生命的基本特征;其二,熟知有关保持身体健康和心理健康的知识,知道如何拥有强健的体魄,并懂得如何维护和增进心理健康;其三,有基本的生存技能,如懂得在遭雷击、火灾、溺水时如何自救和他救,在野外、在没有外援的情况下如何生存等;其四,在遭遇挫折和痛苦时,能调节不良情绪,懂得即使输掉一切,也不能输掉对生命的信念。

大学生珍爱他人的生命应做到:像尊重自己的生命一样来尊重他人的生命,不怨天尤人,不伤害他人,能与他人和谐共处;与人相处时有人道主义精神,能遵循"以人为本"的理念;同时爱世间万物,爱护自然,保护自然,懂得大自然的一切事物都有生命,践踏草坪、摘折花木、捕捉动物都是一种伤害生命的行为。

(二)发展生命

学生在整个教育历程中,能够体悟人生、活得尊严之后,更进一步能够建构生命愿景,从个人的"自我""志业""休闲""人际"等层面,设定明确努力的指标意涵,并使之发扬光大,彩绘亮丽人生。生命教育的最高目标与教育及辅导工作目标一致,均在于促进学生自我实现。与珍爱生命比起来,这是对大学生更高一点的要求。从哲学意义上讲,生命是一切实践活动的前提和基础,生命存在,发展的可能性就存在,生命与发展的可能性同在。

大学生不仅要珍爱生命,而且要在拥有美好生命的基础上积极主动地创造生命价值。生命价值是自我价值和社会价值的辩证统一,具体来说,生命价值是个体生命对于个体自我及社会的需要的满足。它包含两个方面的内容。一方面指个体通过实践活动满足自我发展、自我实现的需要,这也符合马斯洛关于需要层次的基本理论。生命个体通过努力能不断地去追问生命、热爱生命,自我感到活得舒展、活得惬意,有较高的生存质量。另一方面,指个体通过社会实践活动来满足社会和他人的需要,通过对社会、对他人的责任和贡献来实现人生的幸福追求。

大学生处于求学时期,是社会化的前期阶段,其生命价值主要体现为内在价值,即内在的体能、知识、技能、品德的积累。能积极主动创造生命价值这一目标要求大学生做到以下几点。其一,有理想、有追求,"志当存高远"。要明白成功是在不懈的追求与奋斗中实现的。切勿得过且过,做一天和尚撞一天钟。其二,充满青春与活力,朝气蓬勃,血气方刚。切勿如那首为当今大学生画像的讽刺诗中所写的:"有智商没有智能,有知识没有思想;有文化没有修养,有个性没有品行;有重任没有体魄,有理论没有实践;有青春没有热血,有前途没有壮志。"其三,无论是身处顺境还是逆境,都能积极乐观地面对,要明白逆境是人生所不可避免的,身处逆境可能是不幸的,但未必是绝对不幸的,关键之一就在于人自身的自强不息。

(三)实现生命价值

与发展生命相比较,自我实现生命的价值乃目标中的最高层次。生命本身有着崇高的价值,生命不仅仅意味着肉体的存在,而且是一种意识观念的载体,其价值并不只在于寿命的延长和外表的美丽,在更重要的在于心灵的善良、人格的健全、灵魂的美丽。

早在1886年托尔斯泰就曾这样指出:"你想要所有的人都为你活着吗?你想要所有的人爱你超过爱他们自己吗?只有在这样的情况下你的愿望才能得到实现。这情况就是:所有的人活着都为了别人的幸福,他们爱别人都超过爱自己。那时你和所有的人都被所有的人爱,你也就在这当中得到了你所希望的幸福。"其实说明的意思就是一个人活着不完全是为自己,也不完全是为物质的享受及个人的快乐,而是为了他人,为了社会。生命的价值不仅在于享受生命、享受人生,更重要的在于奉献。只有这样,才是真正有质量的生命,才是提升了生命的价值。

有少数大学生认为,从理论上讲,人应该为社会做出贡献,但人活着是为了自己而活,不是为别人而活。他们一方面认为把自己的快乐建立在他人的快乐之上,人生会无限美好;另一方面,认为只要没有违反法律规范,我想怎么活就怎么活。不违反人们行为的底线,此乃做人的最基本规范,是作为一个公民的最基本要求,但对于优秀青年群体大学生来说,这个要求实属太低。就精神文明的实现形式来说,法律他律是最低实现形式,道德他律是较低实现形式,道德自律是最高实现形式。大学生应该做精神文明最高实现形式的践行者,而做一个道德自律者是要做出一些奉献和牺牲的。生命的价值在于奉献,哪怕只给世界增添一缕光彩,增添一丝温暖,也算生命有了一点价值。

四、大学生生命教育的主要途径

(一)课堂教学——大学生生命教育的主渠道

开展与实施大学生生命教育,重要的在于,学校要把大学生生命教育提升到实现人才培养目标以及提高教育教学质量的认识高度,把生命教育作为学校教育教学计划中的重要内容与有机组成部分,纳入学校整体教育教学计划当中。只有这样把生命教育作为学校教育的重要组成部分和应有之义,使大学生生命教育"进课堂、进教材、落实学分",才能保证大学生生命教育有目标、有计划、有要求、有落实、有考核,真正把生命教育落到实处。开展大学生生命教育,基本的方式仍然是课程教学。主要方式就是开设必修或选修课程,直接纳入教学计划,实施生命教育。

此外就是根据生命教育的总体要求,把相关的内容渗透到各门课程的有关章节当中进行。高校的各类课程,都内蕴着生命的意义与价值,都是生命教育的隐性课程,重要的是要使任课教师认识到这一点,积极地引导学生提高生命质量,焕发生命光彩,提升生命价值。

(二)心理咨询——解决大学生生命困扰的基本途径

目前高校心理健康教育与心理咨询已经成系统、成网络地建立起来,这即是开展心理健康教育的主要途径,也是开展大学生生命教育的重要平台。因为大学生心理健康与生命教育的目标是一致的、内容是相同的,只是更明确这样一点,即心理健康教育就是生命教育的重要的内容,心理咨询初始就是为了解决高校学生伤害生命、放弃生命的现实问题而展开的,所以说,生命教育与心理健康咨询原本就是一致的。为此,实现心理健康教育与生命教育的双向结合,这是当前高校开展生命教育的重点工作与有效途径。

(三)校园网络——大学生生命教育的新路子

利用网络开展大学生生命教育,既是现代大学教育的一种重要资源与途径,也是当代大学生自我教育的一种积极而有效的方式,尤其是当代大学生与网络同生同长,网络成了他们生活学习的重要部分与基本方式,尤其是网络信息的丰富性、传递的快捷性、浏览的自主性、交流的开放性等特点,都为他们得到有关的信息与知识提供了有利的条件与便捷的方式。所以充分利用网络资源以及信息沟通的方式开展生命教育,不失为一种适应当代大学生教育特点的重要渠道与有效方式。

利用网络开展大学生生命教育,不仅是引导大学生学习与浏览有关生命的信息与知识,更主要的是有目的地、精心地建立专门的大学生生命教育的网站,把生命教育的有关理论以及有关资料、图片传到网上供学生自主浏览学习,同时可以开设有关的沟通平台,对大学生进行心理咨询、教育引导。总的来看,搞好网络上的大学生生命教育,必须注意这样两点。一是内容的新颖性。众所周知,网络是一个无限的虚拟空间,其中的信息无限广泛,各种各样的信息都会对大学生产生强烈的吸引与影响。如果生命教育的内容不新颖,而是死板、教条的,就无法吸引大学生去浏览、去学习,也就起不到应有的网络教育作用。教育内容的新颖性,就是要密切结合当代大学生的思想实际,关注大学生思想的热点、兴奋点以及疑惑点,如生命与爱情、生命与吸毒、生命与艾滋病、生命与事业、生命与友谊、生命与亲情等,以吸引他们点击生命教育的网站网页,接受网站的教育、引导与影响。二是形式的多样性。大学生思想活跃、追求时尚与新鲜,所以网络生命教育的形式一定要丰富多彩,以满足大学生浏览的兴趣。所谓形式的多样性,一方面是网络教育的栏目要多样,如可以开设理论探讨、知识文库、心理信箱、心灵驿站、心理测试等,尤其是注意设置可以与学生进行互动与交流的栏目与方式,如对话平台与交流热线等,可同学生进行视频对话交流或以留言、问答的方式进行沟通等,这样可以及时地解答学生的困惑,对学生的问题做出有求必应的反应。网络教育的实践证明,利用网络进行互动的最大的好处,就是可能使有严重自杀倾向的学生有机会在网络中留言,或发泄心中的愤怒悲情,或求助学校,得到救助,使他们有一个心理缓冲的地域空间与时间,从而得到生命的挽救。另一方面就是网络教育资料的多样性,可以有文字的、视频的、图表的甚至动漫的等,以满足不同学生的心理需求与愿望。还有网站的色彩板块、内容选择等,也应注意多样性,以适应大学生的心理特点与需要。

(四)实践活动——提升大学生生命价值的关键环节

真正的生命教育是触及心灵的教育,是感染生命的教育,而要达到这样的教育效果,就必须组织学生开展社会实践。让学生有生存的感受,也就是让学生在实践活动中,对自身存在及其价值有自我体验和感性认识,从而直面生活的现实,领悟生命的真谛,体验生命的意义,产生生命的情感,形成积极、乐观、奋进、豁达、奉献、富于爱心的品质。因此而言,广阔的社会实践,既是生命教育的丰富资源,也是生命教育的必由之路。

(1)要充分利用各级各类教育基地、公共文化设施等开展生命教育活动,拓展学生的生活技能训练和体验。如:通过对人的生老病死有关场所的了解,引导学生理解生与死的意义,珍爱生命,关心他人;通过情境模拟、角色体验、实地训练、志愿服务等形式,培养学生在遇到突发灾难时的人道主义救助精神。

(2)要努力创造一定的逆境,进行挫折锻炼,以磨炼学生的意志,使学生更加欣赏生命、珍惜生命、提升生命的意义和价值。如组织野外探险、露营活动等,引导学生对艰难的体验,从而更加热爱生命、珍惜生命;又如,组织学生郊游,引导学生置身于大自然中,感受万物生命的气息,明白活着有多么美好;再如,组织学生走向社会进行一些有关生命的宣传活动,或无偿献血等,引导学生更加关爱生命、珍惜生命。

(3) 要积极引导学生做社会志愿者,延伸与深化学生对生命的体验与感悟。如,组织学生参与社区老年人精神抚慰活动,参观殡仪馆、太平间,以及要求学生参加亲友的追悼会等,使学生深化生与死的认识,感悟生命的宝贵;再如,利用寒暑假组织学生参与针对弱势群体生命状态的社会调查,如残疾人、孤寡老人、特困家庭等,从而懂得更加珍惜生命。

(4) 要主动邀请校外有关人员现身说法,进行实践教育。如:请警察来讲述遇到歹徒时如何保护自己,如何制服歹徒,如何逃生;请有过轻生念头但成为成功人士的人来校讲述他们的心路历程;邀请"劫后余生"的人来谈谈他们的感悟等,以引导学生更加珍爱生命、呵护生命。

另外,需要指出的是,开展与实施大学生生命教育,不仅要积极地进行正面的宣传教育与引导工作,也要注意在当今的形势下,强调对错误生命观的批判。因为大学生产生各种心理问题与心理疾病的背后症结,都往往受到错误生命观的困扰,而且是根深蒂固的。因此生命教育在坚持正面正确教育的同时,必须坚决批判错误的生命观。还需要指出的是,开展与推进大学生生命教育是一项复杂的系统工程,要取得真实的成效,不仅需要良好的学校教育,而且还必须具有和谐的家庭关系、和睦的邻里交往和积极向上的社会风气,只有各个方面协同、配合、齐抓共管,才能取得积极、整合、理想的效果。

五、大学生自杀危机的预防和干预

(一)大学生自杀原因分析

1. 经济困难

家庭经济原因,是大学生自杀的原因之一。一些家庭贫困的学生在求学时,四处打工赚钱,势必会牺牲更多的学习时间,造成学习上的心理压力。贫富差距越来越大,大学生看到别人过着富裕安逸的生活,而自己一无所有,加上当前社会上攀比之风盛行,容易造成他们心理上的严重失衡。

广东某高校英语系的一个女学生,家里生活很困难,而同宿舍的其他女生家境优越,吃穿用比较讲究,她们经常说起的某个服装品牌或者什么一线品牌化妆品,她连听都没听过,因而非常自卑,进而产生轻生念头。其他有什么理由先不谈,贫困绝对是原因之一,如果一个学生坐在课堂里,担心的是下周的生活费、下学期的学费,这样读书谁都会感到绝望。虽然现在有奖学金、助学基金、援学贷款……真正帮助到的人还是少数。没钱读书是受罪,大学生因贫困而轻生,社会也应负上一定的责任。

2. 不适应大学的学习环境,出现交往障碍

有些学生在相当长一段时间内不能够适应角色,不能很快融入大学生活。现在大学生多是独生子女,独立性差,平时在家一切都由父母打理,一旦离开家门,生活的种种问题突然摆在他们面前,一时找不到解决的途径。有的学生甚至没有基本的生活自理能力,极有可能引起心理严重失衡。部分学生感觉大学里人与人之间的关系不像高中时那样单纯,功利色彩多一点,有了心里话不知和谁讲,就闷在心里;有的学生希望与人有交往活动,但认为自己没有交往能力;也有主动交往的学生,但产生矛盾又不知如何解决,由此引发种种问题。

3. 情感纠葛

大学生情感受挫,也会做出过激行为。例如,某高校一女生和男朋友发生争吵,随后跑到教学楼顶企图自杀。幸好被学校的"学生心理气象员"撞见,及时制止,才避免了悲剧的发生。学校里曾经流行过一句话,"昔人已乘宝马去,此地空闻旧人哭",是对当代校园爱情的生动写照。现在大学生喜欢速食爱情,却不知道留下的后遗症有多么严重。在校时恋爱、毕业就分手的情况很普遍。感情本来就是双方面的,不好预知结果。最后有的走得洒脱,有的却放不下,有些生活经历不够的大学生就钻了死胡同,发生了自杀的悲剧。一方面是现代人对感情问题的草率态度,把爱情当作游戏;一方面是自我保护意识的薄弱,身心受到了极大的欺骗,这些都值得我们深思。流行文化里的爱情,让现代大学生的爱情观念发生了巨大的改变,也让一些还没来得及改变或改变不够彻底的走上了不归路。

4. 就业压力大

如今社会竞争激烈,为了找到一份工作,许多学生拼命学习,却越来越没勇气面对有许多未知数的将来,出点小问题就留下遗书寻短见。现在社会生活节奏加快,学生自我调节能力差,有些学生自身定位不准,感到无助、迷茫,对自己失望,缺乏安全感,不知道自己的明天在哪里。许多学生直至毕业,仍然不知道自己喜欢什么,想从事什么职业,能够从事什么职业。有的学生害怕走出校园,不愿意出去找工作,怕受到挫折。

现在的就业市场一些比较好的机会大多都要凭关系、讲背景,缺乏竞争的公平性,这给许多普通家庭出身的学生带来较大的压力。如果他们能够平等地竞争,那么他们的心态就会处于一种平和的状态,就不会走向极端。大学生轻生从某种意义上说,是对未来失去信心的表现,之所以失去信心和我们现在的就业压力有很大关系。

5. 对生命的漠视

现在打造的文化氛围对大学生的影响确实恶劣。一个是"贵族文化"氛围,看看如今反映青春生活的电视、电影,哪个不是珠光宝气的?有几个是反映奋斗、拼搏、朴素、进取的?这很容易让学生把它拿来和现实对比,自然会产生悲观心理。第二个是漠视生命的文化氛围,暴力影视就是证明,难道人的生命就随便被暴力侵犯?这很容易让人产生对生命的漠视。第三个是奢侈文化氛围,讲究吃穿成为人们的时尚,这种时尚的结果是导致人心灵的空虚、悲观,漠视生命、心灵空虚是产生自杀情绪的催化剂。

6. 厌世的诱惑

2012年12月25日凌晨,海南某学院的一名大一女生,在留下遗书后跳下宿舍楼6楼身亡。通过调查,警方在死者宿舍找到了当事人留下的遗书。从遗书的内容可以看出,父母对她的期望值很高,她有悲观厌世的情绪。

韩国、日本有很多自杀网站,前一段时间中国也有,它们宣扬的是厌世就弃世,对世人影响很大。大学生偏偏又是最容易接受新生事物的群体。面对四面的种种压力、对未来的茫然,学生们无所适从。上海市对杨浦区3000名大学一年级学生的调查显示,25%以上的被调查者曾经有过自杀的念头。2012年,深圳某大学中文系大一女生小许刚选择了以跳楼的方式结束生命,过了六天同一所大学的建筑系即将毕业的学生小张也跳楼自杀了,原因都是患忧郁症,有强烈的厌世情绪。心理障碍、生理疾患、学习和就业压力、情感挫折、经济压力、家庭变故以及周边生活环境等诸多因素,都会让学生因为厌世而自杀,全社会都应重视大学生的精神障碍问题,关注大学生的心理健康。

(二)大学生心理危机干预原则

为确保大学生心理危机干预工作科学、有序、及时地落实,必须坚持以下基本原则:

1. 当事学生中心原则

坚持以学生为中心,对学生负责,避免因处理不得当而激发或加重学生的心理问题。

2. 当事学生安全原则

当学生出现严重心理危机时,采取果断措施,保证当事学生及他人的安全。

3. 院系具体处理原则

心理危机干预过程中,由心理健康教育与辅导中心向院系提出相应的心理干预措施,院系根据干预措施具体处理本院系学生的心理危机事件。

4. 准确及时原则

对有严重心理危机的学生要准确判断、及时干预。首先发现某学生有自杀或伤害他人倾向的师生要想办法控制当事学生,并及时报告其所在院系领导、班主任,院系要及时采取干预措施并向心理健康教育与辅导中心报告。

5. 学生心理信息保密原则

所有涉及学生心理的调查结果、咨询记录、各类报表都属学院机要文件,要严格保密。所有涉及人员不得随意放置干预学生材料,不得随意向无关学生(包括当事人)透露任何信息,不得随意散布有关事件。

(三)大学生自杀预警对象

(1)对存在下列因素之一的学生个体,应作为心理危机干预的高危个体予以特别关注:

①心理普查筛选出来的有心理障碍或心理疾病或自杀倾向的学生;

②遭遇突然打击和受到意外刺激后出现心理或行为异常的学生,如家庭发生重大变故、身体发现严重疾病、遭遇性危机、感情受挫、受辱、受惊吓、与他人发生严重人际冲突后出现心理或行为异常的学生;

③学习、环境等方面严重适应不良以及就业压力特别大出现心理或行为异常的学生;

④因严重网络成瘾行为而影响其学习及社会功能的学生;

⑤性格内向、经济严重贫困且出现心理或行为异常的学生;

⑥有严重心理疾病(抑郁症、恐惧症、强迫症、癔症、焦虑症、精神分裂症、情感性精神病等)且出现心理或行为异常的学生。

(2)对近期发出下列警示讯号的学生,应作为心理危机干预的重点对象及时进行危机评估与干预:

①谈论过自杀并考虑过自杀方法,包括在信件、日记、图画或乱涂乱画的只言片语中流露死亡念头者;

②不明原因突然给同学、朋友或家人送礼物、请客、赔礼道歉、无端致以祝福、述说告别的话等行为明显改变者;

③情绪突然明显异常者,如特别烦躁、高度焦虑、恐惧,易感情冲动,或情绪异常低落,或情

绪突然从低落变为平静,或饮食睡眠受到严重影响等。

(四)预警与干预机制

各高校应在"大学生心理健康教育工作领导小组"领导下建立"学生心理危机干预及自杀预防快捷反应机制",及时处理学生心理危机事件。

1. 建立班级、院系、学校三级预警系统

1) 一级预警:班级

各班设立同伴心理咨询员,男女各一名,其中一名为班级心理委员。班级心理委员应关心同学,广泛联系同学,通过多种方式加强思想和感情上的联系和沟通,了解思想动态和心态,一旦发生异常情况,及时向班主任、心理辅导员、心理健康教育与辅导中心报告。

2) 二级预警:院系

各院系设立兼职心理辅导员,密切关注学生异常心理、行为,对班级心理委员上报的处于危机状态需要立即干预的学生有针对性地与其谈话,帮助学生解决心理困惑,对重要情况要立即向院系领导、心理健康教育与辅导中心和学生处报告,并在专业人员指导下及时对学生进行快捷、有序的干预。

3) 三级预警:学校

学校应认真开展大学生心理测评,建立大学生心理档案,筛选出需要主动干预的对象并采取相应措施。

学校心理咨询人员要牢牢树立心理危机干预及自杀预防意识,在心理辅导或咨询过程中,如发现处于危机状态需要立即干预的学生,要及时采取相应的干预措施。

对心理辅导员和院系上报的处于危机状态需要立即干预的学生,学校心理咨询人员要及时采取相应的干预措施。

2. 对有自杀意念学生的干预措施

发现或知晓某生有自杀意念,即该生近期有实施自杀的想法和念头要密切关注,视其严重程度采取以下措施:

(1) 立即将该生转移到安全环境,并成立由院系、保卫处、学生处、医务室等人员构成的监护小组,对该生实行24小时全程监护,确保该生人身安全,同时通知该生家长到校。

(2) 由有关部门或专家对该生的心理状况进行评估或会诊,并提供书面意见。如评估该生住院治疗有利于其心理康复,学院应立即通知家长将该生送至专业精神卫生机构治疗;如评估该生回家休养治疗有利于其心理康复,学院应立即通知家长将该生带回家休养治疗。

3. 对实施自杀行为学生的干预措施

对正在实施自杀行为的学生,一旦发现便立即启动"学生心理危机干预及自杀预防快捷反应机制",各有关部门立即派人赶赴现场协调配合处理危机。

对刚实施自杀行为的学生,要立即送到最近的医疗机构实施紧急救治。及时保护、勘查、处理现场,防止事态扩散和对其他学生的不良刺激,并配合、协调有关部门对事件调查取证。

对自杀未遂的学生,经相关部门或专家评估,如住院治疗有利于其心理康复,通知家长将该生送至专业精神卫生机构治疗;如回家休养有利于其心理康复,在其病情稳定后由家长将其带回家休养治疗。对于有自杀未遂史的复学学生(有自杀未遂史的人属于自杀高危人群),学院应组织专家进行定期心理访谈及风险评估,密切监护,及时了解其学习、生活和思想状况,确保该生人身安全。

4. 对危机知情人员的干预

危机过后,需要对知情人员进行干预。可以用支持性团体辅导策略,通过班级辅导等方法,协助经历危机的大学生及其相关人员,如同学、家长、班主任以及危机干预人员正确处理危机遗留的心理问题,尽快恢复心理平衡,尽量减少由于危机造成的负面影响。同时正确应对新闻媒体,防止不恰当报道引发负面影响。

案例分析

小雪的困惑

案例1

学校心理咨询室的王老师刚准备下班,却听到一阵紧急的敲门声,进门的是两个女孩儿,其中一个叫欣欣,是美术专业的学生。下午她在河边写生,发现一个女生在河边徘徊了很久,欣欣觉得她好像有什么心事,就跑上前询问。女同学话不多,只说自己叫小雪,是本校大一的学生,欣欣征得了小雪的同意把她带到了心理咨询室。

在王老师关切的目光和耐心的询问下,小雪终于开口说出了自己的心事,说刚才她真想一头跳进河里,一了百了,她觉得来到这个世上只给别人带来负担,自己什么都不行,根本不可能让母亲过上幸福的生活。王老师先安抚小雪的情绪,让她慢慢平静下来,渐渐地小雪说出了自己的经历。她来自偏远的山区,父母都是农民。在她上小学时父亲因一场车祸离开了人世,她一直与母亲相依为命。家里生活很艰苦,虽然母亲十分辛苦地劳动,但还是入不敷出,为了供小雪上学,背了上万元的债务。小雪自小就很懂事,深知要想让母亲过上好日子就要好好学习,将来有好的出路报答母亲。

终于,小雪以优异的成绩考上了上海的大学。家里东拼西凑外加借来的钱勉强够她一个学期的费用。上海的消费水平比较高,小雪平时省吃俭用,在食堂吃饭挑最便宜的菜吃,用最廉价的文具,但还是感觉捉襟见肘。这些她都可以忍受,让她最难受的是每天回到宿舍,看到室友们穿着光鲜亮丽的衣服,用着笔记本电脑、iPhone等高科技产品,谈论着她从未听过的电影明星、网络名词,她感到前所未有的自卑。室友们吃一顿,她可以吃上一天,她们说的更是她闻所未闻的。平时室友们在寝室里上网,她一个人去图书馆看书,但经常在图书馆坐了半天,却一个字也读不进去。大学第一次考试她的成绩一落千丈,原来让她引以为荣的学习成绩,在强手如林的大学里也变得不值一提。上个星期,她跟母亲通了个电话,觉得母亲声音很虚弱,一再询问下母亲才说因为过度劳累得了腰椎间盘突出,小雪更觉得自己成了母亲的负担。在学校里她也没有什么朋友,她似乎成了这个世界上多余的人……就这样,她来到河边想结束自己"多余"的生命。

分析: 家庭经济困难是导致大学生轻生的原因之一。一些家庭贫困的学生在求学时,不仅要做兼职赚钱,还要顶着债务的压力,势必会牺牲更多的学习时间,造成学习上的心理压力。同在一个宿舍里、一个班级里的同学之间难免攀比,贫富差距使得那些家境贫困的学生看到别人过着富裕安逸的生活,而自己一无所有,很容易造成他们心理上的严重失衡。

大一新生环境不适应跳楼自杀

广州某大学一名入学仅一周的新生,因"不能忍受这种生活",从学校的 7 楼纵身跳下,当场殒命。其时,他的父母正特意从家里赶往学校,准备在附近租房子陪读一段时间。据介绍,自杀男生是大一新生,9 月 4 日入学,正在参加新生军训。该生是番禺人,还有一个多月就满 20 周岁。可能是以前很少独立生活,该生入学后感觉不适应,据一名与他同一班级的男生说,跳楼之前男生曾经说过饭菜不合胃口,衣服也不会洗,好像不太适应。出事当天,他母亲看中某小区的一套房子,但每月租金要 2000 多元,她觉得太贵,就没有租。和儿子一起吃晚饭时,她告诉儿子,她不在附近租房子了,但会每天从番禺的家里做好饭菜送过来。当时儿子十分失望,吃完饭后,儿子说要回宿舍一会。到了晚上 7 点多钟,就出事了。

分析:酿成惨剧的原因之一是这名学生的心理承受能力太差。大一学生心理健康处于高危期。由于这些学生刚刚告别高中生活、离开父母,进入一个新的学习和生活的环境,短期内会产生生活、学习、人际关系等的不适应,现在许多学生都是独生子女,从小没受过挫折,面临压力就会选择逃避,这是一种很危险的心态。

勇敢追求生命的质量

小石是一名胆小内向的大一学生,他经过认真思考后,决定本着锻炼自己的目的,大胆竞选校学生会外联部干事。他知道这次报名的同学很多而且都很优秀,自己一旦失败,自尊心难免受损,但是他仍然决定不管结果如何,都要勇敢尝试。一周后,竞选失败,但是小石发现,只要自己积极向上、勇于追求,即使失败,也是一次锻炼和成长,至少证明自己可以面对生活的种种不确定,包括好的和坏的,这样想来,小石感觉自己走路的脚步更坚定、更踏实了。

分析:从成长的角度看,小石并未失败,他的勇敢尝试是源于对生命质量的追求,虽然他失败了,但是这次经历对他是有益的,不仅锻炼了胆量,而且可以通过经验的总结重新认识自我,借助一次竞选为生命的提升创造可能,相信今后小石会更加勇敢地追求自己的理想。

自我测试(扫一扫做测试)

生命愿景问卷

阅读下列句子,与自己的情况进行对比,与自己情况很不符合的在括号内填"A",不符合的填"B",符合的填"C",很符合的填"D"。

生命控制感:

1. 我很少感到无助和无望。(　　)
2. 我不认为生命如浮萍一般不知所系。(　　)
3. 考试失败不会使我对生活失去信心。(　　)
4. 失败不会使我怀疑自己也怀疑生活。(　　)
5. 我觉得生活有方向有着落。(　　)
6. 我没有被生活抛弃的感觉。(　　)
7. 我能应对各种生活。(　　)
8. 我能找到生活目标。(　　)
9. 我生活得很踏实。(　　)
10. 我感到生活在我的掌握之中。(　　)
11. 我能给自己创造快乐。(　　)
12. 我能够承受失败。(　　)
13. 我对事情放得下。(　　)

积极生命意义:

14. 我会从丧失中体会丰富的人生。(　　)
15. 人生的失去可能比得到更有意义。(　　)
16. 丧失教给人们的东西更多。(　　)
17. 成败对人都有积极的意义。(　　)
18. 我认为能够坦然面对丧失是真正获得了生命的意义。(　　)
19. 多一次成败多一层体会。(　　)
20. 生活不在于得失而在于丰富。(　　)
21. 失败比放弃尝试更有意义。(　　)

意义的追寻:

22. 我觉得生活不应该是得过且过。(　　)
23. 考虑不考虑生命的意义是有区别的。(　　)
24. 我会思考人为什么活着。(　　)
25. 我有一种人生使命感。(　　)

26. 我努力把握生命中的每一天。（　　）
27. 我为自己创造生活目标。（　　）
28. 我期望过有意义的生活。（　　）
29. 总能实现自己的目标使我对生活充满希望。（　　）
30. 我努力使生命有意义。（　　）

评分标准：

很不符合计 1 分，不符合计 2 分，符合计 3 分，很符合计 4 分。

评价参考：高分表明具有很高的生命愿景水平，低分表明具有较低的生命愿景水平。

实践训练

我的生命线

【活动目的】对自己一生做评估和展望，体会生命的有限性和宝贵，珍惜生命。

【活动步骤】

（1）把 A4 纸横放，用红色的笔从左到右绘制出你的"生命线"，形式不限。在这条线的最右边加上一个箭头。

（2）在线的左侧，写上"0"这个数字，在箭头方向最右侧标注自己的可能寿命（如 90），在显眼的位置标注"×××的生命线"。

（3）请用心抚摸这条线，静静地感受片刻。

（4）在这条线上找到自己目前的位置，然后标识出来。

（5）回忆过去发生过的两三件事，愉快的用鲜艳的彩笔标注在这条线的上面，不愉快的用黑笔标注在这条线的下面，现在的、未来的两三件事做同样的标注。

（6）看看在过去的时光里哪种颜色的事件居多，你有什么体会和感悟；再看看未来你准备做的有哪些事，有什么想法和打算。

【活动分享】

小组成员之间分享，小组代表分享。

心理影视

1.《美丽人生》

导演：罗伯托·贝尼尼。

编剧：文森佐·克拉米、罗伯托·贝尼尼。

主演：罗伯托·贝尼尼、尼可莱塔·布拉斯基。

上映日期：1997年12月20日（意大利）。

剧情简介：犹太青年圭多邂逅美丽的女教师多拉，他彬彬有礼地向多拉鞠躬："早安！公主！"历经诸多令人啼笑皆非的周折后，天遂人愿，两人幸福美满地生活在一起。

然而好景不长，在法西斯政权下，圭多和儿子被强行送往犹太人集中营。多拉虽没有犹太血统，毅然同行，与丈夫、儿子分开关押在一个集中营里。聪明乐天的圭多哄骗儿子说这只是一场游戏，奖品就是一辆大坦克。儿子快乐、天真地生活在纳粹的阴霾之中。尽管集中营的生活艰苦寂寞，圭多仍然带给他人很多快乐，他还趁机在纳粹的广播里问候妻子："早安！公主！"

法西斯政权即将倾覆，纳粹的集中营很快就要接受最后的清理，圭多编给儿子的游戏该怎么结束？他们一家能否平安地度过这黑暗的年代呢？

2.《交锋》

导演：张轩南。

主演：黄维德、翁虹、杨若兮、米娜。

上映日期：2010年。

剧情简介：篮球运动员林峰在经历车祸之后留下了心理阴影，转职女子轮椅篮球队任教练。第一天来报到时，意外地发现了高位截瘫的队员陈雪就是自己梦幻里老出现的"白裙子"，这是他埋藏在心底多年的秘密，从而再度勾起了他噩梦般的回忆。女子轮椅篮球队是支新生队伍，队员们性格开朗活泼、热爱生活，她们刻苦训练，坚持不懈地追求自己的梦想。最终，在身残志坚的姑娘们的感召下，林峰冲破封闭与孤独的枷锁，重新自信地面对生活，和姑娘们一起迎接新的挑战……

阅读思考

黄美廉的故事

这是一个真实的故事。

有一个叫黄美廉的女子，从小就患上了脑性麻痹症。这种病的症状十分惊人，因为肢体失去平衡感，手足会时常乱动，口里也会经常念叨着模糊不清的词语，模样十分怪异。医生根据她的情况，判定她活不过6岁。在常人看来，她已失去了语言表达能力与正常的生活条件，更别谈什么前途与幸福。但她却坚强地活了下来，而且靠顽强的意志和毅力，考上了美国著名的加州大学，并获得了艺术博士学位。她靠手中的画笔，还有很好的听力，抒发着自己的情感。在一次讲演会上，一位学生贸然地这样提问："黄博士，你从小就长成这个样子，请问你怎么看你自己？你有过怨恨吗？"在场的人都暗暗责怪这个学生的不敬，但黄美廉却没有半点不高兴，她十分坦然地在黑板上写下了这么几行字：

一、我好可爱；

二、我的腿很长很美；

三、爸爸妈妈那么爱我；

四、我会画画，我会写稿；

五、我有一只可爱的猫；

……

最后,她以一句话做结论:我只看我所有的,不看我所没有的!

读了上面的这个故事,我们都会深深地被黄美廉那种不向命运屈服、热爱生命的精神所感动。是啊,要想使自己的人生变得有价值,就必须要经受住磨难的考验;要想使自己活得快乐,就必须要接受和肯定自己。其实,在这个世界上,每个人都有着不同的缺陷或不如意的事情,并非只有你是不幸的,关键是如何看待和对待不幸。无须抱怨命运的不济,不要只看自己没有的,而要多看看自己所拥有的,我们就会感到其实我们很富有。在人生的旅途中,我们都读过很多让我们感动和令我们深省的小故事,这些小故事中蕴含的哲理和智慧,曾经给我们的人生以启迪,曾经给我们的心灵以慰藉或震撼,曾经让我们感动。在每个人的一生中,都需要领悟一些道理,以便使自己变得更加睿智;都需要接受一些感动,以便使生命充满激情。

纸　　龙

祖父用纸给我做过一条长龙,长龙腹腔的空隙仅仅只能容纳几只蝗虫,投放进去,它们都在里面死了,无一幸免!祖父说:"蝗虫性子太躁,除了挣扎,它们没想过用嘴巴去咬破长龙,也不知道一直向前可以从另一端爬出来。因而,尽管它有铁钳般的嘴壳和锯齿一般的大腿,也无济于事。"当祖父把几只同样大小的青虫从龙头放进去,然后关上龙头,奇迹出现了:仅仅几分钟,小青虫们就一一地从龙尾爬了出来。

命运一直藏匿在我们的思想里。许多人走不出人生各个不同阶段或大或小的阴影,并非因为他们天生的个人条件比别人要差多远,而是因为他们没有想过要将阴影纸龙咬破,也没有耐心慢慢地找准一个方向,一步步地向前,直到眼前出现新的洞天。

珍惜自己

一个生长在孤儿院中的小男孩,常常悲观地问院长:"像我这样的没人要的孩子,活着究竟有什么意思?"院长总是笑而不答。一天,院长交给孩子一块石头,让他拿到市场上去卖,但不是"真卖",无论别人出多少钱,绝对不能卖。第二天,孩子惊奇地发现,不少人对他的石头感兴趣,且价钱越出越高。第三天,在黄金市场上,石头的价钱高了10倍。最后,当石头被拿到宝石市场上时,石头的身价又涨了10倍,更由于男孩怎么都不卖,竟被传扬为"稀世珍宝"。

后来,院长是这样说的:"生命的价值就像这块石头一样,在不同的环境下就会有不同的意义。一块不起眼的石头,由于你的珍惜而提升了它的价值,竟被传为稀世珍宝。你不就像这块石头一样?只要自己看重自己,自我珍惜,生命就有意义、有价值。"

【思考题】

1. 你认为生命的意义是什么?
2. 如果你发觉身边的同学有自杀倾向,你会怎样帮助他/她?

参考文献

[1] 姚本先.大学生心理健康教育[M].合肥:安徽大学出版社,2011.
[2] 周家华,王金凤.大学生心理健康教育[M].3版.北京:清华大学出版社,2010.
[3] 刘凤姣.大学生心理健康教育[M].长沙:中南大学出版社,2012.
[4] 张海燕.大学生心理健康教程[M].上海:上海人民出版社,2010.
[5] 牟艳娟,魏雪.大学生职业生涯规划与就业指导[M].北京:电子工业出版社,2008.
[6] 许国彬,黄秀娟.大学生心理测查与行为指导[M].北京:科学出版社,2012.
[7] 张大均,吴明霞.大学生心理健康[M].北京:清华大学出版社,2007.
[8] 胡正明.新编大学生心理健康训练教程[M].北京:北京师范大学出版社,2011.
[9] 叶琳琳.大学生心理健康教育与心理素质训练[M].北京:北京师范大学出版社,2012.
[10] 蔺桂瑞,杨芷英.大学生心理健康与人生发展[M].北京:高等教育出版社,2010.
[11] 高兰,向纯.大学生心理健康教育新编[M].北京:国防工业出版社,2011.
[12] 陈国梁.大学生心理健康教育[M].广州:华南理工大学出版社,2007.
[13] 戴丽,吴晓玮,周宁.大学生心理健康教育[M].北京:科学出版社,2011.
[14] 郝春生.高职大学生心理健康指导[M].北京:清华大学出版社,2009.
[15] 刘晓明,杨平.大学生心理健康教育——体验·认知·训练[M].北京:科学出版社,2009.
[16] 周蓓,周红玲.大学生心理健康案例教程[M].北京:人民邮电出版社,2009.
[17] 倪坚.高职院校大学生心理健康教育[M].北京:清华大学出版社,2011.
[18] 张金学,井婷.大学生成功心理训练——关注·进取·目标[M].北京:科学出版社,2010.
[19] 许素萍,吕冬诗.大学生朋辈心理辅导——交往·互助·成长[M].北京:科学出版社,2010.
[20] 金宏章,张劲松.大学生心理健康教育——理解·规范·提高[M].北京:科学出版社,2010.
[21] 王为正,韩玉霞.大学生心理自助读本——感悟·求索·升华[M].北京:科学出版社,2010.
[22] 高楠.艺术心理学[M].沈阳:辽宁人民出版社,1998.
[23] 王玲,刘学兰.心理咨询[M].广州:暨南大学出版社,2005.
[24] 于鲁文.心理咨询导论[M].北京:清华大学出版社,2000.
[25] 徐光兴.学校心理咨询优秀案例集[M].上海:上海教育出版社,2000.
[26] 邱鸿钟,梁瑞琼,等.应激与心理危机干预[M].广州:暨南大学出版社,2008.
[27] 卡耐基.卡耐基社交的艺术全集[M].刘祐,译.北京:中国城市出版社,2006.
[28] 辛德勒.情绪是健康的良药:如何快乐度过每一日[M].邱宏,译.北京:群言出版社,2006.
[29] 陈月莘,吴会东,张彦云.大学生心理健康教育与发展[M].北京:北京师范大学出版社,2017.
[30] 朱育红,潘力军,王爱丽.大学生心理健康教育课堂互动手册[M].上海:华东理工大学出版社,2015.
[31] 李小薇,潘亚姝,朱丽芬.大学生心理健康教育[M].北京:北京师范大学出版社,2017.
[32] 李建伟等.大学生爱情心理学:理论·案例·测量[M].杭州:浙江工商大学出版社,2016.
[33] 陈公.原生家庭与幸福人生[M].合肥:安徽人民出版社,2015.
[34] 梁丹阳,吕智慧.大学生心理健康教育[M].上海:上海交通大学出版社,2016.
[35] 黄维仁.亲在人生路上——原生家庭三堂课[M].北京:中国轻工业出版社,2016.